当代齐鲁文库·20世纪"乡村建设运动"文库

The Library of Contemporary Shandong

Selected Works of Rural Construction Campaign of the 20th Century

山东社会科学院 编纂

/08

乡村工作讨论会 编

乡村建设实验（上）

中国社会科学出版社

图书在版编目(CIP)数据

乡村建设实验：全三册 / 乡村工作讨论会编. —北京：中国社会科学出版社，2018.11（2020.11 重印）

（当代齐鲁文库.20 世纪"乡村建设运动"文库）

ISBN 978-7-5203-1580-7

Ⅰ.①乡… Ⅱ.①乡… Ⅲ.①城乡建设—中国—文集 Ⅳ.①F299.21-53

中国版本图书馆 CIP 数据核字（2017）第 294070 号

出 版 人	赵剑英
责任编辑	冯春凤
责任校对	张爱华
责任印制	张雪娇

出　　版	中国社会科学出版社
社　　址	北京鼓楼西大街甲 158 号
邮　　编	100720
网　　址	http://www.csspw.cn
发 行 部	010-84083685
门 市 部	010-84029450
经　　销	新华书店及其他书店
印刷装订	北京君升印刷有限公司
版　　次	2018 年 11 月第 1 版
印　　次	2020 年 11 月第 2 次印刷
开　　本	710×1000　1/16
印　　张	57.5
插　　页	2
字　　数	934 千字
定　　价	199.00 元（全三册）

凡购买中国社会科学出版社图书，如有质量问题请与本社营销中心联系调换
电话：010-84083683
版权所有　侵权必究

《当代齐鲁文库》编纂说明

不忘初心、打造学术精品,是推进中国特色社会科学研究和新型智库建设的基础性工程。近年来,山东社会科学院以实施哲学社会科学创新工程为抓手,努力探索智库创新发展之路,不断凝练特色、铸就学术品牌、推出重大精品成果,大型丛书《当代齐鲁文库》就是其中之一。

《当代齐鲁文库》是山东社会科学院立足山东、面向全国、放眼世界倾力打造的齐鲁特色学术品牌。《当代齐鲁文库》由《山东社会科学院文库》《20世纪"乡村建设运动"文库》《中美学者邹平联合调查文库》《山东海外文库》《海外山东文库》等特色文库组成。其中,作为《当代齐鲁文库》之一的《山东社会科学院文库》,历时2年的编纂,已于2016年12月由中国社会科学出版社正式出版发行。《山东社会科学院文库》由34部44本著作组成,约2000万字,收录的内容为山东省社会科学优秀成果奖评选工作开展以来,山东社会科学院获得一等奖及以上奖项的精品成果,涉猎经济学、政治学、法学、哲学、社会学、文学、历史学等领域。该文库的成功出版,是山东社会科学院历代方家的才思凝结,是山东社会科学院智库建设水平、整体科研实力和学术成就的集中展示,一经推出,引起强烈的社会反响,并成为山东社会科学院推进学术创新的重要阵地、引导学风建设的重要航标和参与学术交流的重要桥梁。

以此为契机,作为《当代齐鲁文库》之二的山东社会科学院"创新工程"重大项目《20世纪"乡村建设运动"文库》首批10卷12本著作约400万字,由中国社会科学出版社出版发行,并计划陆续完成约100本著作的编纂出版。

党的十九大报告提出:"实施乡村振兴战略,农业农村农民问题是关系国计民生的根本性问题,必须始终把解决好'三农'问题作为全党工作重中之重。"以史为鉴，置身于中国现代化的百年发展史，通过深入挖掘和研究历史上的乡村建设理论及社会实验，从中汲取仍具时代价值的经验教训，才能更好地理解和把握乡村振兴战略的战略意义、总体布局和实现路径。

20世纪前期，由知识分子主导的乡村建设实验曾影响到山东省的70余县和全国的不少地区。《20世纪"乡村建设运动"文库》旨在通过对从山东到全国的乡村建设珍贵历史文献资料大规模、系统化地挖掘、收集、整理和出版，为乡村振兴战略的实施提供历史借鉴，为"乡村建设运动"的学术研究提供资料支撑。当年一大批知识分子深入民间，投身于乡村建设实践，并通过长期的社会调查，对"百年大变局"中的乡村社会进行全面和系统地研究，留下的宝贵学术遗产，是我们认识传统中国社会的重要基础。虽然那个时代有许多的历史局限性，但是这种注重理论与实践相结合、俯下身子埋头苦干的精神，仍然值得今天的每一位哲学社会科学工作者传承和弘扬。

《20世纪"乡村建设运动"文库》在出版过程中，得到了社会各界尤其是乡村建设运动实践者后人的大力支持。中国社会科学院和中国社会科学出版社的领导对《20世纪"乡村建设运动"文库》给予了高度重视、热情帮助和大力支持，责任编辑冯春凤主任付出了辛勤努力，在此一并表示感谢。

在出版《20世纪"乡村建设运动"文库》的同时，山东社会科学院已经启动《当代齐鲁文库》之三《中美学者邹平联合调查文库》、之四《山东海外文库》、之五《海外山东文库》等特色文库的编纂工作。《当代齐鲁文库》的日臻完善，是山东社会科学院坚持问题导向、成果导向、精品导向，实施创新工程、激发科研活力结出的丰硕成果，是山东社会科学院国内一流新型智库建设不断实现突破的重要标志，也是党的领导下经济社会全面发展、哲学社会科学欣欣向荣繁荣昌盛的体现。由于规模宏大，《当代齐鲁文库》的完成需要一个过程，山东社会科学院会笃定恒心，继续大力推动文库的编纂出版，为进一步繁荣发展哲学社会科学贡献力量。

山东社会科学院
2018年11月17日

编纂委员会

顾　　　问　徐经泽　梁培宽
主　　　任　李培林
编辑委员会　唐洲雁　张述存　王兴国　王志东
　　　　　　袁红英　杨金卫　张少红
学术委员会　（按姓氏笔画排列）
　　　　　　王学典　叶　涛　刘显世　孙聚友
　　　　　　杜　福　李培林　李善峰　吴重庆
　　　　　　张　翼　张士闪　张凤莲　林聚任
　　　　　　杨善民　宣朝庆　徐秀丽　韩　锋
　　　　　　葛忠明　温铁军　潘家恩
总　主　编　唐洲雁　张述存
主　　　编　李善峰

总　序

从传统乡村社会向现代社会的转型，是世界各国现代化必然经历的历史发展过程。现代化的完成，通常是以实现工业化、城镇化为标志。英国是世界上第一个实现工业化的国家，这个过程从17世纪资产阶级革命算起经历了200多年时间，若从18世纪60年代工业革命算起则经历了100多年的时间。中国自近代以来肇始的工业化、城镇化转型和社会变革，屡遭挫折，步履维艰。乡村建设问题在过去一百多年中，也成为中国最为重要的、反复出现的发展议题。各种思想潮流、各种社会力量、各种政党社团群体，都围绕这个议题展开争论、碰撞、交锋，并在实践中形成不同取向的路径。

把农业、农村和农民问题置于近代以来的"大历史"中审视不难发现，今天的乡村振兴战略，是对一个多世纪以来中国最本质、最重要的发展议题的当代回应，是对解决"三农"问题历史经验的总结和升华，也是对农村发展历史困境的全面超越。它既是一个现实问题，也是一个历史问题。

2017年12月，习近平总书记在中央农村工作会议上的讲话指出，"新中国成立前，一些有识之士开展了乡村建设运动，比较有代表性的是梁漱溟先生搞的山东邹平试验，晏阳初先生搞的河北定县试验"。

"乡村建设运动"是20世纪上半期（1901到1949年间）在中国农村许多地方开展的一场声势浩大的、由知识精英倡导的乡村改良实践探索活动。它希望在维护现存社会制度和秩序的前提下，通过兴办教育、改良农业、流通金融、提倡合作、办理地方自治与自卫、建立公共卫生保健制度和移风易俗等措施，复兴日趋衰弱的农村经济，刷新中国政治，复兴中国文化，实现所谓的"民族再造"或"民族自救"。在政治倾向上，参与

"乡村建设运动"的学者，多数是处于共产党与国民党之间的'中间派'，代表着一部分爱国知识分子对中国现代化建设道路的选择与探索。关于"乡村建设运动"的意义，梁漱溟、晏阳初等乡建派学者曾提的很高，认为这是近代以来，继太平天国运动、戊戌变法运动、辛亥革命运动、五四运动、北伐运动之后的第六次民族自救运动，甚至是"中国民族自救运动之最后觉悟"。[①] 实践证明，这个运动最终以失败告终，但也留下很多弥足珍贵的经验和教训。其留存的大量史料文献，也成为学术研究的宝库。

"乡村建设运动"最早可追溯到米迪刚等人在河北省定县翟城村进行"村治"实验示范，通过开展识字运动、公民教育和地方自治，实施一系列改造地方的举措，直接孕育了随后受到海内外广泛关注、由晏阳初及中华平民教育促进会所主持的"定县试验"。如果说这个起于传统良绅的地方自治与乡村"自救"实践是在村一级展开的，那么清末状元实业家张謇在其家乡南通则进行了引人注目的县一级的探索。

20世纪20年代，余庆棠、陶行知、黄炎培等提倡办学，南北各地闻风而动，纷纷从事"乡村教育""乡村改造""乡村建设"，以图实现改造中国的目的。20年代末30年代初，"乡村建设运动"蔚为社会思潮并聚合为社会运动，建构了多种理论与实践的乡村建设实验模式。据南京国民政府实业部的调查，当时全国从事乡村建设工作的团体和机构有600多个，先后设立的各种实验区达1000多处。其中比较著名的有梁漱溟的邹平实验区、陶行知的晓庄实验区、晏阳初的定县实验区、鼓禹廷的宛平实验区、黄炎培的昆山实验区、卢作孚的北碚实验区、江苏省立教育学院的无锡实验区、齐鲁大学的龙山实验区、燕京大学的清河实验区等。梁漱溟、晏阳初、卢作孚、陶行知、黄炎培等一批名家及各自领导的社会团体，使"乡村建设运动"产生了广泛的国内外影响。费正清主编的《剑桥中华民国史》，曾专辟"乡村建设运动"一节，讨论民国时期这一波澜壮阔的社会运动，把当时的乡村建设实践分为西方影响型、本土型、平民型和军事型等六个类型。

1937年7月抗日战争全面爆发后，全国的"乡村建设运动"被迫中

---

① 《梁漱溟全集》第五卷，山东人民出版社2005年版，第44页。

止，只有中华平民教育促进会的晏阳初坚持不懈，撤退到抗战的大后方，以重庆璧山为中心，建立了华西实验区，开展了长达10年的平民教育和乡村建设实验，直接影响了后来台湾地区的土地改革，以及菲律宾、加纳、哥伦比亚等国家的乡村改造运动。

"乡村建设运动"不仅在当事者看来"无疑地已经形成了今日社会运动的主潮"，① 在今天的研究者眼中，它也是中国农村社会发展史上一次十分重要的社会改造活动。尽管"乡村建设运动"的团体和机构，性质不一，情况复杂，诚如梁漱溟所言，"南北各地乡村运动者，各有各的来历，各有各的背景。有的是社会团体，有的是政府机关，有的是教育机关；其思想有的左倾，有的右倾，其主张有的如此，有的如彼"②。他们或注重农业技术传播，或致力于地方自治和政权建设，或着力于农民文化教育，或强调经济、政治、道德三者并举。但殊途同归，这些团体和机构都关心乡村，立志救济乡村，以转化传统乡村为现代乡村为目标进行社会"改造"，旨在为破败的中国农村寻一条出路。在实践层面，"乡村建设运动"的思想和理论通常与国家建设的战略、政策、措施密切相关。

在知识分子领导的"乡村建设运动"中，影响最大的当属梁漱溟主持的邹平乡村建设实验区和晏阳初主持的定县乡村建设实验区。梁漱溟和晏阳初在从事实际的乡村建设实验前，以及实验过程中，对当时中国社会所存在的问题及其出路都进行了理论探索，形成了比较系统的看法，成为乡村建设实验的理论根据。

梁漱溟曾是民国时期宪政运动的积极参加者和实践者。由于中国宪政运动的失败等原因，致使他对从前的政治主张逐渐产生怀疑，抱着"能替中华民族在政治上经济上开出一条路来"的志向，他开始研究和从事乡村建设的救国运动。在梁漱溟看来，中国原为乡村国家，以乡村为根基与主体，而发育成高度的乡村文明。中国这种乡村文明近代以来受到来自西洋都市文明的挑战。西洋文明逼迫中国往资本主义工商业路上走，然而除了乡村破坏外并未见都市的兴起，只见固有农业衰残而未见新工商业的

---

① 许莹涟、李竟西、段继李编述：《全国乡村建设运动概况》第一辑上册，山东乡村建设研究院1935年出版，编者"自叙"。

② 《梁漱溟全集》第二卷，山东人民出版社2005年版，第582页。

发达。他的乡村建设运动思想和主张，源于他的哲学思想和对中国的特殊认识。在他看来，与西方"科学技术、团体组织"的社会结构不同，中国的社会结构是"伦理本位、职业分立"，不同于"从对方下手，改造客观境地以解决问题而得满足于外者"的西洋文化，也不同于"取消问题为问题之解决，以根本不生要求为最上之满足"的印度文化，中国文化是"反求诸己，调和融洽于我与对方之间，自适于这种境地为问题之解决而满足于内者"的"中庸"文化。中国问题的根源不在他处，而在"文化失调"，解决之道不是向西方学习，而是"认取自家精神，寻求自家的路走"。乡村建设的最高理想是社会和政治的伦理化，基本工作是建立和维持社会秩序，主要途径是乡村合作化和工业化，推进的手段是"软功夫"的教育工作。在梁漱溟看来，中国建设既不能走发展工商业之路，也不能走苏联的路，只能走乡村建设之路，即在中国传统文化基础上，吸收西方文化的长处，使中西文化得以融通，开创民族复兴的道路。他特别强调，"乡村建设，实非建设乡村，而意在整个中国社会之建设。"[①] 他将乡村建设提到建国的高度来认识，旨在为中国"重建一新社会组织构造"。他认为，救济乡村只是乡村建设的"第一层意义"，乡村建设的"真意义"在于创造一个新的社会结构，"今日中国问题在其千年相沿袭之社会组织构造既已崩溃，而新者未立；乡村建设运动，实为吾民族社会重建一新组织构造之运动。"[②] 只有理解和把握了这一点，才能理解和把握"乡村建设运动"的精神和意义。

晏阳初是中国著名的平民教育和乡村建设专家，1926年在河北定县开始乡村平民教育实验，1940-1949年在重庆歇马镇创办中国乡村建设育才院，后改名中国乡村建设学院并任院长，组织开展华西乡村建设实验，传播乡村建设理念。他认为，中国的乡村建设之所以重要，是因为乡村既是中国的经济基础，也是中国的政治基础，同时还是中国人的基础。"我们不愿安居太师椅上，空做误民的计划，才到农民生活里去找问题，去解决问题，抛下东洋眼镜、西洋眼镜、都市眼镜，换上一副农夫眼

---

① 《梁漱溟全集》第二卷，山东人民出版社2005年版，第161页。
② 同上。

镜。"① 乡村建设就是要通过长期的努力，去培养新的生命，振拔新的人格，促成新的团结，从根本上再造一个新的民族。为了实现民族再造和固本宁邦的长远目的，他在做了认真系统的调查研究后，认定中国农村最普遍的问题是农民中存在的"愚贫弱私"四大疾病；根治这四大疾病的良方，就是在乡村普遍进行"四大教育"，即文艺教育以治愚、生计教育以治贫、卫生教育以治弱、公民教育以治私，最终实现政治、教育、经济、自卫、卫生、礼俗"六大建设"。为了实现既定的目标，他坚持四大教育连锁并进，学校教育、社会教育、家庭教育统筹协调。他把定县当作一个"社会实验室"，通过开办平民学校、创建实验农场、建立各种合作组织、推行医疗卫生保健、传授农业基本知识、改良动植物品种、倡办手工业和其他副业、建立和开展农民戏剧、演唱诗歌民谣等积极的活动，从整体上改变乡村面貌，从根本上重建民族精神。

可以说，"乡村建设运动"的出现，不仅是农村落后破败的现实促成的，也是知识界对农村重要性自觉体认的产物，两者的结合，导致了领域广阔、面貌多样、时间持久、影响深远的"乡村建设运动"。而在"乡村建设运动"的高峰时期，各地所开展的乡村建设事业历史有长有短，范围有大有小，工作有繁有易，动机不尽相同，都或多或少地受到了邹平实验区、定县实验区的影响。

20 世纪前期中国的乡村建设，除了知识分子领导的"乡村建设运动"，还有 1927 - 1945 年南京国民政府推行的农村复兴运动，以及 1927 - 1949 年中国共产党领导的革命根据地的乡村建设。

"农村复兴"思潮源起于 20 世纪二三十年代，大体上与国民政府推动的国民经济建设运动和由社会力量推动的"乡村建设运动"同时并起。南京国民政府为巩固政权，复兴农村，采取了一系列措施：一是先后颁行保甲制度、新县制等一系列地方行政制度，力图将国家政权延伸至乡村社会；二是在经济方面，先后颁布了多部涉农法律，新设多处涉农机构，以拯救处于崩溃边缘的农村经济；三是修建多项大型水利工程等，以改善农业生产环境。1933 年 5 月，国民政府建立隶属于行政院的农村复兴委员会，发动"农村复兴运动"。随着"乡村建设运动"的开展，赞扬、支

---

① 《晏阳初全集》第一卷，天津教育出版社 2013 年版，第 221 页。

持、鼓励铺天而来，到几个中心实验区参观学习的人群应接不暇，平教会甚至需要刊登广告限定接待参观的时间，南京国民政府对乡建实验也给予了相当程度的肯定。1932年第二次全国内政工作会议后，建立县政实验县取得了合法性，官方还直接出面建立了江宁、兰溪两个实验县，并把邹平实验区、定县实验区纳入县政实验县。

1925年，成立已经四年的中国共产党，认识到农村对于中国革命的重要性，努力把农民动员成一股新的革命力量，遂发布《告农民书》，开始组织农会，发起农民运动。中国共产党认为中国农村问题的核心是土地问题，乡村的衰败是旧的反动统治剥削和压迫的结果，只有打碎旧的反动统治，农民才能获得真正的解放；必须发动农民进行土地革命，实现"耕者有其田"，才能解放农村生产力。在地方乡绅和知识分子开展"乡村建设运动"的同时，中国共产党在中央苏区的江西、福建等农村革命根据地，开展了一系列政治、经济、文化等方面的乡村改造和建设运动。它以土地革命为核心，依靠占农村人口绝大多数的贫雇农，以组织合作社、恢复农业生产和发展经济为重要任务，以开办农民学校扫盲识字、开展群众性卫生运动、强健民众身体、改善公共卫生状况、提高妇女地位、改革陋俗文化和社会建设为保障。期间的尝试和举措满足了农民的根本需求，无论是在政治、经济上，还是社会地位上，贫苦农民都获得了翻身解放，因而得到了他们最坚决的支持、拥护和参与，为推进新中国农村建设积累了宝贵经验。与乡建派的乡村建设实践不同的是，中国共产党通过领导广大农民围绕土地所有制的革命性探索，走出了一条彻底改变乡村社会结构的乡村建设之路。中国共产党在农村进行的土地革命，也促使知识分子从不同方面反思中国乡村改良的不同道路。

"乡村建设运动"的理论和实践，说明在当时的现实条件下，改良主义在中国是根本行不通的。在当时国内外学界围绕乡村建设运动的理论和实践，既有高歌赞赏，也有尖锐批评。著名社会学家孙本文的评价，一般认为还算中肯：尽管有诸多不足，至少有两点"值得称述"，"第一，他们认定农村为我国社会的基本，欲从改进农村下手，以改进整个社会。此种立场，虽未必完全正确；但就我国目前状况言，农村人民占全国人口百分之七十五以上，农业为国民的主要职业；而农产不振，农村生活困苦，潜在表现足为整个社会进步的障碍。故改进农村，至少可为整个社会进步的张本。第二，他们确实在农村中不畏艰苦为农民谋福利。各地农村工作计划虽有优有劣，有完有缺，其效果虽有大有小；而工作人员确脚踏实地在改进农村的总目标下努力工作，其艰苦耐劳的精神，殊足令人起敬。"①乡村建设学派的工作曾引起国际社会的重视，不少国家于二次世界大战后的乡村建设与社区重建中，注重借鉴中国乡村建设学派的一些具体做法。晏阳初1950年代以后应邀赴菲律宾、非洲及拉美国家介绍中国的乡村建设工作经验，并从事具体的指导工作。

总起来看，"乡村建设运动"在中国百年的乡村建设历史上具有承上启下、融汇中西的作用，它不仅继承自清末地方自治的政治逻辑，同时通过村治、乡治、乡村建设等诸多实践，为乡村振兴发展做了可贵的探索。同时，"乡村建设运动"是与当时的社会调查运动紧密联系在一起的，大批学贯中西的知识分子走出书斋、走出象牙塔，投身于对中国社会的认识和改造，对乡村建设进行认真而艰苦地研究，并从丰富的调查资料中提出了属于中国的"中国问题"，而不仅是解释由西方学者提出的"中国问题"或把西方的"问题"中国化，一些研究成果达到了那个时期所能达到的巅峰，甚至迄今难以超越。"乡村建设运动"有其独特的学术内涵与时代特征，是我们认识传统中国社会的一个窗口，也是我们今天在新的现实基础上发展中国社会科学不能忽视的学术遗产。

历史文献资料的收集、整理和利用是学术研究的基础，资料的突破往往能带来研究的创新和突破。20世纪前期的图书、期刊和报纸都有大量关于"乡村建设运动"的著作、介绍和研究，但目前还没有"乡村建设运动"的系统史料整理，目前已经出版的文献多为乡建人物、乡村教育、乡村合作等方面的"专题"，大量文献仍然散见于各种民国"老期刊"，尘封在各大图书馆的"特藏部"。本项目通过对"乡村建设运动"历史资料和研究资料的系统收集、整理和出版，力图再现那段久远的、但仍没有中断学术生命的历史。一方面为我国民国史、乡村建设史的研究提供第一手资料，推进对"乡村建设运动"的理论和实践的整体认识，催生出高水平的学术成果；另一方面，为当前我国各级政府在城乡一体化、新型城镇化、乡村教育的发展等提供参考和借鉴，为乡村振兴战略的实施做出应

---

① 孙本文：《现代中国社会问题》第三册，商务印书馆1944年版，第93-94页。

有的贡献。

由于大规模收集、挖掘、整理大型文献的经验不足，同时又受某些实际条件的限制，《20世纪"乡村建设运动"文库》会存在着各种问题和不足，我们期待着各界朋友们的批评指正。

是为序。

2018 年 11 月 30 日于北京

编辑体例

一、《20世纪"乡村建设运动"文库》收录20世纪前期"乡村建设运动"的著作、论文、实验方案、研究报告等，以及迄今为止的相关研究成果。

二、收录文献以原刊或作者修订、校阅本为底本，参照其他刊本，以正其讹误。

三、收录文献有其不同的文字风格、语言习惯和时代特色，不按现行用法、写法和表现手法改动原文；原文专名如人名、地名、译名、术语等，尽量保持原貌，个别地方按通行的现代汉语和习惯稍作改动；作者笔误、排版错误等，则尽量予以订正。

四、收录文献，原文多为竖排繁体，均改为横排简体，以便阅读；原文无标点或断句处，视情况改为新式标点符号；原文因年代久远而字迹模糊或纸页残缺者，所缺文字用"□"表示，字数难以确定者，用（下缺）表示。

五、收录文献作为历史资料，基本保留了作品的原貌，个别文字做了技术处理。

编者说明

乡村工作讨论会，是20世纪30年代国内从事乡村建设实验的人士进行工作讨论的团体，于1933年7月在邹平实验县成立，同时召开第一次会议，1934年10月在河北省定县召开第二次会议，1935年10月在江苏省无锡召开第三次会议，会后分别编辑出版《乡村建设实验》第一集、第二集、第三集。本次编辑，以中华书局1934年4月版本、1935年9月版本、1937年2月版本，编上、中、下三卷，收入《20世纪"乡村建设运动"文库》。

乡村建设实验

第一集

乡村工作讨论会 编

目 录

第一集

序	（3）
乡村工作讨论会发起经过及邹平之集会 …………章元善　许仕廉	（11）
一　乡村工作讨论会集会缘起及目的	（11）
二　发起经过	（12）
三　筹备情形	（15）
四　到会人员	（15）
五　开会程序	（18）
六　工作报告之汇集	（22）
篇一　山东乡村建设研究院工作报告 ……………………梁漱溟	（23）
一　本院成立缘起及与有关联之各团体	（23）
二　本院宗旨所在及现时工作目的	（24）
三　过去两年工作大概	（24）
四　过去工作之检讨	（25）
五　本院今后所致力之工作	（26）
篇二　中华职业教育社之农村工作 …………………………江恒源	（27）
一　农村改进事业之动机	（27）
二　徐公桥工作举例	（28）
三　工作原则	（32）
篇三　中华平民教育促进会定县工作大概 …………………晏阳初	（33）
一　平教运动的发端	（33）

二　农村建设四大问题 …………………………………………（34）
　　三　四大教育与三大方式 ………………………………………（35）
篇四　燕京大学社会学系清河镇社会实验区工作报告 …… 张鸿钧（37）
　　一　清河镇工作的起源 …………………………………………（37）
　　二　清河试验区的社会背景鸟瞰 ………………………………（38）
　　三　试验区之沿革及工作原则 …………………………………（39）
　　四　试验区之组织与财政 ………………………………………（40）
　　五　经济股的工作略述 …………………………………………（40）
　　六　社会服务 ……………………………………………………（45）
　　七　农村卫生 ……………………………………………………（47）
　　八　农村社会研究 ………………………………………………（50）
　　九　结论 …………………………………………………………（50）
篇五　金陵大学农学院工作概况 …………………………… 章之汶（51）
　　一　引言 …………………………………………………………（51）
　　二　研究工作 ……………………………………………………（51）
　　三　推广工作 ……………………………………………………（51）
篇六　安徽和县乌江村建设事业概况 ……………………… 孙友农（54）
　　一　引言 …………………………………………………………（54）
　　二　乌江工作起源 ………………………………………………（55）
　　三　乌江工作大概 ………………………………………………（55）
　　四　乌江农会 ……………………………………………………（56）
篇七　内政部卫生署乡村卫生工作报告 …………………… 金宝善（61）
　　一　引言 …………………………………………………………（61）
　　二　乡村卫生工作之大概 ………………………………………（61）
　　三　县立医院与地方病 …………………………………………（62）
　　四　合作机关 ……………………………………………………（64）
篇八　中国华洋义赈救济总会的水利道路工程及农业
　　　　合作事业报告 ………………………………… 章元善　于永滋（65）
　　一　本会农村工作原始 …………………………………………（65）
　　二　防灾事功 ……………………………………………………（66）
　　三　农村合作 ……………………………………………………（67）

篇九　华北工业改进社事工进行概况 …………………… 卢广绵（93）
　　一　主旨 ……………………………………………………（93）
　　二　缘起 ……………………………………………………（93）
　　三　成立 ……………………………………………………（94）
　　四　工作 ……………………………………………………（94）
　　五　干部充实与合作倡导 …………………………………（96）
　　六　经费筹措 ………………………………………………（96）
　　七　未来计划 ………………………………………………（96）
　　八　结论 ……………………………………………………（97）
篇十　齐鲁大学山东历城龙山镇农村服务社工作概况 …… 贾尔信（98）
　　一　引言 ……………………………………………………（98）
　　二　总务之部 ………………………………………………（99）
　　三　农事股工作 ……………………………………………（100）
　　四　妇女家政股 ……………………………………………（102）
　　五　平教股 …………………………………………………（102）
　　六　医药股 …………………………………………………（103）
　　七　附属小学 ………………………………………………（104）
篇十一　行政院农村复兴委员会进行工作 ………………… 梁定蜀（105）
　　一　本会成立的动机 ………………………………………（105）
　　二　本会组织的经过 ………………………………………（107）
　　三　本会工作的进行 ………………………………………（107）
　　四　个人意见 ………………………………………………（108）

序

乡村工作讨论会，系国内从事实地乡建事业者一工作讨论团体。于民国二十二年七月在山东邹平成立，同时召开第一次集会。其经过情形，见本汇编"乡村工作讨论会发起经过及邹平之集会"文中。

本会成立及邹平之集会，有三要点：一、本会无组织，无会章，仅有值年二人，司集会筹备事宜，及编辑每年大会之工作报告。二、凡加入本会为会员者，必须先有工作，后有入会可能；换言之，即须以极实际之工作成绩，为入会之唯一条件。三、本会重实际不尚虚谈，故集会时，仅许报告工作，不谈理论与计划。即或有谈及理论与计划者，亦不过从实际经验所得感想或势在必行之工作方案而已。

我国社会通病，多于一事业之进行，侧重组织忽略事功，高谈计划不务实际。例如普通一班之结社开会，必先成立团体，组织机关，详订章程，设会长主席及委员种种名目，以表彰门面。及其组织既定，而会务反寂然无闻。又我国人对于各项建设，每在事前有极周详之计划及高深之理论，及至实际设施，则彷徨失措，畏缩不前。此诚如列宁所云"大家只说！说！说！没有一个人去做！做！做！。"

当今我国农村问题之严重，已属尽人皆知；乡村建设之迫切与从事乡村工作者之亟应联合协进，亦属尽人皆知。但农村问题，非空谈所可了事；乡建工作，非仅形式组织所可推进。必也农村问题，从实际工作里求办法；乡建工作，由缓进中求实效。至乡建工作者之联合协进，其基本条件：即从事乡建者，须各有切实之工作而后，再从工作中求分工合作，从困难中求切磋淬厉。如大家在工作立场上，能得精神之契合，则形势之组织，自然而然趋于毕备矣。

本会在邹平未集会以前，南北报纸及一般社会，谆谆以两事相属：

一、希望同人等速组织一"全国乡村建设协进会",为全国乡建工作之联络机关;二、希望在大会中通过有关农村救济之重要决议,如从速制止兵匪扰乱农村与免除苛捐杂税等等,一以督责政府,一以领导舆论。

同人到邹以后,对上项建议,几经郑重讨论。佥认中国乡建空气虽极浓厚,而致力实际工作之人才,经验,不数数觏,殊不足以谈"协进"。但为少数从事乡建者之切磋互助计,似应多有聚集之机会,俾便检讨各人所属团体之工作成绩,以作学术意见之交换,而收集思广益之效。爰将定名之"乡村建设协进会"改为"乡村工作讨论会",以精诚团结实事求是,不重形式虚有其表为原则。是以本会在集会前无宣言,集会时亦无决议也。

闭会以后,爱护本会者,咸以此会经过几许困难及长期之筹备,始克召集。而召集以后,仅说说工作,批评效率,既无大规模之组织,复无重要之表示,殊属可惜。同人对此,深致歉悚,惟回顾半年来邹平大会对于乡建工作之直接间接影响,亦有差堪告慰者。兹略述如后:

邹平之会,各方参加者,达六十余人,所属机关,凡三十五处,此项机关,多系国内办理乡建事业最有成绩而具有悠久之历史者。每年用于乡建之经费,合共在百万元以上。其参加人,非此项机关之创办人,即其重要职员。中更有不少人,曾埋头乡建工作十余年,其学问经验与毅力精神,久为一般社会所公认。第以平日事务过忙,聚首机会极少,致意见隔阂,工作效率不宏。故近数月来,华北数机关,如中华平民教育促进会、山东乡村建设研究院、华洋义赈救灾总会、燕京大学、南开大学、齐鲁大学等。华中数机关,如中央大学、金陵大学、实业部、中央农业实验所等均已有分工合作方案,进行进一步之联络。此邹平大会影响于乡建工作者一。

镇平自治自卫工作,在邹平会中,已有详细报告。彭禹廷先生之精神人格,久为乡建同志所景仰。惜为奸人所害,不独乡建中失一领袖,亦中国文化失一中坚。邹平会后,经梁耀祖,梁漱溟,王怡柯先生等之发起,创办禹廷纪念图书馆,为一关于乡村问题之专门图书馆。不及三月,基金筹集,已在万元以上。现请梁耀祖,章元善,杨开道三先生为该馆之基金保管委员,此邹平大会影响于乡建工作者二。

我国乡建事业,现在萌芽时期,故各方工作者之意见及步骤颇不一致。自经邹平集会后，不独各人对于本身工作，有新见解；即对于他人工作，亦有新认识。并有觉今是而昨非，取人之长补己之短之诚意。据编者个人观察，曾有数重要乡建机关，将其工作内容，从事改革，如缺乏技术工作者增加技术工作；忽视组织者，注意乡村组织；偏重一方面工作者，多与他方面合作。又经共同讨论后，大家公认乡建工作要点有三：一、乡村工作，不能急进求速效，欲速则不达。二、乡村工作，不能专法欧西，须注意到本国社会情状，因地制宜。三、乡村建设，不能偏重一方面，须方方面面合作，以整个社会为对象，方有整个之办法。此邹平大会影响于乡建工作者三。

本会召集，去年参加人数，如此踊跃，预卜今年开会，范围必更扩大，在此种普遍之联络，固属当务之急；然究难为亲切之切磋，因是到会同人有时因本身工作之需要，自动彼此相约，成立一较亲切相切磋之小团契，如乡村建设学会等，人数少，范围小，以便随时往返或聚会。并与天津大公报商订，编辑"乡村建设"副刊，每月二期，接递前村治月刊，为一个讨论乡村问题之刊物。在数大学内，更新产生"乡村建设讨论会，地方自治讨论会"等等，其目的无非聚集多人共同讨论中国乡建问题及实施办法。此邹平大会影响于乡建工作者四。

上述四例，仅荦荦大者。查邹平闭会迄今，为时不过六阅月，而其影响之深，一至如此；倘年年举行，则影响于中国乡建之将来，当更未可限量。

邹平集会，正值盛暑，每日气候，咸在百度以上，故与会者莫不汗流浃背，主席团深恐有伤身体，遂将会期限定三日，不再延长，但到会机关团体，达三十五处之多，其报告与讨论，决非三日间所可藏事，不得已，爰将报告减少，并将每一报告时刻减少，此诚本会所深遗憾者也。现各方提议，将报告汇集编印，以资参考。本会鉴于前此之报告，均系各方个人之实际工作及经验，为有价值之材料，实有保存之必要。决如所拟，从事编印。但恐彼时纪录员间有挂一漏万，略而不详，乃分函各方将报告重行写下，以昭翔实。而各方多因事务过忙，无暇及此，如河南村治学院同学会、镇平四县自治联合会、山东菏泽实验县、山东邹平实验县、北平西山温泉、上海高桥乡村卫生实验区等等，其工作均极重要，而均未有报告送来。又如中华平民教育促进会、金陵大学农学院、山东乡村建设研究院等等，其工作范围极大，历史亦久，而送来报告又极简略。因是本汇编之内容，不如大会演讲之亲切详尽，不言可喻。编者对此，殊用歉然。又所收集之报告，长短不一，文言白话俱有，除字句稍有修改外，一切保全原状。复为便利阅者起见，每编代分节目。惟编者以事务冗忙，未能早将此编付印；又以时间仓猝，错误在所不免，统希阅者原谅。

此次本会在邹平召集时，承山东乡村建设研究院诸同仁，殷勤款待；又承韩主席向方赠送水果汽水罐头糕点多种；曹军长福林以自用汽车及军用运输车在邹平周村间接送到会会员，又本汇编之编辑，承杨君庆堃郭君仰韩多多臂助。本会及编者同深纫感，统此致谢。

编者　章元善　许仕廉

乡村工作讨论会发起经过及邹平之集会

许仕廉　章元善

一　集会缘起及目的
二　发起经过
三　筹备情形
四　到会人员
五　开会程序
六　工作报告之汇集

一　乡村工作讨论会集会缘起及目的

农村复兴委员会会报第三号载有梁定蜀、罗理两先生参加乡村工作讨论会第一次集会报告一篇，该报告述本会召集之缘起及目的，颇切要，兹节录于后：

"我国数千年来以农立国，农村之健全与否，农业之兴隆与否，不仅为农民生死问题，亦为国家民族存亡问题。海通以还，东西资本帝国主义者，挟其机械文明政治，经济，武力，来相侵凌；而我国内又复兵连祸结，灾祲荐至，在此重重迫害之下，农村与农业，遂日趋于衰落与崩溃，为事势所必然，言之殊可慨也。现在关心国事者，以国之不强，由于农业之不振，使坐此不救，则覆亡厄运，必迫在眉睫，于是救济声浪，弥漫全国；救济事业，应运勃兴，或从平民教育入手，或从农村经济入手，或从乡村自卫入手，其入手处虽有异同，而目的在共谋农村之救济与复兴，企图县自治之完成，以创造新中国则一也。先是主持平民教育促进会之晏阳初氏，于十二年前致力于定县之平民教育，即以平教为中心，渐及于其他各项农村社会事业，成绩斐然，识者称之。后如河南镇平县之自治实施，河南村治学院，山东乡村建设研究院之设立，中华职业教育社农村服务部之徐公桥，善人桥，黄墟等处实验区之设定，燕大之清河，金大之乌江，齐鲁大之龙山，各置其试验区或农场；又如华洋义振会因赈务之经验，感觉农村有成立合作社之需要，提倡扶携，不遗余力，凡此所举，其出发点虽有同有异，要皆为时势之产物。惟各方既往之事业，或因各本其所抱之理想，经验与学识，各自为制，各不相谋，不免孤立而不相联络之憾，独善而不谋共济之讥，故用力虽大，而收效不宏。兹为惩前毖后，补偏救弊起见，拟挽各方提携团结，群策群力，藉增功效，此即本会召集缘起，并时势必然之要求也。"

二 发起经过

本会之结合，酝酿已久，最先发动者，为镇江黄墟乡村改进试验区。曾拟于二十一年一月十五日开会，事先征求各方之意见，复函赞同者，凡二十余处。以临时中华职业教育社江恒源先生至邹平与山东乡村建设研究院梁耀祖梁漱溟诸先生共同商议，认此事须再充分准备，遂未如期开会。二十一年七月中华职业教育社在福州开年会，拟同时召集"全国农村改进机关联合会"，亦因时间仓猝，多数团体代表，未能及时赶到，亦未召开。同年十二月国民政府有第二次内政会议之召集，南北各地乡村服务团体被邀出席者，如晏阳初，王怡柯，梁漱溟，梁耀祖，李景汉，高阳诸先生，俱在南京晤面，遂应事实之需要，继续发议，有关于全国乡村工作组织之发起。嗣后晏王梁诸先生在北平集议进行办法，更邀严慎修，章元善，杨开道，张鸿钧，许仕廉诸先生参加，并由王怡柯等十一人签名发起，定于二十二年七月十四日至十六日在邹平山东乡村建设研究院开成立会。其名称，该会原拟定名为"乡村建设协进会"，嗣因此项名称似太铺张，遂在邹平大会，改名为"乡村工作讨论会"，此本会发起之经过也。兹将开会通知，大会程序，及工作报告条例，抄录于后：

（甲）第一次开会通知

"年来吾国乡村问题日趋严重，社会人士，政府机关，亦莫不觉悟及此，而加以注意。是以乡村运动团体之组织，乡村服务机关之设置，南北各地，所在多有，不可区数。顾尚缺乏联络，工作效率不宏。去冬全国第二届内政会议，今春民众教育专家会议，及最近成立之中央民众教育委员会，虽曾事网罗征聘，以收集思之益，顾其事既出于政府一面之主持，罗聘所及又甚有限。同人等私议，以为我乡村服务同人，应自动广事联合，协力以图乡村事业之发展进行，爰发起'乡村建设协进会'；草拟简章，分邮各方同人阅正，期于本年七月间为第一度之集会，共同议定简章，正式成立。夙仰尊处事业著有成绩，先生为吾党先进，特奉邀莅会赐教。简章草案随函奉请阅正，会期地点届时登报宣布，或当再函通知。此致某某先生。发起人王怡柯，李景汉，梁耀祖，梁漱溟，晏阳初，高阳，章元善，许仕廉，张鸿钧，杨开道，严慎修（以笔画多少为序）同启五月二日。"

（乙）第二次开会通知

"敬启者：敝同人因感于乡村问题日趋严重，而各方乡村工作同人，彼此隔阂，缺乏联络，致使工作效率不宏；故曾彼此通讯有共同集会及联络组织之提议。兹定于本年七月十四日起，在山东邹平乡村建设研究院开第一次会议，会期暂定三日，由各地同道分别报告工作情况然后详加讨论。藉彼此聚首之机会，作学术意见之交换，庶使各地得失经验，互相切磋，期于不同之环境中，收集思广益之效。又同人以为乡村建设事业之进展，端赖'脚踏实地'之工作，关于组织事宜，一切务求简便，其原则在多求精神上之契合，少注重形式之组织。至盼先生惠然命驾，多所发挥，岂止同人之荣，亦乡村建设事业之大幸。附呈大会程序，工作报告须知，及旅行须知各一份，统祈察照为荷。此致某某某先生。发起人王怡柯，李景汉，梁耀祖，梁漱溟，晏阳初，高阳，章元善，许仕廉，张鸿钧，杨开道，严慎修同启"

（丙）大会程序

（一）日期　二十二年七月十四日至十六日（遇必要时，得延长二日。）

（二）地点　山东邹平乡村建设研究院

（三）目的　交换知识，讨论问题，联络感情，改进工作技术，研求切实互助方法。一切设施，力趋简单，并希望在真正乡村环境之邹平，诸同志济济一堂，作切实之探讨。

（四）时间分配　七月十四日（星期五）

上午　八时至九时　报到

九时半至十一时半　乡村问题第一次谈话会

十二时至下午二时　午餐

下午　二时至五时半　第一次工作报告与讨论

六时至七时　晚餐

七时十五分至九时半　第二次工作报告与讨论

七月十五日（星期六）

上午　八时半至十一时四十五分　第三次工作报告与讨论

十二时至下午二时　午餐

下午　二时至五时半　第四次工作报告与讨论

六时至七时　晚餐

七时十五分至九时半　第五次工作报告与讨论

七月十六日（星期日）

上午　八时半至十一时四十五分　第六次工作报告与讨论

十二时至下午二时　午餐

下午　二时至四时　第七次工作报告与讨论

四时十五分至五时四十五分　乡村建设同人组织事务讨论

六时至七时　晚餐

七时至九时半　乡村问题第二次谈话会

九时半　闭会

（五）本会主席及书记，由大会临时推定之。

（丁）工作报告须知

（一）报告者应注意之事

甲、每次报告，暂限为一小时至二小时，报告后，讨论时一小时左右。

乙、有关工作报告之出版物，或图表，甚盼尽量携带，以便参阅。

（二）报告中之主要点及程序

甲、工作目的

乙、原有计划

丙、实际发展与计划变迁

丁、工作分配与处理的方法

戊、所特有之意外经验与心得

己、所特有之失意经验与效力的测量

庚、现在特有或不易解决之问题

辛、该项工作对于中国乡村建设事业之关系

壬、个人印象

三　筹备情形

由发起人中推章元善，许仕廉二先生为筹备员。山东乡村建设研究院既被指定为开会地址，会场布置，及会员招待，即由该院负责。该院即聘徐树人，王翕如二先生分任会场筹备正副主任；宋乐颜，公竹川，萧克木，王伯平四先生为招待员，并司会议记录；张德元先生为庶务员；张孟龙，白飞石二先生为车站（周村）招待员。辟原研究部之房舍为大会招待处，预备床张桌凳，大致粗备。

会场在研究院大礼堂，中悬总理遗像，交叉党国旗，下为黑板讲台，台上设一桌，为主席及发言人所用，前设二桌为纪录席，右为研究院职教员席；左为新闻记者席，后为会员席，每人一桌一凳，编有名号，再后则为旁听席，布置极简洁朴素。

四　到会人员

乡村工作讨论会到会人员一览表（姓名以签到先后为序）

名姓　所属机关或团体　通讯处

李石曾　北平家庭工业改进社　上海福开森路三九三号世界社转

姚同宜　同上　同上

李圣章　北平研究院群治部自治试验村　北平研究院

魏叶贞　同上　同上

尹铭槐　中法大学农村试验场　西山温泉村农林试验场

魏荫堂　北平西山温泉小学　同左
吕濂敬　北平研究院群治部经济研究会　北平研究院
潘季屏　北平家庭工业改进社　上海福开森路三九三号世界社转
杨梦游　北平农工银行温泉寄庄　同左
章警秋　中央建设委员会　南京西华门建设委员会
郭颂铭　同上　同上
晏阳初　中华平民教育促进会　河北定县县政建设研究院
翟菊农　同上　同上
陈志潜　同上　同上
许仕廉　北平燕京大学　同左
张鸿钧　同上　同上
吴文藻　同上　同上
王贺宸　同上　同上
赖执中　山东省政府教育厅　同左
江恒源　中华职业教育社　上海法租界华龙路中华职业育教社
姚惠泉　同上　同上
黄炎培　同上　同上
蔡造时　江苏昆山徐公桥乡村改进会　同左
王之浩　同上　同上
陆叔昂　同上　同上
蔡望之　同上　同上
章元善　中国华洋义赈会　北平菜厂胡同六号
于永滋　同上　同上
钱伯显　江苏武进农村改进委员会　同左
孙友农　安徽和县乌江农会　同左
章之汶　南京金陵大学农学院　同左
李炳卫　北平民社　同左
卢广纾　华北工业改进社　北平鼓楼西本社
郑彦棻　国际联合会秘书　广州第六甫水脚第三十七号
张　维　上海市卫生局高桥乡村卫生模范区　上海海格路　上海医学院

朱亚强　上海市地方协会　同左
李彦林　齐鲁大学农村服务社　胶济路线龙山站本社
梁定蜀　行政院农村复兴委员会　南京本会
罗　理　同上　同上
李孟兴　成城中学　开封本校
林行规　北平锡拉胡同
王印佛　浙江省立湘湖师范　杭州闻堰
金宝善　内政部卫生署　南京中正路本署
赵德柔　山东省立第四乡师　山东兖州本校
王鸿轩　同上　同上
屈凌汉　山东省立民众教育馆　济南贡院墙根本馆
曹杳谷　山东省立第三乡师　山东临沂本校
龚玉宝　河南镇平县十区自治办公处
朱绍云　河南汲县香泉学校　同左
魏朗斋　河南遂平嵖岈山职业学校　同左
王炳程　河南村治学院同学会　河南镇平自治办公处
　　　　山东邹平县政府或河南汲县西关孤儿院
约翰孙　江西赈济会　同左
山　理　齐鲁大学　济南本校
贾尔信　同上　同上
冯述先　山东省政府　同左
项昌权　中央党部　同左
孙廉泉　山东乡村建设研究院　山东县政建设实验区　菏泽县政府
山东菏泽县县政府
陈亚三　同上　同上
梁劼恒　同上　同上
贺彝民　天津大公报馆　同左
梁漱溟　山东乡村建设研究院　山东邹平县本院
叶剑星　同上　同上
徐树人　同上　同上

五　开会程序

山东乡村建设研究院所编之乡村建设旬刊第三卷第一期内载有王伯平，宋乐颜，公竹川及萧克木四君关于本会记录一篇，兹节录如后：

（甲）开幕情形

十三日，到会者公推梁漱溟，晏阳初，黄炎培，章元善，江恒源，许仕廉六先生为主席团，十四日上午九时开会，梁漱溟先生为主席，仅宣布开会，未举行任何仪式。

梁先生致开会词，略谓：

今天开会，兄弟被推为主席，非常荣幸，但是今天的会，是聚会而不是议会，在昨天已议定不举行仪式，这是要说明的。

这个会的发起，是因为近年做乡村运动的很多，虽然彼此常见面，但没有过大的聚会。去年十二月，内政部召开第二次内政会议，许多朋友相聚南京，就商量要有个组织，以便彼此切磋，彼此提携。那时有在此次发起人中的六个人，当有一个共同的意见，就是不要什么名称和章则，只求我们的工作有进步有帮助就行。后来，到了北平，又加入了五人，并假定了乡村建设协进会的名称，即以此十一个人做发起人，约请做同样事业的团体加入，范围很小，发第一次通知，是邀请参加；第二次通知，是报告会期和地点。邹平以地点较为适中，便被指定为会址。今次本院为地主，可惜正副院长都不在院，这是很抱歉的。

今天到会的，在邀请之外，有许多先生参加，发起人非常高兴，不过天气很热，本院设备不周，统希原谅。

继由发起并负责筹备人许仕廉先生报告四项要事：

1. 不能到会者（各派有代表）。

高阳　梁耀祖　严慎修　杨开道　李景汉　冯锐　何廉　梁宝堂　张仲仁　董时进　米迪刚　冷御秋　傅葆琛

2. 天气太热，在可能内，会期定为三天，不要延长。

3. 我们希望每一个机关，都作工作报告，故请注意时间。

4. 主席团之推定（见前）。

山东省政府主席韩向方氏，对乡村建设，极热心提倡。此次大会在邹平举行，特致电庆贺，由主席宣读。并派参议冯述先先生携带大批汽水，罐头，水果，糕点来邹馈赠，当由大会具函致谢。

（乙）第一日程序

1. 九至十时李石曾先生演说。
2. 十时至十二时梁漱溟先生报告山东乡村建设研院工作。
3. 下午三时半至五时　江恒源先生报告徐公桥工作。
4. 晚七时半至九时　讨论会。

李石曾先生演说，要点约如后：

"此次兄弟能到邹平来参观，并承招待，非常荣幸，得与各团体代表聚首，尤使兄弟得到叨教的机会。主席叫兄弟演讲，实际上演讲无论如何不及实际工作报告的亲切有味，所以兄弟只是把以前个人及个人的朋友们从事于农村运动的经过，约分三点叙述出来，请诸位赐教。（一）农村预备工作的经过报告：大凡国内学者及世界名流，历来都有接近自然返回到农村的思想，兄弟即是服膺这种学说的一个。在三十年前兄弟即在法国进农业实习学校，修业五年，半工半读，过去已经有过几篇报告在执笔发表。从民国十年起，才开始实践多年的主张，同几位朋友在北平城外西山举办各种预备的工作，在那里，自然环境颇能合于真善美三个条件。所谓预备工作的开始者，即是分别的举办疗养院，农村试验场，学校，家庭工业改进社，农民贷款等事业，后来因为北平举办自治，复由北平研究院群治部，到西山实施乡村自治计划，大半采用合作方式。以上所说的种种，仅仅是些预备工作，始终未敢采用乡村建设的整个方针，其理由是因为对于整个乡村建设计划，还没有把握去确定他究竟应该是怎样的一个。（二）对于农村运动观念的不同：何以兄弟不说以上的种种是农村工作，而只说是预备工作呢！因为努力农村工作的，其注意点不外教育经济自治等数方面，但是理论上虽然总是说三者并重，可是事实上慢慢的总要发生偏重一方面的弊害，偏重了教育，往往可以叫短衣的农民都化为长衫的农民。偏重了自治，则往往因为要叫政治农村化，反而倒把农村政治化了。偏重经济，也有扶东倒西的不便。所以兄弟主张不偏重任何一方，而注意于平均发展。上节所述的种种设备，就是试验这种平均发展的预备工作。

深一层讲，兄弟对于建设农村的整个工作计划，换句话说，就是应该建设怎么样一个农村的一点上，还在怀疑之中，认为最要试验。等试验到了相当的程度，再拿出整个的计划来推行到外边去，在没有做到这个地步的时候，我们还不敢决定方向，所以我们只做了些对于将来实施建设农村任何方案所必需的基本预备的工作。（三）一个简单的提议：这样重大的会议，希望以后每年能够开一次。兄弟这方面，很希望诸位将来能到西山温泉和南京汤山两处去参观。兄弟对于本会的性质和召集方法，还不十分明了，但是兄弟毫无成见，无论以何种方式，都至诚的邀请诸位将来到西山温泉和南京汤山去参观一下云云。"

梁漱溟先生及江恒源先生之工作报告，全文载本汇编中。

晚间讨论会，发言者甚多，并由李石曾先生提出乡村工作方针问题，有以下几种意见：

1. 由乡运渡到政治。
2. 乡运者单做政治以外社会以内之事。
3. 方针不必定，自然会发生出来。

后李先生讲明对于乡运"创造而不夺取；合作而不斗争。"之两个原则。

（丙）第二日程序

一、六时半　摄影

二、七时半至九时二十分　晏阳初先生　报告定县平民教育促进会工作。

三、九时半至十时二十分　张鸿钧先生　报告燕京大学清河实验区工作。

四、十时半至十二时　王怡柯魏朗斋先生　报告河南村治工作。朱绍云

五、三时半至四时二十分　章之汶孙友农先生　报告金陵大学乌江农会工作。

六、四时半至五时二十分　金宝善张维先生　报告乡村卫生工作。

七、晚七时至八时　龚玉贤先生　报告镇平自治工作。

八、八时至九时　孙廉泉先生　报告菏泽实验县工作。

晏阳初，张鸿钧，章之汶，孙友农，金宝善，诸先生报告，全文载本汇编中。

王炳程先生报告河南村治学院，十九年结束后，即组织河南村治学院同学会，继续工作。豫地多匪，须以自卫为农村基本工作，农民须自己有力量，方不致受土匪之残害。次请魏朗斋先生报告遂平工作。

魏先生报告遂平县七十里嵖岈山之工作，全山为土匪残害，农民不能生活，现谋自救之工作，以学校为中心，组织民众防御土匪，颇有成效。

再次，朱绍云先生报告汲县工作，在汲县香泉寺，联合七小学为一，附办乡师班及成人班，教学及求学者，多携枪实弹以防土匪，并作造林，息讼，合作社，农家副业等工作。

金宝善先生报告内政部卫生署之乡村卫生工作，后有张维先生报告高桥之卫生工作，末有二感想：

1. 在乡村做卫生工作，须注意经济，方使农民能接受。
2. 卫生工作不能单独进行。

晚由龚玉贤，孙廉泉二先生报告河南镇平及山东菏泽之工作，前者见其刻苦精神及坚强意志；后者见其计划周详，实事求是，异常引动听众之注意。

（丁）第三日程序

一、七时半至八时五十分　于永滋先生报告华洋义赈会工作。

二、九时至九时半　李石曾先生报告西山温泉工作。

三、十时至十时半　卢广绵先生报告华北工业改进社工作。

四、十时四十分至十一时十分　贾尔信先生报告齐鲁大学农村工作。

五、十一时二十分至十二时　梁定蜀先生报告行政院农村复兴委员会工作。

六、二时至四时　工作讨论会。

七、四时至六时　参观山东乡村建设研究院及其附近之工作。

于永滋，卢广绵，贾尔信，梁定蜀诸先生报告，全文载本汇编中。

下午之讨论会，事先由众人提出问题，交主席团整理，然后被问人按题答复。所问多关于各处工作，及理论之质疑，最后梁漱溟先生以二事提醒大家。

1. 请大家宽解，不要着急，不要将眼前局面看死。

2. 请大家格外小心，乡村事业，实在发展太快，勿以救济乡村而损害乡村。

参观邹平工作，由杨效春，张石方二先生领导，赴抱印庄等处参观，该处有机织合作社，林业工会，民众学校等组织，不过在农忙期间，学生多不在校。

（戊）闭会情形

三日会期已满，大致如计划所拟，故结果尚属圆满，与会者仍由筹备处预备车辆，分批驰赴周村。计十六日午后，即有一部分起行；十七日晨又行一批，最后有五六人在邹平多勾留数日，对该院工作作一详细参观。

六　工作报告之汇集

邹平闭会之后，一部分到会同人，建议将此次大会中各工作报告，汇集付印，以备参考，而志永远。爰于七月二十四日由值年章元善许仕廉二先生发出下列通知：

"敬启者：此次邹平农村工作讨论会，承诸同志之不弃，踊跃参加，蔚成盛举，并得恭聆实际成绩之报告，及诚恳切实之工作感想，至堪欣快！惟因时间仓促，各报告员或有未能充分发表；又以语言之不同，记录员间不免挂一漏万而各同志佥认此次报告皆系有价值之工作成绩报告，确有保存之必要，建议由值年函请各报告员，将各报告重行写出，由值年整理后付印，藉作第一次大会之工作贡献。兹谨敬陈概略，伏乞先生拨冗将贵报告写出，并盼于八月十五日以前寄下！以便汇编付印，无任企祷！此致某某先生。章元善许仕廉同启。七月二十四日"

现将已收到写成之报告十一篇（见本汇编目录）依在邹平报告期日先后排列，惟未交来者，数不在少，以本汇编付印期迫，不能久候，只好付之阙如。特此附及，并致歉忱。

篇一　山东乡村建设研究院工作报告

梁漱溟

一　本院成立缘起及与有关联之各团体
二　本院宗旨所在及现时工作目的
三　过去两年工作大概
四　过去工作之检讨
五　本院今后所致力之工作

一　本院成立缘起及与有关联之各团体

本院以二十年三月筹备，六月成立，迄兹两年矣。溯其由来，河南村治学院是其前身。先是山东王君鸿一，河南彭君禹廷等以求治必于乡村之说倡导于世，爰于十八年一月，创刊北平村治月刊，是年冬创立河南村治学院。村治学院在十九年十月因故停办。事闻于山东省政府主席韩公向方深以为惜，电招同人来鲁议重举其事。同人以村治一词不如乡村建设之通俗易晓，又以豫院偏于训练人才，缺乏研究之意，乃易名为山东乡村建设研究院。时院长彭君方在本县镇平地方办理自卫自治事宜，未遑来鲁，梁君仲华代任其事。豫院停办后，有河南村治学院同学会之组织，努力于乡村工作。会址设汲县，豫北同学咸集焉。彭君办理镇平自卫，屏障豫南，豫南同学多归之。今彭君虽物故，而地方人士赓续其事，萧规曹随，一如其在。凡此在气脉上皆与本院有连带关系者也。

二　本院宗旨所在及现时工作目的

同人等感于频年丧乱，深以求治为急。顾中国今日之乱，系由近百年来，遭遇另一种不同文化，陷入于一全新环境中，所引发其自身传统文化之一大激变。凤昔社会之组织构造，节节崩溃，如破竹，如剥笋，已至于最后；此时而言求治，断非仓猝涂饰所可为功；非从根柢上重新建立其自身所适用之一种组织构造不可。千年旧物，既不可规复，而所谓近代云现代云者，亦各有其所从来之历史，亦岂容摹取？是以求治诚急，而治终不可获。所谓村治或乡村建设云者，意在新组织构造必于乡村中养其端倪，植其苗芽。使吸取今世进步生产技术，生产组织，得以发荣滋长。而此一段生机所由回转出来，则又全靠社会形势演变时天然必有之一回转：一则以政治属性的破坏之益烈，迫得乡村不能不自救；同时，以经济属性的破坏之益烈，迫得社会不能不救济乡村；而凤为四五十年来维新变法运动两度革命运动领导力量之知识分子，终亦必悔其一向不落实的见地，知所以自辟其立国之途径者方方面面逗合其机，盖不远矣。前河南村治学院旨趋书又本院设立旨趋及办法概要一文始终以中国社会求新组织为言，俱经先后刊布求正于世，兹不录。而同人所为乡村工作者，其旨即在于是。

本院现时工作本于前旨，着眼于三点：

（甲）研究实验中国乡村社会现在所切需且其所能有之组织方式。

（乙）启发乡村自救意识。

（丙）倡导知识分子回乡运动。

三　过去两年工作大概

二十年六月本院开办，迄现在止，前后两年间所有工作可分四项：

（甲）乡村建设研究部招收曾受高等教育之本省籍学生三十人，又外省前后来附学者十余人；为两年研究，今已结业，多半留本院及实验区服务。

（乙）乡村服务人员训练部第一届招收旧济南道属二十七县中等程度之学生二百八十余人，又前后收附学生二十余人，于二十一年六月结业，各回本县地方服务；第二届招收鲁西鲁南四十一县中等程度之学生二百八十余人，又收外来附学生四十余人，现分派邹平菏泽两县地方实习，将于本年十月结业。

（丙）邹平县实验区工作，先图地方人士及一般农民之融洽，次试办乡农学校，启发乡村自动改进之意识，并实施农业改进合作运动等，其详具见本院出版之乡农学校专号农业改进实施报告，请参看。

（丁）二十一年第一届训练部学生结业后回县服务，由省政府通令其各本县，每县划定一区，由该生等试办民众学校（即乡农学校）并得担任其区长职务；在院内成立乡村服务指导处，派员分赴各县巡回指导。各县民校成立先后不齐，大体言之，将届周年，统计二十七县共七十七处，内计高级部六十班，普通部八十七班，总共一百四十七班，学生人数五千二百八十人。各校经费其自筹部分多寡不等，难以计算，其由县补助部分，全年总数四万二千四百八十元。

四　过去工作之检讨

过去工作之检讨，殊令同人自惭之至，仍分四项言之：

（甲）研究部之成绩，以本院专门学术之教员颇形缺乏，殊嫌空疏。

（乙）训练部成绩，前后结业约七百人，为数非少，但为期只有一年，于服务精神之陶铸，技术能力之养成，除极少数外（约千分之二），实觉难言。

（丙）邹平之实验工作成绩亦甚有限，此半由同人人少事繁，又能力薄弱，亦半由有所限制：

1. 无实验权　限于中央及本省地方一切法令不能自由实验。

2. 无实验费　除第二年呈准之民众学校补助金三千六百元外，别无实验费。

（丁）邹平以外之二十六县工作，除其地方原有较好基础之莱芜等县外成绩亦不佳，此一面固由服务同学能力不足，而本院未能予以种种接济，所关实大。所谓未能源源接济者：

1. 教学方法社会活动之继续指导；

2. 各项教材之继续编定，充分供给；

3. 农业推广，合作指导，农民贷款之切实举办。

总结言之，本院两年工作所感之困难，出于本身之缺欠者多，出于外面障碍者少；同人大部分精力耗于研究训练两部学生之学业上，而此两部七百余之学生，果能为益于乡村足以偿其取给于乡村者否？正不敢自信；吾人日言乡村建设，其不落于破坏乡村者几希！言念及此，不寒而栗。从自恕自宽言之，或者于前所称启发乡村自救意识，倡导知识分子回乡运动两目的不无所就乎。

五　本院今后所致力之工作

同人精力直接用于乡村者不过十之三；但今后之一二年间当直接致力于乡村建设工作。山东省政府按照第二届内政会议设立县政建设实验区办法，划定邹平菏泽两县，在本院指导下，进行实验工作。以本院前副院长孙君则让任菏泽县长，以前河南村治学院教务长王君怡柯任邹平县长，除第二届训练部学生二百余人分派两县实习外，本院教职员及研究部第一届新结业同学亦多分在两县服务。实验工作菏泽已自六月开始，邹平亦于本月着手。实验计划两县有相同处有不相同处，大致邹平注意于乡村组织之实验（请参看邹平实验计划摘录小册），而菏泽则于地方自卫及训练民众等事，甚为着重。

篇二　中华职业教育社之农村工作

江恒源

一　农村改进事业之动机
二　徐公桥工作举例
三　工作原则

一　农村改进事业之动机

本社从事农村改进事业之动机，始自民国十五年。当时因感觉农业学校不切实用，与农村实际不发生关系；乃立意创办乡村小学，藉教育方法改造民众，以求农村之改进。其办法，首先划定区域，名曰某处乡村改进区，由职教社社员联合地方领袖组织乡村改进会，以促地方人士之自动求改进，而谋事业进行之敏捷。其程序，由地方全民大会产生委员会，由委员会产生办事部，部设主任以执行全区改进事宜；在试验期内，由职教社委派，将来六年期满，则于当地人中遴替，并将全区一切事业交还人民自办。其最初着手之事业为教育，于区内设立小学，并由中心小学校长负全区教育及其他社会事业之责；以次兴办自治，经济建设，保安等方面之事业。

办理最早之乡村改进区，当推江苏昆山县境内之徐公桥。是区办理已历五年，现有户六百六十五，人口三千一百九十七。纯以教育，经济，组织三项为主要的指导训练目标。区内建设，除乡村改进会而外，并有农场，合作社，公共仓库，小医院，形式不同的各种小学校，以及适应需要之社会教育机关，保卫团各项之组设；最近且将试办乡村模范警察。至训练目标，其教育目的，在使全区儿童，完全入学，不识字之青年成人，完全减除，知识开明，风俗敦厚，发挥互爱互助之精神，共谋本区文化之进展。其经济目的，在使农事改进，生产增多，家给户足，百废俱举，村容野容，焕然改观，健康安乐，疠疫不兴，养生送死，毫无遗憾。其组织目的，在使人人能自治，能合群，视公事如己事，扩大爱家爱乡之心以爱国。就上所言，是徐公桥改进区之成绩，虽不能谓三项目的已达，而其五年来努力迈进，各方进步之实况，观下列各表所示之数字，亦可以见其大概矣。继徐公桥而起者，有江苏镇江县之黄墟，苏州之善人桥，泰县之顾高庄，宁波之白沙（此处现在筹备中），均本此目标，从事改进。历时虽未久，成绩皆有可观。此外如本社代办之各农村小学，凡学校所在地，莫不有改进区之设，虽范围有广狭之分，而办法则大致相同。本社蓝筚启基于民国十五年以前，虽曰成功失败，未可预料，但观于数年来各方农村事业之纷起迈进，则此项工作之具有重大意义，似难否认矣。

二　徐公桥工作举例

兹就徐公桥乡村改进会最近概况报告专册，择录其重要部分如次：

（一）组织——组织系统如下页图。

（二）区域——在民国十九年二十年经两度之扩充，实测全区面积，凡三十一方里，二十一年加入蒋巷等村，全区面积，约扩展至四十方里。

（三）人口——本区户口历年增加状况如下表。

徐工桥历年人口统计

年份	男	女	共计
民国十七年	一〇三四	九五六	一九九〇
民国十八年	一〇三五	九六三	一九九八
民国十九年	一四九一	一四八八	二九七九
民国二十年	一五九八	一五七四	三一七二
民国二十一年	一七六〇	一七七六	三五三六

（四）经费——徐公桥之经费，按二十二年度之预算，全年总收入为二五,五〇〇·五八〇元，全年总支出为二五,五〇〇元。

（五）建设——自本会成立迄今，筑成泥路四，长九华里；石路四，长六华里弱,除路基由地主捐公,泥路由农民自建外,共费筑石路银二,八一二元强。徐扬,除淞二路,规定于二十二年完成。下表即示筑路之历年成绩:

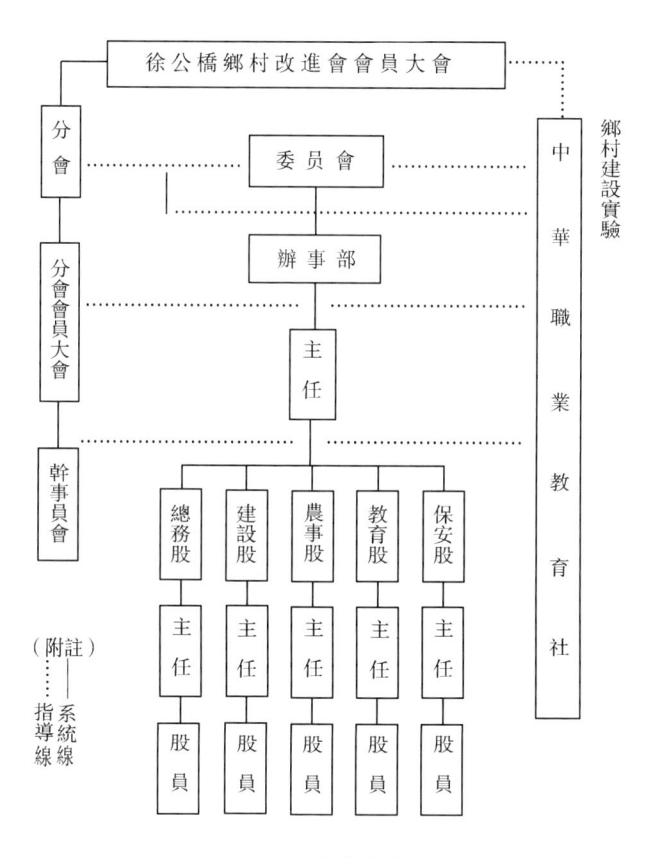

```
                徐公橋鄉村改進會會員大會 ┈┈┈┐
                         │                  │
    ┌分會┈┈┈┈┈┈┈┈┈┈委員會             │
    │                    │                  │
    │                 辦事部                 中
    │                    │                  華
    分                   主                  職
    會                   任                  業
    會┈┈┈┈┈┈┈┈┈┈┈┈┤                  教  鄉
    員      ┌─────┬─────┼─────┬─────┐  育  村
    大     總   建   農   教   保          社  建
    會     務   設   事   育   安              設
    │      股   股   股   股   股              實
    │      │    │    │    │    │              驗
    │      主   主   主   主   主              │
    幹      任   任   任   任   任              │
    事      │    │    │    │    │              │
    員      股   股   股   股   股              │
    會┈┈  員   員   員   員   員  ┈┈┈┈┘
```

(附註)
┈┈ 系統線
─── 指導線

历年筑成道路表

规定干路名称	路质	建筑年月	建筑方法	建筑经费
公安路	石路	十九年三月	雇工建筑	一,六四二·二六〇元
观澜路	石路	二十年三月先筑泥路同年十一月改筑石路	泥路农民自建石路雇工建筑	七〇三·七一〇元
徐珠路	泥路(南段石路)	二十年十一月筑泥路二十一年十月筑南段石路	泥路农民自建石路雇工建筑	泥路农民捐工南段石路费四六六·四六〇元

续表

规定干路名称	路质	建筑年月	建筑方法	建筑经费
珠天路	泥路	二十年十一月	农民自建	农民捐工
陆景路	泥路	二十年三月	农民自建	农民捐工
徐梅路	泥路	二十年十二月	农民自建	农民捐工
徐扬路				
有光路	石路	二十年八月	由本会会员陈明之父子三人捐建	二八〇·〇〇〇元

又本会自成立迄今，修筑石桥八座，木桥二十一座，共费银二，一八一·七〇〇元。

（六）经济——分研究农事，提倡副业，举办合作三项。分述如次：

1. 农场有田二十亩，实地研究试验。

2. 鱼池　有合作鱼池一处，农民自办者亦有数处。

3. 苗圃　自栽树苗，每年植树时分给农民。

4. 养鸡　原有意大利种八十余只，在二十一年春军事时期，完全损失，现仍继续试养。

5. 养蜂　最初试养失败，自二十一年起继续试养。

6. 推行新农具　打水，砻谷，打稻各机，均已试行有效。

7. 介绍改良种子　金大二十六号改良麦种，推行最广。稻种则就地择尤推广。棉种则介绍江阴白籽棉，及山东济南棉。

8. 农产展览　每年秋收后开会。

9. 耕牛比赛　每年春季举行。

10. 合作社　已成立者，有信用合作社，借贷合作社，生产合作社，花边合作社，有光合作社，珠翠合作社等。近更计划改进，以达到每一分会有一合作社之目的。

11. 公共仓库　于每年冬季谷贱时，农民得以白米或稻向本库典款，俟春季米价增加时赎出出售。已举办二期。

12. 改良土布　区内妇女，家家纺织，曾举行土布展览，计划改良。

13. 提倡小工艺　传习花边。

14. 测候所　每日测验气候报告。

15. 调查经济　每年调查农家经济一次，惟尚未实行家庭会计，收支两项，其势不能十分正确。二十年受水灾影响，亏损甚巨。二十一年米麦收获虽优，但粮价低落，农民吃亏不小。

（七）教育　在二十一年度，全区共有公立学校四，私立学校二，共计有学生四一二人，其中男生占二七三，女生一三九。该年教育经费共为四、一六一·六〇元。区内之教育事业，除公私立学校外，又有教育会议，由全区小学校教职员组织，为全区研究教育之总机关，月开常会一次。民众演讲厅，已设立者有三处。青年服务团，现有团员四十五人；小青年服务团，现有团员四十人。婚嫁改良会组成后，区内农民受指导者在半数以上。省节会组成后，计全区全年节省之经费；至少在六千以上。民众体育场，每年举行运动会及学校联合会各一次。民众公园，通俗演讲，壁报，公共阅报处，时事报告，通俗格言，民众改良茶园，以及儿童幸福会，同乐会，长寿会等，均按期举行。

（八）保安事业　与昆山公安局分驻所联络进行，现在区内盗贼不生，烟赌绝迹，无游民乞丐，人民咸得安居乐业。兹述其概况如下：

1. 公共诊医所　聘西医一人，主持改进全区卫生事宜，并担任诊治民众疾病，及防疫工作，其状况如下表：

卫生事业表

年度 事项	卫生运动	诊治民众			施种牛痘	免费注射防疫针	施送痧药水
		区内	区外	共计			
二十年	一次	一三六二	八四三	二二〇五	四八九	三二四针	二一四〇瓶
二十一年	一次	六四二	六二三	一二六五	六七二	一九〇六针	四一〇九瓶
共计	二次	二〇〇四	一四六六	三四七〇	一一六一	二二三〇针	六二四九瓶

2. 保卫团　本镇，梅浦，珠翠三处，均已举办，共有团员八十四人。

3. 消防队　已经设立，尚待推广。

4. 代赈局　筹集基金，置备棺木，酌量施给。

5. 济贫　老弱残废者，酌与给养。

6. 公渡　于徐公口设渡船一只便利行旅。

警钟　设于会内，平时报时，有事报警。

以上为本社在徐公桥工作之梗概。兹将本社工作原则，试验心得，及未来计划，略述于下，以作本报告结论。

三　工作原则

工作原则　吾人以为农村改进工作，须有四种原则：（一）经济，教育，及组织三方面，必须联合发展；（二）中心问题不妨因地而异，不过总须注意教育；（三）深入民间；（四）居辅导地位。

试验心得　（一）以社会立场，办乡村改进，根基甚稳，而收效则甚微，若无政治权力，困难极大；（二）工作人员除学识热心之外，须同时具备随机应变之才能；（三）人民所不需要之事，绝不可做；（四）如改进区面积大，必须划为分区；（五）青年与成人之教育，须划分；（六）办乡村工作如以经济为中心，收效更宏；（七）办改进区之出发点可以因地制宜，中心点须因时制宜；（八）办改进区应以小学校或合作社为工作基础；（九）费钱须少，用力须勤；（十）改进农村乃完成自治之桥梁。

至吾人所遇之困难，约有四点：（一）保卫工作极难办；（二）感觉人才不足；（三）是否由社会渡到政治；（四）乡村改进运动尚未能造成一个轨道。

未来计划　（一）下学期起，拟筹款召集三十名学生，严格养成专门人才；（二）徐公桥结束之后，拟在上海附近或其他风气最坏，问题最多之地方，再作一度之试验；（三）联络行政界试办规模较大之改进工作，划定试验区作一个乡村研究，但不敢作所谓县政研究。

篇三　中华平民教育促进会定县工作大概

晏阳初

一　平教运动的发端
二　农村建设四大问题
三　四大教育与三大方式

一　平教运动的发端

这次"乡村建设协进会"开会的价值，非常重大。昨天听见梁先生关于接近民间工作的报告，江先生关于徐公桥工作的详述，以及李石曾先生富于科学的研究精神，都是我们从事农村工作的借镜和参考。

近年来最使我兴奋的一件事，就是现在国内各界，大家都能亲身埋首去从事农村工作，不问他们工作范围的大小，只要大家一边做一边学，将来都是复兴民族的功臣，也就是建立国家基础的绝大贡献。但是农村工作，需要时间，彼此务须切磋砥砺，各把经验得失，互相研讨，这是这次开会最大的意义。

平教运动的发端，是在欧战时候，当时各国招募华工，到欧洲工作。兄弟从美国到法国，办理华工教育，目睹华工不识字之痛苦，从那时，得了一些经验，同时联想到国内一般不识字文盲关系国家民族前途的重大，所以回国以后，就从事提倡识字运动。但是在工作经验中相信中国大部分的文盲，不在都市而在农村，中国是以农立国，中国大多数的人民是农民，农村是中国百分之八十五以上人民的着落地，要想普及中国平民教育，应当到农村里去。所以同人才决定到定县去工作。

在定县乡村办平民教育，我们觉得仅教农民认识文字，取得求知识工具而不能使他们有用这套工具的机会，对于农民是没有直接效用的。所以从那时候起，我们更进一步觉悟，在乡村办教育若不去干建设工作，是没有用的，换句话说，在农村办教育，固然是重要的，可是破产的农村，非同时谋整个的建设不可，不谋建设的教育，是会落空的，是无补于目前中国农村社会的。

我们在定县的工作，可分为两个段落。一个是准备时期，一个是集中实验时期。从民国十五年冬到十九年秋，算是准备时期，在这时期里，我们的工作，可分为农业教育，农民研究，和农村调查三方面。教育方面，专注重平民学校的实验与推广。生计教育方面，偏重普及农业科学的工作。社会调查分普通调查，农业调查，及农业经济调查，尤注重在一般的考察。前两年的工作，同人的饮食起居，定县人民不能充分了解，颇感困难。但这正是准备时期应有的情形，及工作上必经的阶段，后来因同人的工作精神，感动农民，才逐渐地取得人民的信仰，同时地方政府与士绅也都了解到平校的重要，所以准备时期的工作，才能比较顺利进行。

经过这四年准备时期，我们决定大家都到定县去，对着全县去工作。我们觉得中国的一个县份，实在是一个社会生活的单位，不仅是行政区域的单位。中国的国家，是由一千九百多个县份构成的。一县就是一个广义的共同生活区域，为若干隶属的共同生活区所构成，是我们从事乡村工作实行县单位实验的最好单位区域。我们今以定县为一个大的活的研究室，是要每种问题，实际参加人民生活，并不是用政治力量，来建设所谓模范县，也不是如慈善机关来定县施舍教育，是来在人民生活上研究实验，将以研究的得失经验，得出一个方案，贡献于国家社会。

二　农村建设四大问题

在定县，我们研究的结果，认为农村问题，是千头万绪。从这些问题中，我们又认定了四种问题，是比较基本的。这四大基本问题，可以用四个字来代表他，所谓愚，贫，弱，私。

所谓愚，我们知道中国最大多数的人民，不但缺乏知识，简直他们目不识丁，所谓中国人民有百分之八十是文盲。

所谓穷，我们知道中国最大多数人民的生活，简直是在生与死的夹缝里挣扎着，并谈不到什么叫做生活程度，生活水平线。

所谓弱，我们知道中国最大多数人民无庸讳辩的是病夫，人民生命的存亡，简直付之天命，所谓科学治疗，公共卫生，根本谈不到。

所谓私，我们知道中国最大多数人民是不能团结，不能合作，缺乏道德陶冶，以及公民的训练。在这几个缺点之下，任何建设事业，是谈不到的。要根本解决这四个基本问题，我们便要从事四种教育工作，这四种教育是：一、文艺教育，二、生计教育，三、卫生教育，四、公民教育。同时这四大教育，也就是我们从十九年秋季起，决定集中我们人力财力在定县作一个彻底的，集中的，整个的县单位实验的内容。

三　四大教育与三大方式

关于文艺教育的工作，是要谋解决愚的问题的。从文字及艺术教育着手。使人民认识基本文字，得到求知识的工具，以为接受一切建设事务的准备。凡关于文字研究，开办学校，教材的编制，教具教学方法的研究，以及于乡村教育制度的确立，都是属于这部分工作范围以内的。

我们工作的原则是只从事研究与实验，设立实验学校，表演学校，将研究结果，贡献给地方当局，让他们去推广，同时我们还要注意到这种研究出来的文艺教育，是要普遍适用于全国其他各县的，必须合乎农村经济财力的，因为在穷中国办穷教育，必须要用穷的办法。

这方面的工作，我们自信已有相当成功，我们打算在今年以内，能够做到把全县的青年文盲除净，目的是在发现并造成除文盲整套的应用学术。

农民有了基本文字知识，我们把他们组织起来，就是平民学校毕业学生所组织的各村同学会，也就是属于我们社会式教育工作之一。这些同学会，是农村优秀青年组成的，他们是农村建设的中心分子，他们有了知识，有了组织，去做建设工作，是容易推动的。

关于生计教育工作，是要谋解决穷的问题的。我们从农业生产，农村经济，农村工业各方面着手。在农业生产方面：注意到选种，园艺，畜牧各部分工作。应用农业科学，提高生产，使农民在农事方面，能接收最低限度的农业科学。在农村经济方面：利用合作方式教育农民，组织合作社，自助社等。使农民在破产的农村经济状况下，能得到相当的补救办法。在农村工艺方面，除改良农民手工业外，并提倡其他副业，以充裕其经济生产能力。

关于卫生教育工作，是要谋解决弱的问题的。我们注重大众卫生与健康，及科学医药之设施。使农民在他们的经济状况之下，有得到科学治疗的机会，能保持他们最低限度的健康。确立一个乡村保健制度，由村而区而县成一个有系统的，整个的县单位保健组织。全县有一个保健院，每区有一个保健所，每村有一个保健员，保健员就是平民学校毕业生同学会会员，受过短期训练的，他们带着保健箱子，到村里各家去施诊，使各村农民，都有受得科学医药治疗的机会。

关于公民教育的工作，是要谋解决私的问题的。我们激起人民的道德观念，施以良好的公民训练，使他们有公共心，团结力，有最低限度的公民常识，政治道德，以立地方自治的基础。我们办教育，固然要注意文艺，生计，卫生，但是我们不要忘了根本的根本，就是人与人的问题，大家要都是自私自利，国家就根本不能有办法，绝没有复兴的希望。所以我们办公民教育，用家庭方式的教育，在家庭每个分子里，施以公民道德的训练，使每一个分子，了解一个人与社会的关系，以发扬他们公共心的观念。其次我们在这个困难严重的局面下，还要注意唤醒人民民族意识，把历代伟大人物，可歌可泣的故事，用通俗的文字写出来，用图画画出来，激励农民的民族意识。

今天兄弟说话说得很多，可是兄弟并不能说是在演讲，因为是在一家人面前说话，诸位都有同样的抱负，我们都是自家兄弟，应当彼此切磋琢磨，我相信今天在会的诸君都是新文化的同志。

篇四　燕京大学社会学系清河镇社会实验区工作报告

张鸿钧

一　清河镇工作的起源
二　清河试验区的社会背景鸟瞰
三　试验区之沿革及工作原则
四　试验区之组织与财政
五　经济股的工作略述
六　社会服务
七　农村卫生
八　农村社会研究
九　结论

（注）此报告因张君九日赴欧，由杨君庆堃代编。

一　清河镇工作的起源

学问的极终目标，都是要控制环境，解决和人类生活有关的问题，是以学问总不能够离开事实的观察和实验。敝校社会学系的努力目标，也当然在人类社会环境的控制，尤其是要解决我国目前那划时代的大变迁中的整个社会动向的问题。然而这大变迁的发展方式，是完全超出于人类经验以外的境域，我们并没有先例可援，以对付这历史上的新问题。社会科学自身的历史，本来就很幼稚，而其现有的结论，不过是根据西方一部分社会的事实论据，而并非由于观察全人类的行为而来。是以要对付我国目前的大变迁，社会学者尤不能藏身象牙塔里，去幻出玫瑰色的理想国。我们必须跑到现实的环境中，从事实的观察寻求结论，然后从所得的结论，去试验实用的技术。我们的教育训练的方针和努力研究的目的，都集中于此。

敝校清河工作之目的，敝系主任许仕廉先生几次慎重述明，并不是要怎样的改良清河，或把清河造成一个理想的社会，或在清河要实行某种大计划；我们的主要目标，是要在实际社会里，建立一个适当的实验场，使校内研究社会科学的师生们，不单从书本里寻死学问，更能从人群生活中求真知识。所以我们的工作原则，是先虚心考察事实，然后根据事实认识问题，再根据问题，寻求解决的办法。

我们所举办事业的规模，只求适合现有经济能力所可担负的程度；不求铺张；即求铺张，恐实现的环境也不允许我们铺张。我们相信任何新的工作，要是太靡费，中国农村就担负不了，不能适合实际的需要。此外更要根据本地民俗、风化与实际环境，找出合宜的社会控制技术。

这样从实验法去研究社会学，是等于在人迹未到过的大莽丛中，辟划出新途径一样，是极艰苦，是极容易迷路，然而我们总求在无数的错误中，找出正确的知识。这就是清河工作的简单起源。

二　清河试验区的社会背景鸟瞰

清河镇距北平德胜门十八里，位于四十村之中心，距各村平均约五里，最远者十二里，最近者一里，该镇不但居全区之中央，且为四十村之商业交通中心点。我们就以这四十村所包围的区域，作实验区，区部设于清河镇上。全区面积约二百方里，地面约高北平十二呎，经度（以清河镇作标准）与北平相同，纬度较北平稍高。多西北风。气候、雨量、地势、农产俱和华北大平原相同。区内有一清河，横穿清河镇东北流，会沙河，入白河。全区耕地约九万九千零七十亩。玉米占农作物十分之六，谷及高粱次之。

清河镇不特在政治上占重要地位，又为全区农产及商品的集散点，北平至张家口及蒙古等地之大道，经过镇之中央。但自平绥路筑成后，清河镇西北三里处设站后，由平至西北大道，颇受影响。本地主要交通工具为人力车，自行车，骡车，及驮子。

清河人口，曾有一次调查；共有五八五家，二六七一人；四十村合计共四五〇〇家，二二五〇〇人，平均每家五人，可有田地二十二亩。

清河一镇，平均每经济家庭有四、九人，自然家庭四、八人，家庭人口两性比例为一二一·一，若合商店及各机关计算，则性此例为一六八。至于人口年龄之分配，十五岁至四十九岁之中年人最多，占人口总数百分之五二·四。关于种族，旗人占全镇人口百分之二·七。清河人口之婚姻状况为结婚率（商店人口不在内）千分之九·九，男子平均结婚年龄为一九·三岁，至于夫妇年龄之比较，夫大于妻者居多数，占百分之六一·四，平均所大年龄为四·八岁。

教育颇幼稚。全区四十村，只有三十一学校，其中私塾十处，村塾五处，村立初小十五处，公共完全小学一处。又男校占二十一处。三十一校共有学生一千三百二十六名，女生七十四名。四十村中，高级小学毕业者一百零五人，中等学校（其中师范传习所毕业者居大半）毕业者四十一人，大学毕业者二人。

全区庙宇有三十种，分在九十四处，占房屋七七三间。宗教信仰以清河镇而论，佛教徒占家庭总数百分八七·一，回教徒百分一一·三，基督教徒百分之〇·三。

三　试验区之沿革及工作原则

敝校社会学系蓄意设立社会试验之意已久。民十七年，得到了罗氏基金捐款，充作教授社会学及研究社会学之用，遂决在离本校八里，离北平十八里，交通联络方便之清河镇，设立试验区。自是年冬起，即由杨开道教授指导，着手清河镇初步调查。中文报告为一个市镇调查的尝试，载在社会学界第五卷，此外尚有英文报告，较为详细，根据调查所认识与本地绅商之谅解，于十九年二月开办清河社会试验区，并于六月十六日行开幕礼。现在共有专职十七名，兼职四名。更有社会学系来区实习之学生。计实习完毕服务社会者，男生二名，女生三名；现正实习者，男女生二十三名，每星期来区四小时至八小时不等。

试验区的工作原则，系（一）以调查为基础，实事求是；（二）以通盘计划应付整个问题；（三）以经济为一切上层建设之基础；（四）一切均与本地及外界各专门机关合作；（五）尽量聘用本地人才，加以训练，以免人存政举，人亡政辍；（六）一切设施均与当地情形相合，力求简单与经济，以奠自立之基础。

四　试验区之组织与财政

　　试验区隶属燕京大学社会学系，故工作人员统由社会学系委派，工作计划规则商诸本地人规定之。工作组织系统，详下表：

　　本表中的人员分配，是主任一人，会计一人，各股股长一人，股员三四人不等。主任，会计及各股股长合组执行委员会，遇必要时由主任召集之，议决本区大政方针及工作进行方法。区务会议每月举行一次，全体职员均须参加。另为集思广益计，设有顾问委员会及专门顾问委员会。前者由当地绅商代表，以及外界热心赞助本区工作者组织而成，本地人居多，三个月召集一次。专门顾问委员会计有农业委员会、毛织业委员会、合作委员会、小本贷款委员会、妇女委员会、旬刊委员会及研究委员会。每两月开会一次，由各股股长负责召集。各专门顾问委员会虽以专门人才为主，但均请本地人加入，俾所讨论及议决事项，不致不合本地实况。

　　本区试验期限，定为七年。试验经费，每年约七八千元。前四年由燕京大学社会学系负担，至第五年由本地筹四分之一，七年后即全由本地筹办。筹办方法，一面可因本区各种生利事业之收入，一面可因本地热心此项工作人士之乐助。另一方面，七年期满，已无试验与训练等耗费项目，已受训练之当地人，立此推行无碍，经常费自能锐减。

五　经济股的工作略述

　　因为一切社会生活制度，都以经济为基础，是以本股的工作很为重要。兹将本股各类工作略述于后：

　　1. 信用合作——为使农民得生产上必需之资金起见，本区于民国十八年与华洋义赈会救灾总会协作，试办农村信用合作社，及其他各种合作社。自是年至今，已成立贷款合作社五处，合作农场一处，兹将其概况列表于后：

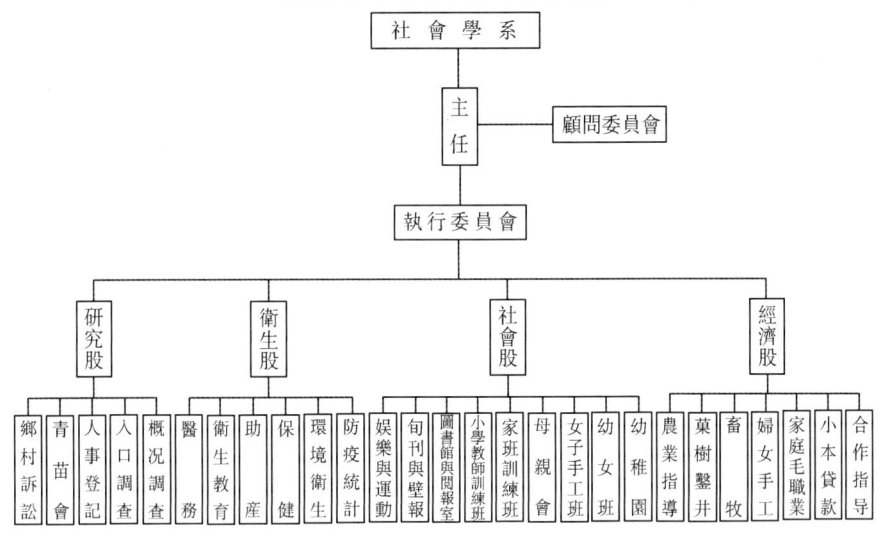

燕京大學社會學系清河試驗區組織及工作表

```
                    社會學系
                       │
                      主任 ──── 顧問委員會
                       │
                    執行委員會
                       │
        ┌──────────┬──────────┬──────────┐
       研究股       衛生股      社會股       經濟股
```

研究股：鄉村訴訟、青苗會、人事登記、入口調查、概況調查
衛生股：醫務、衛生教育、助產、保健、環境衛生、防疫統計
社會股：娛樂與運動、旬刊與壁報、圖書館與閱報室、小學教師訓練班、家班訓練班、母親會、女子手工班、幼女班、幼稚園
經濟股：農業指導、菓樹鑿井、畜牧、婦女手工、家庭毛職業、小本貸款、合作指導

各社概況（民國二十二年二月）

項目＼社名	唐家嶺村	回龍觀村	黃土北店村	黃土南店林	清河鎮	東北旺村	總合
成立日期	二〇·一·一六	二〇·二·二五	二〇·一一·一四	二一·二·三	二一·一一·一五	二二·三·一三	一
社員數	二〇	二〇	三二	二二	一六	一二	一二二
社員股 股數	二〇	二〇	四五	二四	一六	一二	一三七
社員股 款數	二〇	四〇	四五	二四	一六	一二	一五七
社員儲金	一六		二一	二四			六一
用途	信用放款	信用放款	信用放款	信用放款	信用放款	合作農場	—
試驗區放款數			二六〇	一九〇		二〇〇	六五〇
資本總數	三六	四〇	三二六	二三八	一六	二一二	八六八
盈利總數	二〇·〇〇	六·〇〇	五一·四八	四一·六〇			二九·〇八

项目 社名	唐家岭村	回龙观村	黄土北店村	黄土南店林	清河镇	东北旺村	总合
资本及盈利共计	五六·〇〇	四六·〇〇	三七七·四八	二七九·六〇	一六·〇〇	二一二·〇〇	九八七·〇八

此外又成立合作商店，合作工厂，及运销合作各一处。民国二十二年二月，又与华洋义赈会救灾总会协作，办合作讲习班，其宗旨为灌输合作知识，启发合作精神，训练经营方法，及引导自动进行，乃专为训练合作社理事而设，但社员及非社员亦可旁听。各社理事在讲习期间，膳宿及文具等费，由本区负责筹措。课程计有合作原理、合作组织、储金、账目、珠算、合作农场经营、社会须知、乡村问题、农业改良、果树园艺等。此外又有参观，俾有实地观察机会。此次之合作讲习班乃系创办，后当根据需要陆续举行，以使试验区内各社社员，均能娴熟合作经营方法，非社员亦能充分认识合作事业之重要。

2. 小本借贷——华北的高利贷，为华北农民的一只毒蝎。故为铲除高利贷，及试验农村放款方法，以供银行界建设农民银行之参考起见，于民国二十年开始试验放款工作。小本贷款处，最初只有资本二百四十元，由社会学系拨给，为数有限，每人至多借洋十元。后有热心友人，无条件捐助本区三千，以期发展小本贷款工作，小本借款处由本地绅商三人及本区职员二人，合组"小本贷款委员会"，以本区经济股股长为主席，总管一切事务。借款额数，每人增至二十元为限。兹将工作发展现状，列表于后：

小本贷款现状（民国二十二年二月）

村名	家数	放出款数	收回款数	未收回款数
清河镇	一二〇	一、七六八	五八一·八五	一、一八六·一五
前八家	二一	三四〇	八一·五〇	二五八·五〇
朱房	一八	二三一	一八·〇〇	二一三·〇〇
南店	一〇	二〇〇	四〇·〇〇	一六〇·〇〇
花虎沟	八	九六	一四·〇〇	八二·〇〇

续表

村名	家数	放出款数	收回款数	未收回款数
后屯	八	一一八	一五·〇〇	一〇三·〇〇
仓房营	八	一三三	四五·五〇	八七·五〇
北店	七	一二〇	二三·〇〇	九七·〇〇
上地	六	九〇	—	九〇·〇〇
后八家	五	八〇	三三·〇〇	四七·〇〇
关西庄	五	七五	二七·〇〇	四八·〇〇
下清河	三	五〇	四·〇〇	四六·〇〇
六道口	三	五〇	—	五〇·〇〇
回龙观	三	六〇	—	六〇·〇〇
小营	二	一八	一〇·〇〇	八·〇〇
树村	二	二〇	—	二〇·〇〇
永泰庄	一	一〇	—	一〇·〇〇
三旗	一	二〇	—	二〇·〇〇
二旗	一	一〇	—	一〇·〇〇
唐家岭	一	二〇	—	二〇·〇〇
前屯	一	一〇	四·〇〇	六·〇〇
总合	三三四	三、五一九	八九六·八五	二、六二二·一五

贷款的用途，委员会极为注意。本区自始即特别奖励生产借贷，以提高借户收入。据下表统计所示，生产贷家也实占多数：

借贷用途之分配（民国二十二年二月）

借贷用途	家数	
	实数	百分比
生产借贷：	一六八	七一·七九
买卖资本	一〇三	六一·三一
耕种	三六	二一·四三
租地	二三	一三·六九

续表

借贷用途	家数	
	实数	百分比
赎地	三	一·七八
典地	三	一·七九
非生产借贷：	六六	二八·一一
偿债	四五	六八·一八
买牲口	四	六·〇六
婚丧	三	四·五五
赎房	三	四·五五
租房	二	三·〇三
典房	一	一·五一
其他	八	一二·一二
总合	二三四	一〇〇·〇〇%

3. 家庭工业——本区所举办的家庭工业，以毛织业规模最大。本区为利用农闲，提倡副业起见，于民国二十一年六月间，承北平华北工程学校之赞助，由本区选定学生二名，于九月送至该校专学毛织，一切费用统由本区供给。至十一月梢，二生学成归来，得戴乐仁教授之鼓励，与社会人士之赞助，于十二月一日，正式开家庭毛织业训练班，以曾受三月训练之二学生为教师。共收学生二十名，男女各半。在学习或训练期间，不给工资，学成后，按出品优劣多寡，发给工资。大抵女工每人每日纺线八小时，每月可得大洋八元；男工每日织呢八时半，每月可得十五元。织毛、漂毛、净毛、洗毛及染毛等项，因设备需款较大（木轮机每架三十五元，铁轮机五十五元）农户不能单独购买举办，工人须在厂内工作。至梳毛之梳毛板，及纺线之纺车价甚廉，工人可向本区具领板和车，回家工作，线成后再送回本厂。此种工作最适宜于家中的妇女。关于用品之购买及出品售卖，本区聘有义务专家，协同农家纺织组织委员，在合作原则之下，共同管理。

除毛织业外，家庭毛织业有地毯，国布印花与挑花，及花生酱等。

4. 畜牧——畜牧工作，分养猪及养鸡二种。养猪方面，本区有波支猪一头，铁木斯猪二头，及布克桥猪二头。现在纯种猪已在十二个村中推广三十二头，分养在十九家中。本地母猪来区交配者，计有十九头，交配四十五次，生产小猪四百四十四个。按本地一年之猪，平均肉量一百一十斤，杂种猪可多产六十斤。按每元四斤计算，四百四十四头杂种猪，比本地猪多得大洋六千六百六十元。

养鸡方面，民国二十年有来行鸡十四只，以为改良本地鸡种，增加产卵量之用。按本地鸡每年产卵八十枚，来行鸡为一百四十枚，相差六十枚，合洋一元五角。现在试验区内十二村有来行鸡一千只，分养于七十五家。

5. 农业改良——改良工作第一项，为混合选种。为使优良禾稼种子不致退化，并增加作物产量起见，本区选定农家五家，指导混合选种试验。现有试验亩数五十五亩，作物种类有玉米，高粱，黑豆，谷子等。第二为农业演讲。在各村演讲共六十九次，听讲者共一千七百五十三人。第三为农业展览会，本区已举办过二次，第一次民十九年十月，举行两日，参加者二千余人；第二次在民二十年十月，参加者约二千八百人。第四为凿井。区内可凿自流井之处颇多，天然机会实应利用，本区先试凿一自流井，用以表证，并与华洋义赈会协同办理凿井贷款，以资提倡。第五项为栽植树株，系向本区所组织之各种团体，如各村合作社，小本贷款，推广猪鸡，及家庭毛织班工徒等家庭，从事提倡，并开果树运动会，请林业专家于振周先生演讲。试在庭园，井旁，及场隙相宜栽种，若有效则再为扩充。二十二年共植果树四百九十二棵。

六　社会服务

本区社会服务工作，分下列数种：

1. 儿童工作——儿童工作有儿童会，幼稚园及幼女班等。儿童会成立于十九年夏，其宗旨为利用农暇时间，凭借识字，游艺，及各种娱乐等方法，灌输公民常识与公民训练。计有男女会员四十余人，年龄自十岁至十四岁。六个月以后，以性别及年龄关系改组，将失学儿童送入学校，女子编成女工班，幼童另设幼稚园。儿童会至此，遂告一结束。

幼稚园于二十年三月成立，教员由学习手工之女子担任。翌年正月，八家村亦有一处成立。本区幼稚园二年来，毕业学生八人，现有学生六人。八家村幼稚园成立年余间，毕业学生四人，现有学生六人，经费每年一百零八元，教员薪金在内。

幼女班于二十一年九月成立，招收七岁至十二岁之女子，予以相当教育。课程有千字课、算术、常识、故事、唱歌、游戏、简单手工及写字等。试办定六个月，免学费，书籍及文具自备。此种幼女班在区内已有三处，共有学生四十九名。

2. 妇女工作——（甲）女子手工班　女子手工班设于十九年秋，在使一般十二岁至念五岁不识字之女子，能取得相当知识及生产技能，以增加其收入。免学费，但文具自备，课程有手工（挑花，绣花，串花，凸花，及缝纫）读书（千字课，算术，写字，记账）及常识三种。定期六个月。期满后，如手艺精巧，在负责人指导下按时工作，每月可得工资八元。现共有学生四十六名。

（乙）母亲会　当初为十九年十二月，请幼稚园与女子手工班学生之母亲来区开会，并展览学生成绩，及说明本区各种妇女及儿童工作，征求其意见，以引起兴趣，发动合作精神，以后又增加婴儿卫生及家庭常识等演讲。现成立母亲会者共有三处，二十二年工作状况列下表：

母亲会开会次数及到会人数

地点 数目 月份	清河镇		前八家		后八家		三旗村		共计	
	开会次数	到会人数	开会次数	到会人数	开会次数	到会人数	开会次数	到会人数	开会次数	到会人数
七月份	三	七	—	—	—	—	—	—	三	七
八月份	五	一七	—	—	—	—	—	—	五	一七
九月份	四	二一	—	—	—	—	—	—	四	二一
十月份	三	二六	二	一三	四	一五	—	—	九	五四
十一月份	四	五九	三	二一	四	二七	二	五一	一三	一五八
十二月份	二	一八	二	一九	一	七	二	五四	七	九八
总合	二一	一四八	七	五三	九	四九	四	一〇五	四一	三五五

（丙）家政训练班　此班成立于二十年二月，目的为与本地妇女研究

缝纫，尤其是儿童衣服，食物选择，烹饪，家庭布置，以及最简单之美术。凡十五岁以上及已婚之妇女，均可加入。

3. 其他教育工作——（甲）小学教师讨论班　本区为改善小学与私塾，并使知识分子明了本区工作起见，决定成立冬季小学教师讨论班。本地习惯，小学与私塾均于废历腊月二十日左右放假，遂于二十一年废历十二月二十一至二十六日，举行第一次小学教师讨论班。参加者占全区内学校总数十分之三，此外尚有本地领袖八人，每日来班旁听。演讲及讨论题目有小学教授法，小学管理法，小学娱乐，小学师资之预备，学校卫生，家庭手工业，农业改良，毛织工业，合作社，图书馆等。

（乙）图书馆及阅报室　图书馆与儿童部，成人部，及巡回部，

（丙）清河旬刊与壁报　清河旬刊是以本区内四十村内舆论中心，将区内应兴应革之事，以极简单明白之文字加以讨论，俾使区内人民对试验工作感有兴趣，多负责任；同时并使农民明了外界之变迁。第四为娱乐与运动，如新旧戏剧、音乐、武术、球类运动等。

七　农村卫生

优良的卫生状况，是社会生命力的来源，是社会改造中之重要工作。二十一年八月，本区与北平市公安局第一卫生事务所及协和医校协作，及与当地绅士接洽，成立宛平五区卫生事务所。其后本地人对西法助产，渐次信仰，本区为适应地方需要起见，商北平助产学校，物色助产士一人，并代募款项，以进行助产工作。至二十一年九月，本区正式设立卫生股。二十二年三月，本区募建之医院，初期计划大致落成，遂于同月行开幕礼，卫生工作有防疫统计、环境卫生、学校卫生、助产及医疗五种。

1. 防疫统计——防疫工作已举办者为种痘，猩红热狄克氏试验，猩红热毒素注射，及预防霍乱注射，白喉锡克氏试验等。

2. 环境卫生——为改良镇上充满尘土泥泞之街道起见，二十年冬由本区发起，商会担任财政，区公所担任运输，军政部织呢厂担任灰料，东北军第七旅担任修工，共同翻修清河大街道路，一星期竣工。当添设清道夫二人，担任洒扫，由商会负责管理，由各商店分担经费。

又本区为预防夏季流行疫症起见，于二十年举办检查本镇水井，将各

井之水送北平天坛中央防疫处查验，此外关于食摊卫生，曾议于东北军七旅，及宛平五区公安分局，严加注意，在各摊贩入夏时，均置纱罩，防止苍蝇。本镇小学亦于二十年夏间，举行灭蝇运动。

在卫生教育方面，为用游行护士二人，实行家庭拜访，宣传卫生知识；又有卫生图画传单，分派张贴。二十一年七月，又举行夏季卫生运动大会一次，系与商会，东北军第七旅，公安分局，本镇小学及当地绅士共同举办。开会时有卫生演讲，卫生表演，会毕并将本镇大街加以扫除，分发标语传单等。

3. 学校卫生——学校卫生工作，仿北平乙种学校卫生制度，仅限于清河镇宛平县五区公立小学。该校学生遇有疾病或必须矫正之缺点，即嘱来至本区所设医院就医。此外又实行卫生演讲，体格检验，防预注射等。

4. 助产——村妇生产，因不信科学方法，以致产妇死于产褥热，婴儿死于破伤风者，不计其数。本区因此自二十一年七月起，聘用助产护士一人，专司助产工作。其工作种类有以下各种：（1）孕妇婴儿检查。（2）产婆调查，以资联络，预备产婆训练之基础。（3）新式接生，本区新建医院有产床四张，遇有生产者，助产士得到通知后，即前往接生。普通收费四元，贫者减免。此项工作现已极得本地人信仰。（4）助产教育，其目的为使乡民彻底明了助产工作之重要，及新旧接生之利弊。其法第一为家庭拜访，以联络感情，宣传助产教育。第二是母亲会上由护士主领之，演讲或指导。在文字宣传方面，有孕妇须知及印刷品多种，分赠乡民，并在清河旬刊刊登有关系之文字。此外又为授本地收生婆以新式接生术，灌输助产知识，以减低产母及婴儿死亡率，并贯彻本区尽量利用本地固有人才之原则起见，乃与宛平县政府及北平市公安局合办产婆训练班，以口授与实习，教以新式接生方法。凡年龄在三十五岁以上，七十五岁以下，身体目耳健全者，均可受训练。每日上课二时半，两周完毕，并须在助产士指导下接生三次，方能毕业。第一届已于二十二年一月办完，受训练者十二人。

5. 医疗——门诊方面，在试办期内——二十年七月至二十一年六月——每星期六由北平公安局第一卫生事务所，派医生一人来区诊病。遇有较重病症，即介绍至北平协和医院医治。至去年九月间，始有专任医生来区，门诊次数增至每星期三次。兹将门诊人数列表于后：

门诊病人数

（附注：二十一年六月以前为试办期）

年月	人数		
	男	女	共
民国二〇·七——八	五七	五一	一〇八
九	三八	二七	六五
一〇	七一	二三	九四
一一	五六	一三	六九
一二	一六三	一六	一七九
民国二一·一	一一〇	三二	一四二
二	二三	一一	三四
三	一〇〇	二七	一二七
四	八八	三九	一二七
五	八三	二八	一一一
六	九七	二二	一一九
七	三一	五	三六
八	九七	二四	一二一
九	一一五	二八	一四三
一〇	一二三	四三	一六六
一一	五二	五六	一〇八
一二	八三	五九	一四二
总合	一、三八七	五〇四	一、八九一

此外又为离本镇较远之村落来往不便，特决在各村设立乡村分诊所三处，每处可以管四五村，各该村及附近病人，得就近医治，现已成立一所。

为本区村民留医之便利经济起见，本区乃实行建筑医院一所，念一年十月开始建筑，现已竣工开幕。内有一切必需之科学设置，建筑共二千四百余元，多由募捐而来。

八 农村社会研究

关于清河的调查与研究，材料太多，若在此处加以叙述，诚恐挂一漏万，故请读者参考燕京大学社会学系所出版关于社会研究各种报告，可得其详。

九 结 论

以上就是关于清河社会试验区工作的一个梗概，要是想详细知道的话，请参看敝校社会学系所出版的清河社会试验一书。

在这实验的三年中，我们的工作，总不离以现代科学生活的技术，介绍到农村社会里去，同时把固有的社会团体和政治机关组织起来，令其在同一个目标和工作系统之下，成为一个互相调和协力的系统，以增进全社会的利益，应付社会全盘的问题。我们处处请本地人参加，处处和现有社会及政治机关联络，目的也就是在引其走上系统一贯的道路上。依我们的经验，清河三万人口公私组织担负，每人每年在一元五角以上。如能改造现有农村组织（社会，政治，经济），不独对于各种乡村问题，可有效率比较大些的解决办法，且可使人民担负减轻一半或一半以上。所以我们农村试验的最终希望，是要找出一种功效大而更经济的社会组织。

篇五　金陵大学农学院工作概况

章之汶

一　引言
二　研究工作
三　推广工作

一　引　言

本院创办于民国三年，由裴义理先生之艰难缔造，经几许之惨淡经营，及社会人士之热心扶助，始略具今日之规模。本院工作，向以研究、教授、推广为三大目标；尤侧重于研究。全院共分农业经济、园艺、农艺、植物、蚕桑、森林、乡村教育等系，及推广部。在本京附近设有各项试验场，计共一千七百余亩。历年毕业生达三百人，农业专修科学生达二百八十九人，悉分布于国内各农林机关，从事实际工作。

二　研究工作

研究事业，为本院最重要目的，略举于后。

三　推广工作

连年优良种子之推广，计有棉麦玉蜀黍高粱等项，约计二十万斤，遍及于冀、鲁、赣、鄂、苏、皖、晋、陕等省。现对于推广计划，略加改变。除对各省农事试验场所，仍供给优良品种外，即集中力量，作推广工

系别	研究事项
农艺系	（一）小麦穗行，杆行，杂交，育种，及遗传试验。 （二）水稻穗行直播,杆行直播，及移植试验,螟虫抵抗力与试验区规划研究。 （三）大麦穗行，杆行，杂交，育种、及遗传试验。 （四）大豆株行，杆行试验，及试验区规划研究。 （五）高粱穗行，杆行，自交试验，及试验区规划研究。 （六）粟穗行，杆行，自交试验，及试验区规划研究。 （七）玉蜀黍自交及杂交试验。 （八）棉花杂行，杆行，株交，及自交试验。
园艺系	（一）中国果树分类研究，枇杷柑橘桃。 （二）蔬菜育种研究，甘蓝黄瓜。 （三）果树品种改良研究。 （四）果树接本种类试验，桃梨。 （五）观赏植物繁殖法研究，扦插时期方法，与植物种类关系之试验。 （六）儿童公园设计。
森林系	（一）调查各省森林概况。 （二）采集森林植物。 （三）采集及研究木材。 （四）考察中国庙宇森林。 （五）荒草与森林收入之比较。 （六）研究村有林之组织法。 （七）森林与水旱灾之关系。 （八）恢复已废之荒地。
蚕桑系	无毒春蚕种之制造。 原品种之保存。 （三）桑种之搜集。
农业经济系	（一）土地利用调查。 （二）人口调查及食物消费。 （三）农产物价变迁之研究。 （四）农场簿记分析研究。 （五）农业图书研究。 （六）农情报告。 （七）农业合作研究。 （八）农村组织研究。 （九）农业金融研究。 （十）农产贸易研究。

续表

系别	研究事项
乡村教育系	（一）乡村小学自然学科之研究。 （二）乡村小学农学教材之研究。 （三）中等学校农学教材之研究。 （四）乡村教育人材训练方法之研究。
植物学系	（一）厘定中国植物名称。 （二）调查国内东部作物病害及其防治法研究。 （三）中国菌类之采集及定名。 （四）小麦线虫病品种抵抗力试验。 （五）大麦坚黑穗病及大麦条纹病之种子抵抗力，及硫酸去颖试验。 （六）小麦杆黑穗病种子消毒及品种抵抗力，穗行试验。 （七）燕麦黑穗病种子消毒试验。 （八）蚕豆根腐病品种抵抗力试验。 （九）搜集国产植物标本。 （十）调查湘黔鲁赣桂等省植物。 （十一）研究国产经济植物。

作于数固定区域。因取乌江实验区为本院推广工作中心，兼办农村改进工作。各项种子，深得农人之信仰。合作机关，除国外之康奈尔大学，美国国家博物院，纽约市立植物园外，国内有华洋义赈会，上海合众蚕桑改良会等处，及苏，皖等省建设厅。合作农场，有南宿州、徐州、济南、峄县、开封、山西、燕京、陕西等十五处。近更谋事业之扩充，正筹划添办农具、畜牧、土壤、病虫害等四系，及研究院。惟以经费短绌，尚待社会人士之爱护助匡者至多，本院当力求进展，弗敢自懈。

刻国内人士颇重视农村复兴工作，农村改进区，因日益增设。然以各改进区经费人才之有限，对高深农事之研究，似宜付托于各农科大学，及国立或省立农事研究机关。各改进区可进行种子区域试验（Regional Test），取各机关育成之良种，在本地作比较试验，使之驯服风土，加以选择，然后用以推广。既省时间与金钱，复可使农人收得实际利益。本院本提携共进之精神，深愿与各方作密切之合作。

篇六　安徽和县乌江村建设事业概况

孙友农

一　引言

二　乌江工作起源

三　乌江工作大概

四　乌江农会

一　引　言

主席，诸位乡运专家。

在"乡村建设"的声浪下，很有些不少的人，注意到乌江；我们无论走到何处，只要遇见注意"乡村建设"的同志，总是说"你们在乌江讲求实际干的很好"——当然含些客气。但我们回首自问，我们自己从未在任何报上发表文字，替自己鼓吹；不过近来到乌江去参观的人很多，他们若是替我们讲好话，那就不归我们负责了！

我们在乌江的工作不能宣传的原因：

（一）我们感觉着东方民族善于用"笔杆子"写文章，真有"纸上谈兵千千万"暨"横扫千军"之概，然实际大半空空如也；我们在乌江用的是"腿杆子"去作，日夜在乡里奔走，因此也就实际一点，同时也就无暇来写文章了。

（二）我们在乌江的工作越作越不满意，因此些许的成绩，也不值得写出来，扰乱人家的眼目，惹人生厌。

二 乌江工作起源

乌江的乡运工作源自民十九年十一月起,至今才三十个月,经费的困难,贪官劣绅的摧残,水灾的影响,都是我们的血路,是不容易杀出来的。

提起乌江的招牌,能够吓死人:"中央农业推广委员会乌江农业推广实验区",乃是堂堂国府的三部——内政部教育部实业部——合组的;然经费来源,开办时每月五百元,不久减成三百,减成二百,未及一年分文莫名;此时周明懿主任急成痨病,许多同志,各谋出路,只剩下我与李洁斋先生,因农民眼泪滴滴,不忍言去,数月饥饿,饱尝"吊死鬼打溜"不上不下的滋味!此后邵仲香先生勉强从金陵大学农学院弄来百元,位置了李洁斋先生,而我之生活,由浩劫余生之乌江农会会员供给,勉强拖到今日。

三 乌江工作大概

乌江的乡运工作,大概说起来,是照下列系统:

(一)总务方面:文书,会计,庶务,调查。

(二)农村社会方面:农会,展览,农民参观,人事登记,诊疗所,农村自卫。

(三)农村经济方面:农事,农事机器,造林,乳果,养蜂,农村合作,堆栈,种田会。

(四)农村教育方面:农村小学,托儿所,新注音符号,农民夜校,农民训练班。

乌江乡村建设事业虽照上列系统,然按之实际,失败成功,也当说明。

对于调查,关系重要,虽材料很多,尚无暇分析统计。农民参观,前后四次,均往南京,共二百余人,男女皆有。此事虽近无聊,实际很能引起农民心灵之活动,获益良多。人事登记以十里为范围共一千〇八家,对农民之出生,死亡,结婚,迁移详细记载,赖农会会员合作社员义务帮忙，进行顺利，将来成功，可以预期。诊疗所前后共治疗一千一百二十四人，农民占百分之八十。用费无几，效益宏大。农民自卫实为乡村建设重要工作，因其性近冒险，由我一人主持；民二十大水之后，乌江多匪，在冰天雪地时我同各村农民巡夜放哨，故得相安一时。其有不肯加入之村庄，就被匪抱去"肉蛋"不少；可是这样的工作，似乎影响到那些劣绅包办的"保卫团"，因吃醋而诬告，结果反倒不痛快。农事在乡村建设上应占重要地位，爱子美棉农民欢迎（因纱厂欢迎美棉，每担较本地棉花增价七元），而种子供不应求，故于今年特辟棉场一百五十亩，专为繁殖棉种之用；改良小麦，较乌江小麦每亩产量增加自百分二十至百分四十，前后推广一万余斤，种植面积五百四十九亩，产量增加七百余元，不久将来，乌江遍地皆成改良小麦。金大农学院稻作试验，从今年起移于乌江，将来乌江稻作改良，也有希望。农业机器，包含引擎棉机，米机，戽水机，价值数千元，而不能尽量应用，殊为可惜。造林成绩已分散树苗十二万，惟乌江荒山遍地，造林前途仍大有可为。农村合作，关系乡村经济建设，已成立信用合作社二十七，社员人数五百八十四，放款二万八千三百二十元；合作社联合会已成立，兼营储蓄，森林合作社，养鱼合作社各成立一社；至乳果与蜜蜂，虽系良种，尚无推广成绩之可言。新注音符号，系王秉初先生新发明，将音注于汉字之内，试验结果，尚可应用，因困于经济不能充分的推广。农民训练班去年开始，定期一月，专招失学青年，与以相当训练，今年再办，拟扩充至三个月。

乌江的工作大概如此，然其最大成就，乃"乌江农会"之组织，不妨再把"乌江农会"概况报告一下。

四　乌江农会

"乌江农会"的产生，原是带着一层农民运动的色彩，拥护农民利益，不知不觉的就走上与政治相逢的路上去，无可避免，也无法避免。

安徽政治黑暗，名闻全国，而和县又为安徽最黑暗的一县；和县在安徽有"银和县"之称，历任县长视为"肥缺"，非有政府之亲信不足以来长和县。至和县劣绅有"五虎八怪""飞天蜈蚣"之徽号，从此看出宰割农村的集团，是筑得十分稳固的，乡村里满布着"劣绅"的子弟与义子，专以欺诈农民为生活；一个劣绅的"寿期"，能剥削农村经济万元。至于鸦片烟馆，几乎遍地皆是，单就乌江一镇而论就有五十余家，在这样的恶劣环境而谈"农民运动"，其难犹如沙漠地开凿江河；然而"冤家路狭"，适逢其会，就碰见我们这些"捣蛋鬼"——劣绅称呼我的话。

对于农村运动，在我个人有几种基本观念，不妨先说出来，请教人家：

（一）农村运动应避免丑姑娘擦粉的办法；

（二）农村运动应唤起团结农民固有力量，解决农村固有问题；

（三）农村运动是创造，是艺术，无路找路，无门找门，

"乌江农会"，是怎样的团结的呢？我用的方法如何？

（1）时常与农民接近，用真实诚恳，唤起农民灵魂，使他们知道地位低，生活苦，与后患不堪，以启发农民求生求进与向上之决心。

（2）以吃苦为表证（才到乌江，月余大雪不能停止，农民夜校之工作，与农民定期开会，虽大雨滂沱仍不失约，……此等精神，予农民以良好之印象）。

（3）不畏强权，代表民意。

我们若谈起"乌江农会"组织时，遇见的困难，也能使大家诧异，从民国二十年四月起，经过八个月的时光，"等因奉此"的呈文，办了十几封，跑了一千多里，到底从"县党部"，才把那只值五分大洋的"人民团体组织许可证"拿到，但最使我伤心的，是那些"党政"当局，只知吃酒赌博，哪顾到民众的要求。

"乌江农会"虽然正式成立，而劣绅"迹近共产"的状子，仍须洗刷。劣绅的恐吓——老孙，那个狗东西，非杀他不可——我的回答"我的头只值五个铜板，二角的一粒子弹也能结束我的性命，你舍的二角，我舍的头颅，岂不完了吗"？

"乌江农会"当成立的时候，就通过下列的计划：

"乌江农会"虽然规定了事业的范围，然浩浩荡荡的洪水，冲进了我们的范围，虽然如此，一百八十会员仍愿担负我每月三十元薪水，使我不离开"乌江"，这种样的精神，活活泼泼的前进，未及四个月，和县劣绅范培栋就勾引他的表亲和县县长叶家龙，借一个不体面的口实，想对我加以逮捕，以致我们不得不用"狗急跳墙"的办法，起而奋斗，经过两个月

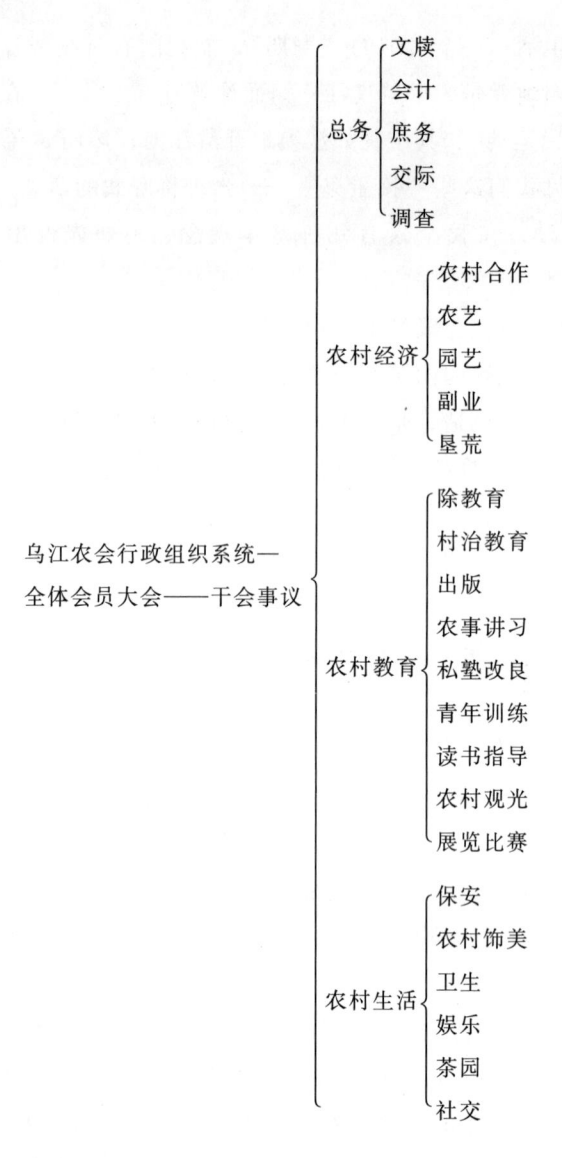

乌江农会行政组织系统—
全体会员大会——干会事议
{
总务 { 文牍 / 会计 / 庶务 / 交际 / 调查
农村经济 { 农村合作 / 农艺 / 园艺 / 副业 / 垦荒
农村教育 { 除教育 / 村治教育 / 出版 / 农事讲习 / 私塾改良 / 青年训练 / 读书指导 / 农村观光 / 展览比赛
农村生活 { 保安 / 农村饰美 / 卫生 / 娱乐 / 茶园 / 社交
}

的战争，叶家龙终于撤职，"公理胜于强权"的旗子终于抗在我们"乌江农会"的肩上；然此时"谷贱伤农"的时代，又临在头上，弄的无办法。当此痛哭无路，那远居异国（美国）农业教育专家巴裴德博士给我们一个鼓励，自己的事，让洋鬼子代为操心，何等可耻！同时上海银行襄理邹秉文先生以暨李桐村经理，也给我们的助力，"饮水思源"，永矢弗忘！

"乌江农会"目前在量的方面，发展很快，表示着困苦的农民对于农会的信念甚是坚定,也使我们"痛苦之后应得安慰"。

"乌江农会"以地域范围有三百多方里,包括二百五十村庄,五百八十六名会员,会员的阶级属性:

地主 5%

半地主 15%

自耕农 40%

半自耕 25%

佃农 15%

"乌江农会"量的发展,只以一个空的蛋壳,必须加上蛋黄蛋白与生命熟力,始能够出小鸡,因此会员训练感受万万分的需要。

"乌江农会"过去的力量,完全用在对人的方面,——对贪官,劣绅,区长,公安局,流氓,乞丐——没有做什么事业,这是万分惭愧的。然在黑暗重重之下,树立起农民的组织,使贪官劣绅……对他表示警意,而不敢侵及农村利益,那也不是一件容易的事。

"乌江农会"本年努力之事业:

(一)已经成功者:

1. 农民中心茶园;

2. 乌江农民医院。

(二)正在进行者:

1. 会员登记;

2. 合作完粮;

3. 筹募人权保障基金;

4. 试验分组训练,或试验模范组;

5. 土地水利整理。

"乌江农会"情况大致如此,过去活动是功是罪,尚待最后之评判;而在我个人的感想,不妨来说几句:

(一)农村事业当与农民感情希望相和,不应为官厅装门面,不为参观者讨好评。

(二)我看农民是我的"上帝",不是我的材料。

(三)农民的缺点是仰望"焦头烂额",不愿顺从"曲突移薪",这是我碰的"大钉子"。

（四）农村问题之严重，已成普遍之火灾，滴滴之水，无济于事；然尽力一分，即减少良心一分的诃责，成功不以为荣耀，失败亦不以为耻辱。

诸公均为努力乡村运动之先觉，尚望有以教之！

篇七　内政部卫生署乡村卫生工作报告

金宝善

一　引言
二　乡村卫生工作之大概
三　县立医院与地方病
四　合作机关

一　引　言

今天农村工作讨论会开幕，卫生署刘署长对于本会，非常注意！因为公务繁忙，不能分身，所以派由兄弟到此参加，得聆诸位教益，很是欣幸！

卫生署工作。在近四五年来机关之名称及组织，虽屡有变更，但方针计划是一贯的。

卫生事业，可分城市、乡村两种。我国民众百分之八十五在乡间，同时因为乡村经济的衰落和生活程度之低，许多问题比城市更不容易解决，所以卫生署大部分工作，注意乡村方面。

因为今天之会，系讨论乡村工作。所以城市卫生暂且不提。

二　乡村卫生工作之大概

乡村方面晓庄乡村卫生的实验区，系在民国十八年间与南京附近晓庄乡村师范合作试办。当时除在该校实施学校卫生工作之外，并设立联村医院，为办理乡村卫生之中心。主任其事者即现在定县实验区卫生教育部主任陈志潜医师。

十九年秋，晓庄乡村师范关闭，晓庄乡村卫生工作移到汤山去试办，直到现在，已经有两年多历史。

汤山乡村卫生区，一半为训练医师护士卫生稽查等工作人员之实习处所；一半去协助句容、江宁两县的医疗卫生基本设施。

以上所述，是卫生署直接所办的。至于间接的如河北定县实验区，上海高桥及吴淞乡村卫生区，颇有相当联络；技术上并有短期的帮忙。

不过此系实验区一种工作，所谓一种实验性质，提倡性质，要普遍的推广，应有一简易可行的办法。

卫生署在民国二十年大水时担任国民政府救济水灾委员会的灾区卫生防疫工作。其时医师共有一百六十余人，护士一百七十人，卫生稽查及其他多数工作人员到各处实地去工作，沿扬子江一带，如湖北、湖南、安徽、江苏及淮河运河流域之江北等处去工作。

又二十一年霍乱大流行，派员赴湖北、江西、安徽、河南、陕西、江苏省实地协助或办理防治工作。

在一二八上海事变以后，淞沪战区善后之卫生防疫工作，亦由卫生署担任。

按办理前述工作所得实地经验，觉得：

第一点在乡村中做简单卫生工作，例如预防接种、种痘、改良饮水、医疗救急等，所费不多，亦易于推行。

第二点临时发生传染病，比如霍乱等症，作较有组织的防治扑灭并非不可能。

第三点农民对于现代的医学卫生工作，很肯接受；恐怕比城市里还要容易。只要很忠实替它们去做。

三　县立医院与地方病

所以近二年来，我们努力提倡以县为单位的一种医疗卫生工作，它的中心机关设在县城内，我们称之曰"县立医院"。此为便利使一般人容易明白起见，故曰"医院"，其实就是一种医疗卫生工作机关。

它所做的工作，如防疫、医疗、助产、卫生教育以至于戒烟事项，亦可去做。在乡间划区各设分诊所，可置一护士或由医师巡回工作。在村子里有救急员，训练乡村青年担任，如生死报告，种痘，救急以及送病人到分诊所或至县立医院去治疗等事项。这种办法，与目下定县所设的保健员，保健所，保健院等，名称虽殊而意义完全相同。

这种县立医院和分诊所的办法只要少数开办费。经常费也不多，完全比照农民生计力量能做到的来做。按地方经济情形和习惯等等，因地制宜的来变更。事实上颇能推行，它的详细标准，有第六次全国内政会议通过之"依照各地方经济情形设立县卫生医药机关以为办理医药救济及县卫生事业之中心案"一案，里面定有办法及经费预算等。我们把来印做小册子，当场分送，以备参考。可惜带来的不多，有人要参考者，请直接去函南京卫生署索取即寄。

这种县立医院和诊所，现在已试办者有江苏之泰县，盐城；筹备进行者有江苏之句容，浙江之武康衢州；计划设立者有江苏之江宁及萧县，浙江之吴兴，此外听说江西省则各县均有，但其工作，有不同处。这是经常办法；尚有一种特别办法。譬如有地方病的地方——我们试举一例说，如浙江省开化县住血虫病，是一种人体寄生虫，这虫系稻田幼虫，由皮肤侵入人体而传播的。患本病者不但不能工作，大半不治而亡。开化的池淮坂地方，从前人口颇多，现在只剩十几家；田价以先是二十元三十元一亩，现在只值几块钱一亩。都是住血虫病——地方病蔓延所致。卫生署在去年底，特地组织了一个工作队，到那里去开始诊疗，同时并与当地的县政府，和省政府方面的建设厅合作，如改变农作物，民众教育等等，希望设法把这种地方病扑灭，以树立县政卫生的基础，在这种有地方病的地方比较容易做，因为病很显著，很容易见效，不难得到农民的信仰。

住血虫病在长江沿岸和江浙两省各处，每年有数千万病人，死的数目当甚可观；其他类于此的病，尚有很多。所以农村卫生工作，是决不容缓办的。一方面与农民生计有直接关系，一方面因为这种工作容易获得农民的同情，可为其他工作先导。

昔日本初得朝鲜，与鲜民很不易融和，于是先从办医院和卫生工作入手，势力就慢慢深入民间了。后来侵占台湾亦然。此次占据东北以后，听说也采用同样办法，利用医疗卫生事业，来收取民心。

至于农乡卫生工作实际情形，上海高桥卫生区主任张维医师和定县实验区卫生教育部主任陈志潜医师有详细报告，兄弟不再细述，以免重复。

四 合作机关

卫生署有一个技术合作机关，就是全国经济委员会的中央卫生设施实验处；还有几个附属机关：如中央医院、中央防疫处、中央卫生试验所第一助产学校、中央护士学校等。它的设备和专门人员都可调来帮助办理乡村医疗卫生工作，总括起来可以分为下列三点：

第一，训练人才。并且为各地乡村服务人员研究其他地方工作起见，时常举办医师、护士、稽查等人员的公共卫生训练班。

第二，技术方面协助，某地要开办县立医院的时节，我们有专管乡村卫生的人员或调派其他方面具有此项经验的人员，前往帮同组织，或对于某一种事件比如某地井要改良，用甚么方法好；地方上发生一种固有的病，用甚么方法去扑灭；旧式的接生婆，怎么样来训练，均可短期派人帮助去实地帮同工作。

第三，临时有急性传染病大流行的时节，可以派专门人员到各地方去实地合作。

第四，制造或购贮各种药品及医疗卫生应用器械，使各地可得较便宜的用品，例如金鸡纳霜丸，要真正可靠的，每千粒（每粒三厘）市价在十五六元以上。我们业与荷兰政府接洽好，可直接由该国专制金鸡纳霜药厂采购输运，价钱可以便宜一半。这样可以少数钱而多做事。又中央防疫处所制疫苗等出品，亦以实价让售给各处。

此外尚有教育上应用的图表书籍、模型幻灯片等出品亦只取材料成本，供各处采用。

第五，在各省地方医疗卫生工作开始时，凡经费能力所及，当斟酌予以实质上的帮助，以资提倡。

篇八　中国华洋义赈救济总会的水利道路工程及农业合作事业报告

章元善　于永滋

一　本会农村工作之源始

二　防灾事功

三　农村合作

一　本会农村工作原始

敝会的农村工作，可以说完全发生于偶然的。当民国九年开办的时候，敝会的唯一目的，就是捐下钱来，到东三省及张家口去买红高粱。买来之后，放给难民们吃。当时国有铁道，华商洋商轮船，都是满载赈粮向灾区输送。那次的办赈，真是有空前绝后的盛况。花去的款子有一千七百万元光景。

像这样的办赈，真是浪费极了！得到这次教训，于是"防灾"一个名词，应时而生。吾们认定凡是可以帮助农民增加生产力的一切设施，都有防灾的效能；兴办这些事业，就是防灾。

有灾的时候，吾们利用赈款去做。一面给难民们一个以工易食，保持生活的机会。同时又可因此做出些建设事业来，防止未来的灾害。无灾的时候，只要钱有着落，亦竭力提倡各种建设事业。还有好几件大工程，是在有灾的时候做起。因为工程浩大，等到灾象已过的时候，方始完成的。

二　防灾事功

自从取定了这个防灾方针以来，这十二年之中，办成的事，已是很多。统计起来新筑及修铺的道路有四千英里；整理的河道、海塘，修理或新筑的堤有七百八十英里；掘的井有六千余口；筑的渠有五百余英里；所费赈款共计一千〇十六万元。其中规模较大的工程有云贵的公路。

湖南现在有公路六千余里，工程坚固，养路亦有定章，敝会于此，不无贡献。因为民国十二年。敝会为湖南修筑湘潭到宝庆的一段公路，是湖南的第一条公路。设计及工程均极讲究。并且敝会担任养路十年。修成之后，人民称便。于是引起湖南人对于公路的兴趣。近年以来，大修特修。所修的路，都是拿这潭宝路为全省公路的模范。湖南公路今日有如此的成绩，据说是敝会开的端。

因为要赈十七年陕西的旱灾，敝会又在关中修了很多的土路。现在正在完成从西安到兰州的一条路。这段路程，从前要走十八天。现在路尚未成，四天就到。等到洞涵、桥梁等一切完工之后，从西安到兰州，三天就够了。

敝会所筑的渠，以绥远的民生渠，陕西的泾惠渠为最大。民生渠引黄河灌溉阴山南坡的大平原。泾惠渠是修复汉代的古渠来灌溉关中的麦田。语云："关中熟，天下一餐粥"。足见这渠与农民生产力的关系了。吾们对于经营渠道，缺少经验，觉得修渠容易管渠难。敝会所修的渠，终日有许多问题发生。虽说工程早已完毕，人民还没有充分享受到益处。希望从实际经营得到些经验，达到我们理想中的目的。

掘井轻而易举。钱多多掘几口、钱少少掘几口，但是掘成一口，就有一口的效用。据新近的调查，地上有了一口井，生产量就可加增一倍甚至三倍。井的有益民生，更是的确无疑的。

这些工程建设，总而言之，是要帮助农民驾驭天然，利用天然，改善他们生产的环境，给他们种种生产的便利。关于历来同样工作的成绩，均有详细报告，可备参考。限于时间不再细说。此外还有从经济方面着力的事业，办了十多年，亦有小小的成效。兹请敝会农利股主任于永滋先生，继续报告。（以上章元善报告）

三　农村合作

敝会从经济方面着力的乡村建设工作，就是提倡农村合作社。关于农村合作社的理论，决不是三言两语说得完的，为时间所限，不能多说。现在兄弟就按照本会召集人所发的"工作报告须知"的顺序，简单的把敝会合作事业的事工报告报告。

甲　工作目的

敝会提倡合作事业，创议于民国十一年，具体的实现，则在民国十二年。至提倡合作社之目的，则明白规定于敝会处理农村合作事件之方针（民国十二年四月四日议决）第一条中，即"本会为协助农民促进农业建设起见，提倡合作事业"，是十年前敝会所规定的工作方针，同我们今天会议的目的，可以说不谋而合。敝会提倡合作社，当然是注重农村经济方面，但同时也并没忽略了农村教育。上述方针第十条规定，"本会相机办理合作教育，如讲习会及巡回书库等，并将关于各种合作，农村经济及农事改良，农村副业等事项之材料，尽量搜集，编印定期刊物或专刊，借供参考。"同时敝会又在各地方办了六个"合作巡回书库"，专供各社社员借阅。这种教育的目的，直接的固在帮助合作社之进行，而因此乡村的教育程度自然就提高了不少。

乙　原有计划

合作社有信用合作社、供给合作社、运销合作社、利用合作社、生产合作社、消费合作社等等，但敝会提倡合作社，则自信用合作社入手，逐渐推及他种合作社。因为信用合作社农民需要比较的急切，而又比较的容易经营，一俟农民团结坚固，经营能力增进以后，自然就可以兼营他种合作社了，这种计划，也规定在上述方针第三条中，即本会提倡合作事业之步骤如下：（一）先从信用合作社入手，逐渐提倡他种合作及其联合会；（二）由河北省逐渐推及全国。

敝会虽是提倡合作社，但并不派人到各地替农民组织合作社，必俟各地农民有组织合作动机通信要求协助之后，然后始通信指导他们如何组织，如何登记，并寄给空白章程及各种表格，甚至登记用的呈文。因为敝会所提倡之合作社，乃在广大的区域内，一省甚至数省，广播合作种子，并不是划定一小地区作试验工作，所以一切推行设施，多半利用农民自动的情势，因势利导，用不着多大勉强灌注的力量。

丙 实际发展

敝会提倡农村合作社，原以河北省为入手试办区域。截至本年四月底止，河北省发展情形如下。（一）社数。承认社三九五社，未认社五〇七社。（二）社员。承认社二七二八人，未认社一一三七五人。（三）自集资本。承认社八〇四〇一元，内社股二五四一二元，储金二八〇五〇元，公积金一二六七八元，未认社之自集资本共二八四七四元，两共一〇八八七五元。（四）县份。全省有合作社之县份达六九县。（五）放款额。十年来放款累积额达三十六万余元，（截止本年六月底止）。收回并无多大困难。（六）联合会。现已有二十余处，当初只是一种联给机关，并无经济的业务，现正在改进中。（七）银行参加放款。上海银行自二十年二月起，参加放款，现达十万元，中国银行自本年三月起，参加二万元。金城参加五万元。但金城之款，指定贷放于运销及供给业务。（八）运销供给业务。自去年起，即开始试验运销业务。决自本年起，扩大运销业务之试验。至供给业务。现在各社多已自动办理，自本年起，亦决积极提倡。

敝会在河北省除提倡合作外，尚办有以下有关合作之事业。（一）巡回书库，敝会自民国二十年起，筹办合作巡回书库，现有一个总库，设在北平敝会内，五个分库，分设在各合作社联合会内，即委托各该联合会经理。现在每库书籍凡五百余本，随时增添。（二）孟亭纪念金掘井放款，此种放款，委托各优良社经理贷放，承借者不限于社员。截至本年止，共贷出六四五〇元，掘井六十九口。（三）救灾贷款，此乃一种慈善贷款，于民国十七年因河北省蠡县等十二县饥馑，敝会特拨三万六千余元，委托各社经理，无利息贷放于受灾农民，分年摊还，现已全部收回，呆账只四百余元。（四）合作讯月刊，自十三年发行，迄今已刊行至九十五期，每期印行一万分。（五）合作资料，乃不定期刊物，专选录各种合作名著，每六百页（三百篇）只收邮印费一元，现已刊行八十余页。（六）改良籽种，例如耐旱籽种改良棉种等是。（七）合作讲习会，自民国十四年起，每年开一次合作讲习会，当初由敝会办理，继而敝会与各社合办，现在已完全由各社自办。例如第八次讲习会，共办二十四组，听讲员共一千四百余人，用费不过七百三十余元，而本会津贴只一百十九元，（见附表）。每次讲习会皆发行汇刊。

河北省各合作社，于社务之外自动组织经营之附属事业甚多，多半含有公益性质。兹举其重要者，如共同耕种、改良丧葬、戒烟戒赌戒酒、修桥补路、改良馈赠、植树、自卫、办平民学校、救济贫困、施种牛痘以及纪念国际合作纪念日等是。

民国二十年年底，敝会受国民政府救济水灾委员会委托，办理安徽江西农赈。农赈的办法，实在是开中外办赈之特例。即使受灾农民组织互助社（也可说是合作社的预备社，现在有人采取这种办法，就改称预备社），承借赈款，分配使用，但其用途限于恢复农事。利率月利四厘。农赈区域，安徽二十五县，江西十二县。农赈款额，安徽放出八十余万，江西三十余万。安徽组织互助社二千余社，江西一千余社。现在两省收回赈款已达百分之七十左右，即以收回之款，供提倡合作事业之用。这两省的合作社，将来或有可观。

敝会湖南分会受救济水灾委员会委托，办理湖南农赈，其办法同敝会在安徽江西的办法大同小异。赈款五十四万四千余元，组织互助社一千九百三十余社，现在也正在继续办理合作事业中。

湖北农赈，原由救济水灾委员会直接办理，但现在委托敝会湖北分会以收回之赈款办理湖北合作事业。

敝会原拟在山东也试办合作，嗣以山东实业厅成立合作指导委员会，遂作罢论。即原由敝会指导组织之合作社三十九社，亦划归山东指导委员会指导协助。

丁　工作分配及处理方法

前述方针第二条规定，"本会为发展合作事业，有下列之设置：（一）合作委办会，专司设计事项；（二）农利股，专司执行事项；（三）合作底款，专充协助借款"。

合作委办会为敝会常设分委办会之一，延聘热心合作事业者充任委员，纯尽义务。开会无定期，大约每月一次会议。凡关合作之章则及重大事项，皆须经合作委办会议决。

农利股共分两组，即利用组及合作组。利用组办理掘井贷款及渠工经营事务，合作组专办合作社事务。合作组之工作分配，有收发、登记、调查、统计、通信、放款、用品七部分。此项工作分配组织，虽有待整理改善者尚多，但亦差足勉强应付。

敝会拨充协助合作社之底款，每年由执行委员会拨增，但截至二十一年年底，十年以来，总数亦不过八万余元。

合作社之创立，大抵皆由各地人士闻风兴起自动的组织，至其组社动机之来源，或由走亲戚，或由赶集市，或由合作讲习会，或由各社职员提倡，或由教会牧师传布，或由合作讯之阅览。各地既有组社动机以后，由发起人向敝会通信请求指导时，敝会当即予以通信指导，告以组织合作社的步骤（有印就小册子），并寄给空白章程及登记用文件。各社根据组社步骤，先向县政府请求许可设立，然后再办成立登记，等到成立登记完成之后，由该社理事向敝会函报登记完成情形，并填具承认请愿书，社员一览表，社员经济调查表（皆由敝会印制），以及印鉴等，向敝会请求承认。敝会接到承认请愿书及附件后，于每年定期派调查员赴各社调查，经过一次或一次以上调查以后，认为可以承认时，然后提交合作委办会予以承认。其中有的经过数年始取得承认，有的永得不到承认，承认以后由会的名义发给承认证书。承认社每年派人调查，做成各社成绩考成表。考成标准凡二十四项，皆以分数表示之，分列甲乙丙丁戊五等。视考成等第之优劣，承认之久暂，以为决定放款额多寡之标准，自三百元至三千元不等。

总之一社由创立以至承认，须经过长期之犹豫，其信力不坚或热心不足的分子，多半自然淘汰。例如河北省现有九百余社，即登记完成，经实业厅颁发图记者，也有七百余社，而敝会只承认三九五社，其余五百余社，都尚在等待承认中。

戊　所得之经验及心得

今将敝会提倡合作事业十年来之经验及心得，据个人所知者简单报告于下。

（1）对河北省各社放款，大抵都能如期收回，纵有少数延期者，大抵关系职员身上，并且终能如数偿还。自开始放款至现在为期已达十年，为数已达三十六万元以上，始终尚未发生过呆账，亦未提起过诉讼，不过有数百元由本会决定豁免而已。又皖赣农赈对各互助社所贷出之款项，现在收回者已达百分之七十以上。由此足证我国农民信用非常可靠。因此上海中国金城各银行皆肯无条件的参加放款。开我国都市游余金钱向农村流通之新纪元。此种化不生产之金钱为生产之资金，化工商业资金为农业资金之趋势，实值得吾人注意。

（2）合作社大抵都由中农及贫农组织，其社员经济状况越平衡之合作社，其信用越高，其由富农或土劣把持之合作社，则信用低劣或毫无信用，此事证之皖赣互助社之还款情形而益明。

（3）合作社组成之后，必然的产生许多附带的事业，合作社越好，其附带的事业越多，此种附带事业之效用，实有驾乎本来事业的效用而上之之势。

（4）为全国养成无数农村服务人员。盖农村建设，虽人人皆知其重要，而实际真能到乡村服务者，则非真正乡村人不可。例如去年办皖赣农赈时，其下层工作人员，多由河北省各合作社中调用，并且成绩大都很好，是一明证。

（5）敝会创立了"合作社社务成绩考成办法"，这个办法很值得提倡合作事业者之参考。

（6）由皖赣农赈发见了以互助社为合作社预备社的办法，现在各地多有采用者。有的把互助社就改称合作社预备社。

（7）农村合作社宜由信用合作社办起，逐渐兼营其他合作业务，这恐怕是确定不移的顺序。

（8）短期的合作讲习会之效用极大，提倡合作事业者应该注意。

（9）我国村政大抵操之于坏人之手，惟合作社大抵为村中之好人所组织，在合作社健全之村庄，其村政大抵由好人操之。

（10）由合作社之组织，可以训练民治精神，实习公民行为，培养公共心团体心，改良风俗习惯。

己　失意的经验与纠正

现在简单报告于下。

（1）敝会当初提倡合作社时，规定有甲乙两种合作社。凡以一村组织一社者为甲种合作社，凡以数村组织一社者为乙种合作社。现在乙种合作社一个也不存在了。由此知道农村合作社之业务区域，只宜局限于一村。

（2）因发现凡还款延期者大抵由于职员不良，凡不能召集社员大会者，其内部也有纠纷或弊病，于是嘱调查员调查时，特别注意召集社员大会。

（3）由成绩优良之信用合作社自动兼营他种合作业务，知道信用合作社发展至相当程度时，宜使兼营他种合作业务，否则各社亦必自动的兼营。

（4）由联合会之不发达，知道宜使联合会有实际的业务，能以实力协助各社进行，则联合会自身亦即可以发达。

（5）河北省之合作社，平汉线最发达，北平左近次之，津浦线又次之，北宁线毫无动机。由此测知（此种推测也许不对）农民接受合作组织之难易，下列情形或有相当关系。一，土地分配状况比较均衡之区域容易接受且容易成功，否则较难。二，受普通教育者（高小教育）容易接受，未受教育者无法接受，受专门以上教育者则不愿接受（不愿服务于乡村）。三，民情勇于负责者容易接受，民性狡猾或商人气太重者不容易接受。四，交通不便之偏僻地方容易接受，交通便利附近通都大邑之地方不容易接受。

庚　现在所感困难问题

敝会为一慈善团体，力量太有限，而合作社乃全国农民共感需要之救国组织，其前途发展无穷，以有限的力量应付无穷的发展，当然是最困难的问题。总之敝会提倡合作事业，只能作一试验，证明合作为救济农村之最好组织及以如何办法为宜而已，至以后全国的推行，决非敝会一会之责任。

更有一小问题足以妨害合作社之发展者，即县政府之漠视合作（当然也有重视的但居少数），及差役之敲诈，以及杂捐苛税是。

辛　合作事业对于中国乡村建设事业之关系

合作事业对于中国乡村建设事业之关系，已为到会诸位所深悉，于此从略。

壬　个人印象

现在把个人一时所感到的印象，片段的附带报告一下。农民的事应该由农民自己去办，别人替他们办，绝对解决不了农民的痛苦。敝会提倡合作，自始就采取从旁协助的态度。绝对不派人到农村中替农民组社办社。凡敝会指导下的合作社，都是各地农民自动组织起来的，所以假使敝会自现在起停止提倡合作事业的工作，河北省的合作社一时固不免受点挫折，但是必然仍能前进不辍。

我们所提倡的事业如恰合于当地农民之需要，则该项事业必能不胫而走，畅行于各农村间，否则无论如何宣传提倡，亦必捍格不入。假使我们所提倡的事业，农民不来接受，我们应该反躬自问，必是该项事业不合于该地农民之需要，决不宜责备农民庸愚。

大概能够解除农民目前痛苦的事，农民才容易接受，如忽略其目前痛苦的解除，而令其忍着痛苦或更增加其负担，以谋未来的幸福，则该幸福无论如何大，农民亦必不接受，因为他好几千年的经验告诉他们，这是骗人的，不兑现的，所以他们恐怕再上这种当。

我们提倡一种事业，必须顾到农民经济力能不能接受，如果他们的经济力不能接受，虽明明是一种好事业，他们也只好听听看看而已。例如机器农具，农民如果买不起，或是虽勉强买得起，而自己所有的土地太少，不能尽机器之力时，那也只好不买。又我们提倡农村事业，应该注意经济的铁则，即"以最少之劳费获最大之效果"，凡不合此铁则之事业，做一种试验则可，决不能普遍的发展于农村间。

我们做乡村工作，因为当地农民最急切的需要不同，所以有的从教育入手，有的从自卫入手，有的从经济入手，但是其最后的目的都在解决农民之"愚""穷""弱""私"四个问题。兄弟以为从合作社入手做乡村工作，其效用也可以解决这四个问题。试为图解说明如下（见一四六页），以结束本报告。（以上于永滋报告）

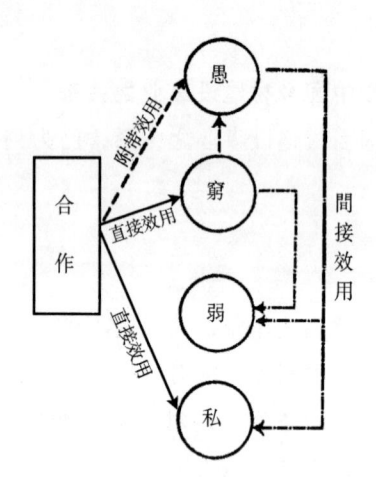

第一表　　　　　　河北省各县社数统计表

县名	社数			县名	社数		
	承认	未认	共计		承认	未认	共计
香河	一一	一一	二二	蠡县	二三	二一	四四
定县	八	八	一六	安平	三七	三四	七一
涞水	二六	一七	四三	束鹿	一三	一三	二六
通县	五	一四	一九	饶阳	六	一三	一九
唐县	六	一三	一九	涿县	一〇	四	一四
深县	七	二	九	无极	八	九	一七
临城	七	二	九	清苑	三	八	一一
三河	二	一一	一三	房山	一一	一二	二三
宝坻	一	六	七	赵县	一九	四九	六八
高阳	二	二	四	良乡	一	三	四
顺义	一		一	安国	六	八	一四
深泽	二八	一四	四二	河间	一一	一三	二四
柏乡	二	四	六	固安	一		一
武清	二		二				
高邑	五	五	一〇	晋县	一	四	五

续表

县名	社数			县名	社数		
	承认	未认	共计		承认	未认	共计
				献县	一一	二	一三
曲阳	一	一	一	静海	一	一	二
宛平	一	五	五	肥乡	二五	一六	四一
满城	一	五	五	新河	四	四	八
完县	一	五	六				
安新	一	一	一	元氏	一〇	一六	二六
				南宫	四	七	一一
博野	二	七	九	乐城	四	三	七
广平	九	二三	三二	大城	一	三	四
大名	一七	一九	三六	永年	三	二	五
				平乡	二	一〇	一二
威县	一	七	七	永清		二	二
宁晋	一	一二	一二	任邱		一	一
盐山	三	四	七	新城		一	一
曲周	七	一四	二一				
隆平	一	一	一	邯郸		一	一
				磁县		四	四
肃宁	一	三	三	武邑		一	一
成安	七	七	一四	大兴		一	一
武强	一		一	沧县	二		二
广宗	一		一				
尧山	三		四	鸡泽		一	一
				藁城		二	二
冀县	一	一	一	总计六九县	三七九	四九七	八七六
乐南	一	一	一				

第二表　　河北省合作事业历年进步状况比较表

年份		十二年	十三年	十四年	十五年	十六年	十七年	十八年	十九年	二十年	二十一年
县数		八	一〇	二四	四三	五六	五八	六一	六八	六七	六九
社数	已认	—	九	四四	九七	一二九	一六九	二四六	二七七	二七三	三七九
	未认	八	二	五六	二三〇	四三二	四三五	五七二	六六九	六三〇	四九七
	共计	八	一一	一〇〇	三一七	五六一	六〇四	八一八	九四六	九〇三	八七六
社员数	已认	—	四〇三	一、二七八	三、二八八	四、二五四	五、六二四	七、八六二	八、七八八	八、九〇三	一一、二七四
	未认	二五六	四七	一、〇六二	四、七四四	八、八三六	九、六七七	一四、〇七一	一六、九三九	一六、七三〇	一二、九四三
	共计	二五六	四五〇	二、三三二	八、〇三二	一三、一九〇	一五、三〇一	二二、九三四	二五、七二七	二五、六三三	二四、二一七
股数	已认	——	四一八	一、三六七	三、〇四八	四、一〇五	六、三四一	九、一六〇	八、八一二	一〇、五一〇	一五、三一七
	未认	一七六	四四	七三三	三、六三四	七、八四九	一〇、〇三二	一三、一六四	一五、八三二	一五、三七六	一五、一五四
	共计	一七六	四六二	二、一〇〇	六、六八二	一一、九五四	一六、三七三	二二、三二四	二四、六四四	二五、八八六	三〇、四七一
社员股款数	已认	—	元 六九一·〇〇	元 二、二八一·〇〇	元 五、八二五·〇〇	元 七、九八四·九六	元 一〇、三二二·八〇	元 一四、七〇三·七五	元 一七、九三二·八五	元 一七、六九九·七〇	元 二三、六〇二·一〇
	未认	元 二八六·〇〇	四四〇·〇〇	一、二四二·〇〇	五、八七八·〇〇	一二、七三〇·〇	一三、六八四·五〇	二〇、九八四·五〇	二八、五五四·五〇	二八、一五八·五〇	一三、一〇九·五〇
	共计	二八六·〇〇	七三五·〇〇	三、五二三·〇〇	一一、七〇三·〇〇	二〇、六九七·九六	二三、九三八·八〇	三五、六七四·八〇	四五、七四八·八二(?)	四五、八五八·二〇(?)	四六、八一一·六〇

第一集　篇八　中国华洋义赈救济总会的水利道路工程及农业合作事业报告

续表

	年份	十二年	十三年	十四年	十五年	十六年	十七年	十八年	十九年	二十年	二十一年
已认社之自集资本	储金	一	一	一二一·四六	二六六·〇八	七二三·五八	一、三七八·一八	三、四六四·七四	七、七四五·三八	一一、四五五·六八	二二、三九八·六七
	存款	一	一	一六九·八六	一、一九五·一一	二、五〇五·二八	四、六三〇·〇五	二、一九〇·四九	四、五四六·七八	八、七七七·三三	一六、四四四·六九
	公积金	一	一	四二·五〇	一五六·一〇	三四九·七九	五五九·四七	八九八·二九	一、〇六〇·八〇	一、五八〇·四三	四、八七〇·八五
总会对已认社放款数额	历年	一	三、二九〇·〇〇	七、一六〇·〇〇	二一、九三五·〇〇	二八、三五九·〇〇	二八、五七九·〇〇	三三、〇四九·〇〇	四九、八五九·〇〇	五九、八三四·〇〇	六八、六一九·〇〇
	积数	一	三、二九〇·〇〇	一〇、四五〇·〇〇	三二、四四五·〇〇	六〇、七九五·〇〇	八九、三七四·〇〇	一二二、四二三·〇〇	一七二、二八二·〇〇	二三二、一一六·〇〇	三〇〇、七二六·〇〇
各社（已认未认）资本总额	历年	二八六·〇〇	三、七三九·〇〇	一〇、二八一·八二	三一、四五三·四七	三九、三四九·八九	三四、五九七·二七	四五、二七七·五四	六六、八三五·三三	六八、三三六·三三	九〇、九一二·一七
	积数	二八六·〇〇	四、〇二五·〇〇	一四、三〇六·八二	四五、七六〇·二九	八五、一〇九·七五〇	一一九、七〇六·八七	一六四、九八四·四一	二三一、八二〇·六三	三〇〇、一五六·六四	三九一、〇六八·八一

（表中所列各年度各项数目均系年底周结之数）

第三表　　　　总会放出款项经各社报明用途数额暨成数表

民国年份		一	一三	一四	一五	一六	一七	一八	一九	二〇	二一
放款总数	社数	二	八	一三	三五	五四	六一	七二	一一〇	一二五	九八
	号数	三	八	一五	三八	五六	六三	七五	一一七	一三二	一三九
	数额	四	三、二九〇.〇〇	七、一六〇.〇〇	二一、九九〇.〇〇	二八、三五九.〇〇	二八、五七九.〇〇	三三、〇四九.〇〇	四九、八五九.〇〇	五九、八三四.〇〇	六八、六一九.〇〇
造表总数	社数	五	八	六	三〇	四二	五六	六二	一〇七	一一四	八九
	号数	六	八	六	三三	四八	五三	六三	一一三	一二〇	一三〇
	数额	七	四、六五四.〇〇	二、五八四.〇〇	一九、二一九.一〇	二四、〇七二.六〇	二九、〇〇六.七〇	二九、〇六七.〇〇	五〇、二〇四.〇〇	六一、三〇二.八四	六四、五九七.八〇
造报数额中之自集款额		八	九七八.〇〇	一九一.〇〇	一、五三七.二〇	一、五九三.六〇	二、六七一.〇〇	二、二一〇.〇〇	四、一〇七.八四	八、二四二.八四	八、六六九.〇〇
总会放款中报明用途之款额		九	三、二九〇.〇〇	三、一九三.〇〇	一七、六八一.一九	二三、四七九.〇〇	二六、三八九.七〇	二六、八六九.七〇	四六、〇九七.〇〇	五三、〇六〇.〇〇	五五、九二八.八〇
总额中已报用途之%		一〇	一〇〇.〇〇	四七.三九	八〇.四〇	七九.三〇	九二.三四	八一.三一	九二.四五	八九.五八	八一.五一
总额中未报用途之%	数额	一一	一	三、七六六.〇〇	四、三〇八.一〇	五、八七六.〇〇	二、一八九.三〇	六、一七四.三〇	三、七六二.〇〇	六、一七四.〇〇	一二、六九〇.二〇
	成数	一二	一	五二.六一	一九.六〇	二〇.七〇	七.六六	一八.六九	七.五五	一〇.四二	一八.四九

续表

民国年份	一二	一三	一四	一五	一六	一七	一八	一九	二〇	二一
自集款与总会借款之比例（八：九）	一三	一：三.二七	一：一.七七六	一：一.五〇	一：四.一〇	一：九.八八	一：二.一六	一：八.九一	一：六.四四	一：一五.八〇

第四表　　　　各社放款用途分配表

（就已经造报之数额统计——即第三表第七行所列之数额）

民国年份		一二	一三	一四	一五	一六	一七	一八	一九	二〇	二一
甲 为购买种籽食物畜料或耕植费而借之款	数额	二	一、二六〇.〇〇	一、八七五.〇〇	五、二三九.〇〇	八、五〇六.三〇	一〇、三〇八.六〇	八、四四九.〇〇	一四、三三〇.〇〇	一八、四二二.四七	二五、一八八.三〇
	％	三	二九.五四	二.三四	二七.一八	三五.三三	三五.四七	二九.〇六	二八.五四	三〇.〇五	三八.九九
乙 为购买车辆牲畜修盖房屋或置备用具而借之款	数额	四	五七九.〇〇	四七三八.七〇	六、一三八.五〇	七、六五一.五〇	九、三五九.四〇	八、八一四.〇〇	一六、九五〇.七八	二〇、一八二.七八	二〇、九九九.五〇
	％	五	一三.五七	一三.一一	三一.九三	三一.七三	三二.二四	三〇.三一	三三.七五	三二.九二	三二.五一
丙 为掘河筑堤灌溉排水等事而借之款	数额	六	一五.〇〇	三.〇〇	二四二.九〇	四四九.〇〇	二五.〇〇	一九〇.〇〇	一、九〇〇.〇〇	二、〇三九.〇〇	二、一四一.〇〇
	％	七	二.七〇	〇.〇八	一.二六	一.八七	〇.〇九	〇.六六	三.七八	三.三三	三.三一

续表

民国年份			一	一三	一四	一五	一六	一七	一八	一九	二〇	二一
丁	为社会上必需责任如婚丧等事而借之款	数额	八	三四五·〇〇	二六·〇〇	一、〇七六·四〇	三三六·〇〇	五一七·〇〇	四四六·〇〇	一、四五九·〇〇	一、七六〇·四六	二、四五五·〇〇
		%	九	八·〇九	〇·七二	五·六〇	一·三九	一·七八	一·五三	二·九〇	二·八七	三·八〇
戊	为偿债用而借之款	数额	一〇	九八〇·〇〇	六八〇·〇〇	四、三〇八·二〇	一、七一七·八〇	七、一七七·〇〇	六、八一二·〇〇	一〇、二一八·一三	一三、一九八·一三	八、七六五·〇〇
		%	一一	二二·九九	一八·九六	二二·四一	一九·六六	二四·七二	二三·四三	二〇·三三	二一·五三	一三·五七
其他	为经商或织布等而借之款	数额	一二	九八六·〇〇	五三〇·〇〇	二、二二九·〇〇	二、四一二·七〇	一、六七三·〇〇	四、六五五·〇〇	五、三五五·〇〇	五、七〇〇·〇〇	五、〇四九·〇〇
		%	一三	二三·一二	一四·七九	一一·五九	一〇·〇二	五·七〇	一五·〇二	一〇·七〇	九·三〇	七·八二
总计（即放款中报明用途之数额）			一四	四、二六五·〇〇	三、五八四·〇〇	一九、二一九·一〇	二四、〇七二·六〇	二九、〇六七·〇〇	二九、〇二四·〇〇	五〇、二〇四·八四	六一、三〇二·八四	六四、五九七·八〇

（表中所列之数均系年底统计数目）

第五表　　　　　　第八次合作讲习会各组概况一览表

组别	会期	会址	筹办社名	参加县名	听讲人数	代表社数	观摩成绩最优社名	用费	
								支总数	总会津贴
第一	二十一年十二月一日至七日	徐小庄	徐小庄	大名广平	四七	一六	一、冯庄 二、杜疃 三、老君堂	一七〇〇	无

续表

组别	会期	会址	筹办社名	参加县名	听讲人数	代表社数	观摩成绩最优社名	用费	
								支总数	总会津贴
第二	二十一年十二月一日至七日	平固店	平固店东王封西丁庄靳固五社	广平曲周	三七	一五	一、西丁庄 二、北盐池 三、平固店	二四〇八	三〇〇
第三	二十一年十二月一日至七日	西固	东长仕东固西固三社	安国	四一	九	一、西固 二、东固 三、东长仕	二三八八	三〇〇
第四	二十一年十二月九日至一五日	陈庄	陈庄	大名广平	五七	一八	一、陈庄 二、大罗庄 三、东代固	八一七	三〇〇
第五	二十一年十二月九日至一五日	东漳堡	肥乡南一区农村信用合作社联合会所属十三社	肥乡广平鸡泽馆陶曲周永年山东	一三六	四五	一、东漳堡 二、西南口 三、屯子堡	三九一〇	三〇〇
第六	二十一年十二月一日至一七日	宋曹	宋曹、大孔村、富村、解村、王故寺、韩柱、东韩村、北陈庄岗汪十社	元氏赵县高邑	七一	二九	一、富村 二、白沟驿 三、解村	三八七五	三〇〇

续表

组别	会期	会址	筹办社名	参加县名	听讲人数	代表社数	观摩成绩最优社名	用费	
								支总数	总会津贴
第七	二十一年三月十二日至一八日	南关	元氏南关	元氏乐城临城	七三	三八	一、北池村 二、南关 三、南庄	二六二〇	三〇〇
第八	二十二年二月一日至七日	曹家井村	曹家井村北贾城二社	南宫广宗	五二	一一	一、曹家井村 二、北贾城	一五四〇	三〇〇
第九	二十二年二月一日至七日	陌南	陌南	献县河间	三九	一〇	一、陌南 二、樊家庄 三、权寺村	二一八五	三〇〇
第十	二十二年二月二日至八日	西杨家庄	西杨家庄	新河南宫宁晋冀县	五〇	一六	一、西杨家庄 二、王村 三、平数村	九四〇一	三〇〇
第十一	二十二年二月九日至十五日	蠡城县西	贺家营、西柳青庄、南黄庄、兰岗、桑元、胡村、郑村、大宋、赵锻庄、西北寺、中滑村十一社	蠡县	四九	一一	一、贺家营 二、中滑村 三、南黄家村	一三〇〇	三〇〇

续表

组别	会期	会址	筹办社名	参加县名	听讲人数	代表社数	观摩成绩最优社名	用费 支总数	用费 总会津贴
第十二	二十二年二月九日至十五日	小里文	马户生、杨张各大管德、小祝村、宋留孝、小里文、西雀村、东城八社	河间	六九	一六	一、大留更 二、马户生 三、小里文	一二二〇	三〇〇
第十三	二十二年二月十日至十五日	平乡城内	本县合作指导委员会及小张村柴口村二社	平乡鸡泽曲固南和威县	七九	四三	一、小张村 二、柴口	六九〇〇	二〇三五
第十四	二十二年二月十日至十六日	东侯坊	东侯坊	无极曲阳晋县藁城	七〇	二三	一、东侯坊 二、北丰 三、辛庄	一八一五	三〇〇
第十五	二十二年二月十一日至一七日	成安东关	东关、史家庄、南鱼口、北阳、北阳前、东大姑庙、东河温家连送路固、阁村、南刘庄十一社	成安磁县肥乡曲周	五三	一四	一、赵固村 二、东大姑庙 三、路固	二一五三	无

续表

组别	会期	会址	筹办社名	参加县名	听讲人数	代表社数	观摩成绩最优社名	用费	
								支总数	总会津贴
第十六	二十二年二月十一日至一七日	管家佐	管家佐百合花社	完县唐县	三九	一〇		四八八〇	三〇〇
第十七	二十二年二月十二日至一八日	大汪	大汪	临城柏乡高邑隆平尧山赵县	四四	一五	一、梁村 二、大汪 三、北竹果	三二一五	三〇〇
第十八	二十二年二月十三日至一九日	石亭山后	石亭山后石亭刘家庄三社石亭曹家庄	良乡易县房山涞水涿县	四二	三〇	一、石亭山后 二、高村 三、石亭刘家庄	三三九九	三〇〇
第十九	二十二年二月一九日至二十五日	吴王	吴王	束鹿安平深县饶阳深泽	四九	一八	一、吴王 二、泊庄 三、小冯	一九四五	三〇〇
第二十	二十二年二月二十日至二十六日	侯村镇	西三塔、东阳固、西菜村得胜村、禾秀寨五社	曲周广平山东馆陶	六六	一二	一、平固店 二、西三塔 三、东王封	六二九	无

续表

组别	会期	会址	筹办社名	参加县名	听讲人数	代表社数	观摩成绩最优社名	用费	
								支总数	总会津贴
第二一	二十二年二月二十日至二十六日	油味	油味	定县深泽	四〇	一二		一〇三三	
第二二	二十二年三月一日至七日	安寨	寨安、赵固、贾庄、柳疃、大河道、公城堡、白东店、西河道八社	曲周永年肥乡广平	七二	二〇	一、贾家庄 二、赵固 三、安寨镇	三四二〇	三〇〇
第二三	二十二年三月八日至十三日	萧家庄	萧家庄	沧县盐山	二六	六		三〇〇〇	一八〇〇
第二四	二十二年三月二十一日至三十日	深泽东关山西会馆	深泽西区农村信用合作社联合会	深泽无极安平蠡县赵县束鹿肥乡大名	一二二	四八	一、王家梨元 二、田家庄 三、小元梨	六五三〇	三〇〇〇

历届合作讲习会比较表

第次	年份	宗旨	会期	组数	听讲人代表			费用		
					县数	社数	人数	总会	各社	共计
一	十四	训练合作人才	一星期	一	一五	五二	一〇四	元 一、四六八·二七	—	元 一、四六八·二七
二	十五	训练合作人才	一星期	二	二五	一五九	三二三	一、九七四·八八	—	一、九七四·八八
三	十六	培养合作领袖	三个月	一	二二	四〇	四〇	一、八二·八九	—	一、八二·八九
四	十七	训练合作人才	五日	四	一五	一五八	三六三	三三五·二五	—	三三五·二五
五	十八	训练合作人才	五日	九	三九	三三四	七一七	六二〇·七六	元 八五·八七	七〇六·六三
六	十九	训练合作人才	六日	九	三一	三四三	七三三	五〇〇·六一	三〇四·四二	八〇五·〇三
七	二十	培养讲习师资	一个月	一	二二	三四	三八	一、二〇八·七八	—	一、二〇八·七八
		训练合作人才	一星期	一五	三一	三〇九	八五四	五六一·五五	一八四·一三	七四五·六八

续表

第次	年份	宗旨	会期	组数	听讲人代表			费用		
					县数	社数	人数	总会	各社	共计
八	二十一	训练合作人才	一星期至十日	二四	四七	四八五	一四、二三	一一九·三五	六一三·四八	七三二·八三
总计	—	—	—	六六	—	—	四、五九五	八·六七二·三四	一一、八七·九〇	九、八六〇·二四

皖赣农赈贷放款数平均表

农赈区域	贷放款数	社数	每社占平均数	人数	每人占平均数
安庆区	二六八、四〇四·一〇	八三一	三二二·〇〇	四四、二四三	六·〇〇
芜湘区	二七五、四九一·八二	九七七	二八二·〇〇	六八、三二一	四·〇〇
蚌埠区	二八五、五七四·〇〇	七七二	三九〇·〇〇	二八、八八一	七·〇〇
九江区	一九七、四七九·〇〇	六六八	二九五·〇〇	三一、九八四	六·〇〇
南昌区	一五五、〇六六·八〇	四一九	三七〇·〇〇	一八、八五三	八·〇〇

皖赣农赈贷放统计表

县别	互助社社数		社员人数		贷放款额		青协会参加贷放款额	
	额数	%	额数	%	额数	%	额数	%
安徽省								
怀宁	一五七	四·二八	七、一四二	三·五三	五一、八八五·一〇	四·三六		

续表

县别	互助社社数		社员人数		贷放款额		青协会参加贷放款额	
	额数	%	额数	%	额数	%	额数	%
桐城	一九一	五·二一	一〇、六三七	五·二七	七五、四六〇·〇〇	六·三八		
东流	一四二	三·八七	八、三八四	四·一四	三五、〇一七·〇〇	二·九四		
望江	一〇四	二·八四	六、七八八	三·三五	三五、八六九·〇〇	三·〇二		
贵池	四〇	一·〇九	二、二八五	一·一二	一一、八一二·〇〇	〇·九九		
芜湘	二一三	五·八一	一〇、六一八	五·三一	(1)三七、四五〇·七二	三·一五		
宣城	一三七	三·七三	一二、九九八	六·四二	(2)四六、六八一·二九	四·九二	三〇、〇〇〇·〇〇	一〇〇·〇〇
当涂	一二八	三·四九	九、〇七七	四·四九	(3)四五、二七九·八八	三·八一		

续表

县别	互助社社数		社员人数		贷放款额		青协会参加贷放款额	
	额数	%	额数	%	额数	%	额数	%
和县	一四三	三·九〇	八、四六四	四·一八	(4) 四一、八二五·九三	三·五二		
无为	一五五	四·二三	一四、七八九	七·三一	(5) 四九、六五四·〇〇	四·一七		
铜陵	九一	二·四八	六、八二二	三·三七	二九、六〇〇·〇〇	二·四九		
宿松	一一〇	三·〇〇	五、四五三	二·六九	三二、一三〇·〇〇	二·七〇		
凤阳	八六	二·三五	四、六二六	二·二九	二九、九五八·〇〇	二·五二		
怀远	八七	二·三七	四、八一五	二·三七	三三、〇〇〇·〇〇	二·七八		
五河	八九	二·四三	四、七九八	二·三七	三三、〇〇〇·〇〇	二·七八		
灵璧	七八	二·一二	三、五八六	一·七七	三〇、〇〇〇·〇〇	二·五二		

续表

县别	互助社社数		社员人数		贷放款额		青协会参加贷放款额	
	额数	%	额数	%	额数	%	额数	%
凤台	九六	二·六二	四、七〇〇	二·三七	三三、〇〇〇·〇〇	二·七七		
寿县	八〇	二·一八	三、〇一五	一·四九	二八、二八八·〇〇	二·四一		
阜阳	七九	二·一五	四、二五三	二·一〇	二七、三九七·〇〇	二·三〇		
霍邱	—	—	—	—	—			
繁昌	八四	二·二九	三、四一〇	一·六八	二一、五六一·〇〇	一·八一		
南陵	四九	一·三四	二、二七二	一·一二	一四、四二九·〇〇	一·二一		
全椒	六四	一·七五	三、三二五	一·六四	二一、八七一·〇〇	一·八四		
宿县	九七	二·六四	三、六四四	一·九四	四三、八九三·〇〇	二·九三		
泗县	八〇	二·一八	五、一四四	二·五四	三五、六三九·〇〇	三·〇〇		

续表

县别	互助社社数		社员人数		贷放款额		青协会参加贷放款额	
	额数	%	额数	%	额数	%	额数	%
江西省								
南昌	75	2.04	3,857	1.91	31,800.00	2.67		
新建	176	2.07	4,166	2.06	31,798.00	2.67		
进贤	172	1.83	1,971	0.97	25,900.00	2.18		
永修	5	2.59	4,405	2.18	32,599.40	2.74		
鄱阳	107	2.92	4,454	2.20	33,302.00	2.8		
九江	152	6.14	11,585	5.73	(6)37,756.00	3.17		
德安	47	1.28	1,724	0.85	17,015.00	1.43		
星子	97	2.65	3,597	1.78	30,061.00	2.53		

续表

县别	互助社社数		社员人数		贷放款额		青协会参加贷放款额	
	额数	%	额数	%	额数	%	额数	%
瑞昌	九七	二·六四	四、六九三	二·三二	三六、二六五·〇〇	三·〇五		
都昌	九五	二·五九	二、九五六	一·四六	一六、九三〇·〇〇	一·四三		
湖口	八二	二·二三	三、二七一	一·六二	二三、二四五·〇〇	一·九六		
彭泽	九八	二·六六	四、一五八	二·〇六	三六、二六一·〇〇	三·〇五		
共计	三、六三七	一〇〇·〇〇	二〇二、一八二	一〇〇·〇〇	元 一、一八九、五三五·三二	一〇〇·〇〇	三〇、〇〇〇·〇〇	一〇〇·〇〇

（1）代用社九社贷款二、四二六·五二元（2）八社贷款二、八五五·八〇元（3）二社贷款二、五一五·二〇元（4）一社贷款四九七·八〇元（5）一社贷款九九五·六〇元（6）一社贷款一、〇〇〇·〇〇元

篇九　华北工业改进社事工进行概况

卢广绵

一　主旨
二　缘起
三　成立
四　工作
五　干部充实与合作倡导
六　经费筹措
七　未来计划
八　结论

一　主　旨

本社主要的使命：是设法来发展乡村手工业，以提高乡村民众的经济生活，并辅之以合作组织，俾能与都市中工商业去平衡发展，而为中国社会树立一个新的经济制度。

二　缘　起

中华全国基督教协进会的领袖们，都认为发展乡村手工业，实为救济今日中国农村的一个必要的途径。所以当民国二十一年时，基督教经济委员会就拟定了一个具体的推进乡村工业的计划：推华北工程学校校长丁荫先生负责进行华北乡村毛织工业的初步试验，同时国内有许多教育团体，和宗教团体中人，也很注意此事。如山西沂州宋教士，在本社未正式成立前，即着手在乡村教友中，提倡毛织工业；又如南开大学经济学院，多年来对于河北高阳棉织工业的调查，也特别下了许多工夫；由此可见一般人已逐渐认识了提倡乡村工业的重要性，本社就是应这种时势的需要而产生的一个团体。

三　成　立

本社正式成立于民国二十一年九月，成立大会是由南开大学校长张伯苓和燕京大学校务长司徒雷登两先生联名召集的，当时出席的有华北基督教乡村事业委员会亨特先生、中国地质调查所翁文灏先生、华洋义务救灾总会周贻春先生及许多其他教育团体和社会团体的代表。他们对于本社的重要性和使命，都有很深的认识；对于本社事工的前途，也都抱着无限的希望。

四　工　作

本社的基本工作暂分：（甲）毛织，（乙）制铁，（丙）陶业，（丁）职教，（戊）及其他金木纸草等工艺。

（甲）毛织：关于推进华北乡村的毛织工业，中华基督教协进会，为协助此项工作，特拨银洋三千元，本社遵照拟具计划，刻正按步积极进行。

（1）工具规划——对于工具设备方面的试验与改良，完全由丁荫先生负责；二年来研究和试验，结果成绩很好。因为各地乡村民众多半是贫苦，从来又没有合作的组织，所以要想在他们中间，提倡一种事业，尤其是新事业，开首应用的工具，必须是使用十分简单，价钱特别便宜，方能举办；否则是不成功的。我们现下在乡村中所提倡的毛织工业，就是采取这一种渐进的办法：在最初提倡的时候，介绍给他们几种很简单的器械，不费多少钱就能买到。这时我们计算他们，每天工作的结果，可以得三角至五角的利益，等到他们经济状况逐渐充裕些，识见亦逐渐长进些，我们就着手在他们中间提倡合作组织，此时他们才可以购置第二步的器械，全套约值五百元。此时他们每人每天工作的结果，平均可获利九角左右，等到他们的合作组织坚固起来，经济状况也有充裕的根基，那么他们就可进而购置第三步的器械了。第三步器械全套约值一千元，出品数量较第二步器械能增加一倍至两倍，所获利益自然也更多得多了。我们很希望农人们，本身有了很坚固的合作组织，自己能完全享有由于自己生产力的增加而获得的一切利益，这也就是我们本社唯一的理想；我们深期望这种理想，能逐渐的成为事实，并且推及于全中国，把中国造成这样的一个基于合作的经济制度，成立一个合理的社会。

（2）人材训练——本社于二十一年十月间起，假华北工程学校南院，设一中心毛织训练工厂，招收练习生，训练期间暂定为三个月，特聘力资毛织工厂经理李连山担任技术方面的指导工作。李先生留欧多年，曾在英国理斯大学专门研究毛织工业，极有心得，对于训练学生，异常热心。自去年十月起至本年六月止，已有三期学生由本社训练班毕业，学生数目计共三十七人。燕京大学清河试验区、华北工程学校、山西铭贤中学、铭义中学、北平贝满中学、东北大学、定县平民教育促进会、山东乡村建设研究院及各地宗教团体，前后均曾派送学生前来实习。学生毕业后即分散各处，实地工作，设立工厂，从事训练当地农民的工作。自本年五月起，本社为各地前来实习之女生食宿方便起见，特与崇慈女学校工业部订立合同，凡是各地派送前来实习之女生，均得住宿于崇慈学校内，并由该校工业部另聘一位女指导员，指导学生实习工作。现以崇慈女校工业部工厂范围较小，每期只能招收女生六人。

（乙）制铁：为谋山西乡村炼铁工业之改良，本社特聘请英国伯明罕大学工程师瓦尔德先生，于本年四月间来华，从事实地试验，以谋炼铁工作的改良，我们所以能实现这个计划，多靠罗氏基金委员会，拨给我全国基督教协进会的一项捐款四千金元，同时山西太谷铭贤学校和北平燕京大学化学系，在事先调查上和布置上所给与我们很多的协助，都是促本社改良炼铁工业计划，能于最短时间内实现的原动力。瓦尔德先生如能在中国勾留一年，我们确信他在这未来的一年中对于山西手工炼铁业的方法改良，定有许多的贡献。

五　干部充实与合作倡导

本社于本年一月举行第二次社员全体大会，议决添聘作者为本社助理干事；并通过本年度的预算，确定未来二三年中工作推行的计划。作者于二十一年秋季曾赴河北省南部深泽、束鹿两县，协助农民；倡办棉花运销合作，并指示农民如何检摘棉花，划分等级；由农民自己用船将棉花运至天津，售与出口商人，免去许多人从中剥削。到天津后因棉花品质优良，售价较高，比在当地出卖能多获百分之十的利益。作者此次从事棉花运销合作的试验，前后借与农民的款，只不过四百余元，用以代付打包运输等费；而农民于棉花尚未运往天津之前，并未得甚预付押款，此节在农民们，实在是一种最大的冒险，由此已可看出农人们的思想，确实已逐渐开通，如有人诚意的到他们中间提倡一种新运动，他们一定完全能接受的，事实上虽然不能完全说没有困难，但绝不如我们平常所想象之甚。北平华洋义赈会，鉴于深泽运销合作之成功，亦决定于今年秋季，于其所指导的各合作社中，普遍的举办棉花运销合作。

六　经费筹措

本社本年度通过预算，计为五万一千元，现在已经得到有三万五千元，还有一万五千余元，希望在英美和国内分头募集。国内方面的捐款，由周贻春先生负责，经周先生数月来之努力，已募得四千四百余元，值此国难严重期间，周先生能于很短期内，得到这样好的结果，实在出人意外，由此我们更可见国内一部分银行界和教育界的领袖，对于本社的事工，是具有深切的了解与兴味的。南开经济学院院长何廉先生，近拟介绍中国工程学会全体会员，加入本社作社员，此举如能实现，则今后我们对乡村工业技术上的改良，因多得到工程专家的协助指导，当然更不可限量了！

七　未来计划

本社如能获得各方面于经济上，予以继续的援助，在最近未来拟进一步进行下列三种工作：（一）扩充纺织工业范围，进而提倡乡村的棉织工业；（二）改良造瓷方法，推进华北乡村中固有之陶业；（三）创设乡村模范铁工厂，俾乡人能自己制造日常应用的一切铁器；如农具、家具及工业上所需之压棉花机、榨油机等。并希将此许多小规模的乡村小铁工厂联合在一起，组成公会，俾能同城市规模较大的铁工厂发生密切的关系，这样一来，乡村铁工厂，在技术方面也就不至于墨守成规，不求进步了。

八　结　论

中国的农村因受内外的夹攻，强半破产；现在欲图挽救，唯有从提倡乡村工业下手。华南的情形我们不大熟悉，单就华北来说，舍此途径外，实看不出还有什么更好的方法，来提高他们的经济生活。华北各省农人，全是靠种田来维持他们的生活，农业在华北，原是一件没有绝对把握的事业；因为雨水不定，时常一连数年不得丰收，就令雨水调和，年年丰收，而以乡村人口密度之大，专靠经营农业以维持全体的生活，简直已经不可能，想提高他们的生活，更是妄想。我们相信只有提倡乡村工业，确乎是"胜算在握"。因为农人们在本地从事工业，完全是利用农闲的时候，所以制造出来的成品，即令售价较低，也不至亏本，他们彼此间如能再有很坚固的合作组织，就是城市工厂的大量生产，也不致影响他们的销路。我们拿高阳棉织业和山西炼铁业的实例，就可以看得十分清楚：高阳棉织业，虽近因东北市场被日本封锁，售价低减，受创很大，但因为这是他们一种副业，劳力可以不计算在成本内，却仍能继续维持；同样山西炼铁工人，炼铁方法，极为幼稚，虽费许多力量，而炼出来的铁只不过为矿中所含铁质的一半，但因工资低廉，所以始终能维持其相当销路；如能加以指导，改善其方法，并再补之以合作组织，则此种炼铁手工业，定有长足之进展。

因此可见运用合作组织，来提倡乡村工业，不但可以救济目前农村生活的困窘，并能为今后乡村经济树立一稳固基础，从而为整个中国社会，多开辟一新的出路，而达到经济平等的境地。到这个时候，本社的工作才可说是成功，唯望国人赞助！同人努力！

篇十　齐鲁大学山东历城龙山镇农村服务社工作概况

贾尔信

一　引言

二　总务之部

三　农事股工作

四　妇女家政股

五　平教股

六　医药股

七　附属小学

一　引　言

　　本社最近一年来之工作实验，真觉得农村问题的重要和急切。然而在这种繁重急切的问题里，我们负着这种辅导农村改进责任的，在辅导与工作之间，就不时的感觉着面面俱到，事事难周的焦虑。因为农村建设的成功与失败，皆系于此。若是冒然拿搬运来的事业，用强给病人注射血清式的办法，在质与量的方面，不一定所用的血清，是正合病症；更不能必病人的身体能否抵抗。若论到农村改进事业也用这种强制就范的方式，结果非但是工作失败，且造成了农村建设的荆棘，与夫农民的失望。因此我们不能不慎重从事，不求近功，不务时样，希望事事由小处作起，设施不尚铺张，本着农村里呈露的颓衰现象，找出农民根本的需要。以下就是本社一年来工作的经过概略。

二　总务之部

甲　工作区之规划——本社因工作便利计，择定龙山镇，为活动中心。该镇在济南东七十里，离龙山车站里许，交通便利。除有少数商店外，几全为农业社会。共有四百六十余户；地土共约六千余亩（税亩）。另外本旧日之范围，重加厘定，合附近本镇八里以内之村庄，为暂定的全部工作区域，计共四十余村。此外尚有特别区三处，俱在十里以外。本社之工作区范围颇大，以现有之力量，欲普及工作于全区，实非易事。最近期内，拟将全区再划为四小区，每一小区拣定一个中心农村，集中力量，以求事半功倍；然后由近及远，向外推广，使工作渐渐普及。否则工作涣散，难于收功。

乙　合作机关——南京金陵大学农学院，担任对外推广，并本区农事股工作；山东华洋义赈会农场，供给种子药料等；齐鲁神学院担任宗教及道德之培养。

丙　职员——主任兼农事股一人。事务股一人。妇女股一人。平教股一人。医药股医士二人。（由齐大医士轮值）护士一人。（专门产科）助理一人。附男小教员一人。附女小教员一人。在工具设备方面，有金陵大学农学院之农业活动电影一套，留声机二套，（内有本社一套）及图表、标本、模型等物，以便巡回演讲，及集会陈列之用。

又本社备每日记录一册，记录每日社内全部工作，以及来人，或其他要事。每村记录，则记录各村每次工作情形。月会记录，记录社务讨论事项。职员于每月终，有月会一次；报告已往事工，并筹将来计划。另于每星期六，有职员励志会，借以促进职员彼此间合作之精神。

丁　村长会——秋初举行村长及地方领袖大会一次，藉以发表本社工作计划，鼓励农民的合作，征求农民的意见，到会一百余人。

戊　书报室——有日报：平民、大公、申报三份。周报三份：农村新报、民教周刊、兴华报。亦备有平民读物，及儿童读物。书籍：农事、教育、卫生、合作、宗教各项。卷数不多，正在添购中。农民前来阅读者，每日平均约五六人。借书者尚不甚多。其原因：已有书籍，十九不合于农民阅读，及读书习惯之未开。

己　巡回书库及借报——备有书库一具，内储有关农事、教育、合作、卫生、故事、浅说等类，每半月轮流一村，以便农民就近借读。各村巡回完毕，则另换书籍。本社之日报三份，在社存留一二日后，即转借外村，但必须有团体名义，并任保存责任者，方可借给；现已有三村借阅。

庚　出版物——有联合创刊（乡村服务）刊物一种，内容：一、发表本区工作状况。二、容纳各教会机关之服务报告，藉以彼此研究与精神上的联络。正在计划中者，有龙山民报，（油印）单篇平民常识浅说。

辛　娱乐及运动设备——专供农民来社娱乐运动的设备，现有的运动类：有沙袋、掷圈、（代替网球）木球。正在设置中者：有铁杠、双杠、棒球。娱乐类：有象棋、陆军棋、跳棋、笛、手琴等。渐试农民之所好，再拟增减。并设法吸引及指导农民以正当娱乐。

壬　调查——对于本镇已有一部分之调查，如人口、田地、商工业、作物、教育等项。至于全区的详细调查现正进行。

癸　社友组织——为本区乡村事业之扩展，与达到本社服务的最后目的——地方自办——起见，特征求本区农民为本社社友。连同本社工作人员，合组农村服务委员会。非特可以使农民参加工作与意见，并可训练乡村改进之基本人才。

又关于团体活动有青年励志团、农暇参观团、农事运动会等等。目的引领其团体组织与乡村事业改进的兴味。

三　农事股工作

农事股工作与金大农业推广实验区一并进行，兹分述如后：

甲　特约农家——此种农家，与本社合作试行推广试验，藉求精确的效果。如防治黑穗病试验，有三十余家；比较精密者，有五家，共种地一百余亩，用药粉一百五十余包（每包半两）。试验小麦者一家，计种一亩，因尚未有可靠种子，故不便大量试用。明年春，对于黑穗病药粉，以及棉花，玉米等，再作多量的合作试验。

乙　巡回演讲与指导——今秋种麦之前，至五个村庄演讲，利用电影，召集各该村及附近村庄民众听讲，每村人数在五百人以上。此种演讲，系注意以后实际工作之宣传。此外对于收棉时，指导选种之方法。亦有时拜访农家，指导农事而资联络。

丙　对外工作——本股今秋，原定多努力于本区之推广实验。嗣因各地机关，前来邀约者不少，只得就路途之便，应约前往。由十月二十五日起，曾至邹平乡村建设研究院之展览会，潍县广文中学之农业展览会，及农事运动会，德州大刘庄之农事演讲会，省立民众教育馆，乡村实验区展览会。其他如烟台、章丘等地，未克前往。对外性质系联合与协助各处乡村事工之进行。

丁　农事展览会——十一月十日起，举行三天。所有展览品，除一部之标准陈列品外，余皆为当地农民送来产品，共计二百一十余号。第一日为普通民众参观，第二日下午，专招待本社民众学校学生，第三日专招待妇女。每日有齐大男女教员学员七八位，以及其他人员，分别演讲。晚间则有农事电影（白天间亦有之）。此次开会之目的，含有使民众认识服务社之全部工作。统共来人，日晚在三千左右。奖品为手巾、带子、帽子、肥皂等日用物品。

戊　副业提倡——备有来航鸡八只，以便改良本地鸡种。已有一个特约农家（试验芦岛红鸡），孵卵十个，得鸡八只。结果良好，存留备将来推广之用。另有西洋家兔七只。小手工业正在计划提倡中。

己　补习班——成立农民补习班一所。宗旨：造成健全的农民常识，与合作的兴趣。课目有农事常识，珠算、农家记账法，合作训练等。暂定一月为限，将来则以三月为宜，并望广为设立，以期造就乡村改进之基本人材。

庚　农品陈列——收集外间优良品种，以及病虫害标本。并征收当地所有农产，分别陈列一室，以便农民有长时间之观察，及深刻之印象。另有模形图表等物，尚不甚多，正在广为采集中。将来物品渐增，或能成农事广智院。

辛　合作社提倡进行——信用借贷合作社，正在组织训练中，预备在相当期内，正式成立。并拟组织鸡子运销合作社，以利农民。对于生产借贷，亦拟进行。

壬　农事旧经验之采集——此项采集，藉供研究，而为推广新农事知识之参考，今正在全省各处采集之。

四　妇女家政股

甲　研究——本股无已往之工作根基，今秋初行成立。凡一切家庭问题，件件须由：一、研究。二、观察。三、感情。以及不背农民经济原则与习惯等，着手定工作目标。已往功夫，多用于初步农村生活之认识；实际之工作，当相机进行。

乙　妇女识字班——现已成立三所。仍有数处未克成立。除授以千字课为基本知识外，在藉机认识确切的农民家庭生活，为将来其他工作进行之预备。

丙　妇女会——于展览会之第三日，除参与本社附属小学，恳亲会之妇女二十余位外，并扩大招待一般妇女，来社开会。有各种关于妇女问题之演讲，游艺，并有茶话会，以联络感情。妇女来者踊跃，为彼此认识之良机。

丁　家庭拜访——利用时机，拜访农家，藉以明了农家生活情况。

五　平教股

甲　组织——就本区各村，倡设平民学校。由各该村自出校董，教员，负招收学生，以及房屋桌凳的筹备。本社酌给校用杂费，书籍则由学生自备。

乙　教师训练——于开学前，给以相当训练。除教授识字法外，并希望领导学生，渐近于服务的精神。

丙　成立校数——现已于十个村庄，成立十所平民学校，学生数目，在二百左右。

丁　平校联欢会——就农事展览会机会，召集各校师生，全体来社。目的：一、促进学校彼此间之联络。二、促进各校与本社彼此间之联络与认识。三、灌输服务之精神。四、介绍农事展览会之兴趣。

戊　指导——本社职员，不时前往各校，指导协助，解决困难问题，并引导其他服务工作之协力进行。

己　校友会——现拟组织平校校友会，以求毕业后之校友，彼此间精神上之联络，与团体的活动。

六 医药股

甲 诊疗所——每逢本镇大集,(旧历四九)由齐大医院医士二人,轮流前来治病。其他时间,则有护士一人,担任平时或复诊之病。对于接生,则有护士(专门产科)负责。对于公共卫生,在最近期间,当另有专人负责。

乙 诊病情况——由九月二十七日至十二月六日,共开诊十八次。正式由医士诊治者,(护士及复诊者在外)共合一百九十人。男一百二十七人,女六十三人。包括村庄二十六个。就诊者以本镇为最多。取费只收药价。

附表

村庄 \ 科别及数目 \ 性别		龙山镇	其他各村	各庄每科男女总计
内科	男	一七	五二	六九
	女	三十	六	三六
外科	男	二	一五	一七
	女	一	三	四
眼科	男	四	六	一〇
	女	三	六	九
皮肤科	男		一五	一五
	女	三	三	六
牙科	男	三	四	七
	女	三	一	四
耳科	男	一	二	三
	女			
花柳	男		六	六
	女			

续表

村庄 \ 性别 \ 科别及数目	龙山镇	其他各村	各庄每科男女总计
妇产	一	一	二
	二		二
总计	七〇	一二〇	一九〇

丙　学校卫生之注意——本社附属小学，男女学生，举行身体检验一次，凡患有疾病者，即分别诊治。对于沙眼，特别注意。对牙齿卫生，亦设法养成学生刷牙习惯。另外对于附近的其他小学，亦拟举行义务的检验，为提倡公共卫生之先声。

丁　提倡合法的接生——农村间对于接生，产妇及婴儿的卫生，多不注意。本社特请专门产科护士一位，指导产前、临产、产后的卫生。助产收费极低，冀合农民经济能力。

七　附属小学

甲　男初校——本社与农村（于张庄）联合，成立男初小一所。教员薪金，由本社供给大部，其他一切，归该村自理。目的：在使本社工作，借小学为中心，充分发展。并暗示学生以服务与注意农村事工的精神。学生，今秋有四年上学期六名，二年下学期七名，二年上学期八名，一年上学期四名，共合学生二十五名，皆为该村农家子弟。

乙　女初校——于本社内设立女初小一所以补助本地方女子教育之缺乏。不收学费。拟于明春起，每生定收杂费少许。

学生　共二十七名，大部为本镇农家子女。

设备　有校园一处，初行设立，以备自然研究。学生成绩室一所，内有学生成绩、儿童读物、画片、游戏品。另有洗刷及领水处等设备。

恳亲会　就农业展览会机会，举行恳亲会，以资切合学校教育与家庭教育之携手。有演讲及学生表演、茶点等项。

篇十一 行政院农村复兴委员会进行工作

梁定蜀

一 本会成立的动机
二 本会组织的经过
三 本会工作的进行
四 个人意见

一 本会成立的动机

兄弟今天承贵主席团之嘱,来报告农村复兴委员会最近进行的工作。在未报告以前,要声明一句,兄弟今天来参加大会,是农复会派兄弟来听听诸位最近的乡村改进工作情形,并非是来代表农复会出席这大会的,所以没有预备材料来报告。刚才听了许先生讲政治对于乡村事业的关系,这件事给兄弟一个很大的同情感触,因为兄弟素来觉得中国农村衰落崩溃,无非是不良政治所造成的。今天诸位既然要兄弟讲几句话,只好先将农复会成立动机,成立组织的经过及以后的工作,略为报告一下;最后将兄弟个人对复兴农村的问题,提出来和各位讨论,并很诚恳的请各位指正。

中国农村的衰落,已经达到很深的程度了。农民每日在水深火热里过日子。他们惨苦的状况,绝对不是我们住在城市里的人所知道的。现在农村崩溃的现象,第一是农村生活无安定的保障。在不太平的时候,不是匪祸,便是兵灾;就在太平的时候,也要受地方官厅及土豪劣绅们的压迫与敲诈。此种连续的刑罚,使农民不但不能安心耕种,而且逼迫着他们只有作兵匪之流。这种情形,在陕、鄂、赣、豫各匪区,往往农民土匪大兵都分不出来。农村社会秩序如此紊乱不堪,农民连性命都保不住,哪里还谈得到什么增加生产呢。

第二就是农民在经济上，受重重的压迫。他们除每年纳所应完之国课外，还不知有多少花样的捐税。这种苛捐杂税比起正税本身，要大好几倍。有些地方还要预征到几十年以后的。就以四川一省来讲，已经预征到民国六十几年了。税捐不单独是很重，并且征收的方法，也非常的严酷，稍有欠少，就抓到衙门里去。要是遇到水旱虫害凶年，农民当然是苦，往往卖农具卖耕牛，甚至于卖儿卖女。就是丰收的时候，因为交通不便，农产不易运输到外面去，致谷价跌落，所收的还不够纳捐税。因此变了丰收成灾。所以农民们只有从高利贷借来的钱，来付捐税与欠款。这种饮鸩止渴的办法，已把农民弄到无产可破的时期了。

农村崩溃已到了这步田地，结果使农民当然的厌弃了处于被压迫的地位。以致贫弱者，只有坐以待毙，壮丁不是去当兵，便是去当土匪。稍有财产者，就跑到城市里来。这样一来，使城市畸形的发展，好像上海一地，就吸收了不少的难民，加增了无数的消耗者。而且整个农村变成了一片赤地，不能生产不能居住的匪区。这样对于整个中国政治和经济，都有很大的关系。我国生产方面日日减少，帝国主义者就乘此愈入愈深，请看逐年增加的进口农产品便知道了。这样看来，人民对国家已失了信仰心和依赖国家保护的心，结果就是失了民族观念。试问这样的结果，是否应由政府负其责。政府不但要负这责任，并且要救济农村，必先设法使农村安定，解除了农民的压迫与痛苦，然后能谈到复兴农村，改善农民的经济状况，提高农民教育与生活程度。换一句话，就是使农民觉得生活有点意义，他们辛苦的工作，都有结果的希望，知道政府还有保护教导他们的心，他们就是国家的一分子，将来农村就是中国的原动力。

到了现在的情形，国家弄到这样，是不堪再往下坏的了。从前苟且偷安湖湖涂涂的过日子，现在不能这样了。九一八以后，国人都觉悟非抵抗外侮不能生存，但现在更觉悟到没有实力的准备，空言抵抗，是更可使国家快亡的。于是大家都注意到实力的来源，就是农村。最后的觉悟，就是非救济农民，复兴农村，不能解决我们民族生存的问题。要全国总动员，上下朝野一致的努力，才可以复兴农村。这就是农村复兴委员会成立的动机。这里兄弟要补充一句话，请各位注意，农村复兴委员会并不是因为时髦潮流而产生的，是因为时势的需要，不能不有一个政府与人民合作的组织，来对付一切救济复兴农村的问题。

二　本会组织的经过

农村复兴委员会的成立，是在今年四月十一日，汪院长在行政院第九十六次院会，提出救济农村一案，要组织委员会，经议决交由内政、实业两部，会同行政院秘书、政务，两处会商组织方法。会商的结果，成立本会，聘请农、工、商各界四十多人为委员，汪院长兼委员长。本会章程，也经院务会议通过，成立农村复兴委员会秘书处，请彭学沛先生担任秘书处的主任，筹备一切。后来在五月五日六日两天，请全体委员在南京开第一次大会，第一天会议决定将委员分三组负责。这三组就是经济组、组织组、技术组。第二天分组讨论，报告会议结果，经济组报告农村金融问题、农产品价格调剂问题；组织组报告农村自治之原则、农村自治之制度、农村自治之事业；技术组报告改良农产增加生产之办法。设各种专门委员会，譬如作物专门委员会、蚕丝专门委员会等等。又报告指派专家考察研究的办法。除了分组报告之外，并议决各省市设立农村复兴委员会分会，各组设各种专门委员会。以上是本会成立组织与订定行政方针的经过。

农村复兴委员会是一个设计与推动的机关，并不是一个执行的机关，本会委员，专门委员的提案或计划、经过行政院通过，就交由行政院各主管部执行。不但委员专门委员可以计划提案，本会更希望全国的人民与乡村工作的人尽量地把他们的意见告诉我们，使大家讨论研究出一个解决的办法。兄弟知道不常到民间去的人，是不了解人民的痛苦与需要的。

三　本会工作的进行

关于本会成立以后进行的工作，第一是调查江苏、浙江、河南、陕西四省政治土地的概况。土地调查，有土地分配、田产移转、租佃关系、币制度量衡制度；政治调查，有村乡镇公所、保卫团、税捐及人民对于政治观念。这种土地政治调查，是很要紧的，因为不能解除农民受贪官污吏土豪劣绅的压迫，是谈不到改良农业增加生产的。此项工作是与国立中央研究院合作，每省有五个调查员，要费三四个月的时间，因为调查员在一省内选了代表区，还要挨户调查。第二是设立中央农业实验所由实业部主管。这个实验所，是规模很大的，开办费三十万元，每月经费五万元，研究改良农业生产的一切及农业经济。第三是设立南京市新农场，由南京市政府主管，德国技师魏悌锡设计。魏君主张用内燃牵引机深耕，现在地点还没有决定，或在南京八卦洲，或在乌龙山，开办费十万元，市政府及农村复兴委员会各占四分之一，商股占二分之一。第四是组织华北战区农赈会。第五是聘请各处的农业专家，研究米、麦、棉、茶、丝生产运销等等情形。将来的计划，是将全国各省的试验场机关等，改成有系统的组织，以增加研究试验的效率，减少无谓的虚耗；又切实与改良乡村的团体学院联络，使农村建设的工作普遍而易行。换一句话，就是帮助改进乡村工作，减少他们工作的阻力。以上所讲的，就是农村复兴委员会成立以后进行的工作，与最近将来的计划。因为成立了到现在不过两个多月，所以没有什么事情做出来，实在是惭愧得很。

四　个人意见

现在兄弟把个人对于复兴农村的意见，提出请各位指正。兄弟希望复兴农村的工作，从乡村做起，由政府辅助知识阶级到乡村去指导农民。解除他们的痛苦，改善他们经济教育生产生活的情形，很像一个教师，训练一个儿童；将来儿童长大了，这教师就让他自己独立来解决他们的问题。所以兄弟对各位乡村工作者，是万分钦佩景仰，中国救亡的办法，就是改造农村了。现在将个人对于农村生产经济生活教育的解决办法作有系统的讲出来。

甲　生产方面

关于增加生产地面积者：（一）奖励垦荒殖边（二）减少土地虚耗（三）禁种鸦片（四）水利设计——灌溉——电力（五）国营大农场（六）国营大林场。

关于增加每亩产量者：（一）提倡轮种（二）提倡绿肥（三）介绍新作物（四）改良作物品种（五）改良施肥法（六）改良耕种法（七）

改良灌溉法（八）防除病害虫害（九）改良农产制造法（十）改良农具（十一）改良饲畜法（十二）改良畜牧管理厩舍卫生（十三）改良本国原有畜种——皮、肉、乳、毛（十四）介绍外国优良畜种（十五）防除畜病（十六）改良畜产品制造法。

关于检查农产用品者：（一）统一农产品质等级标格（二）检查出入口农产农用品（三）检查病害严防传染。

关于预防天然灾祸者：（一）设保安林（二）疏浚引导江河水道。

乙　经济方面

关于使农民经济独立者：（一）贩卖运输合作（二）购买合作（三）信用借贷合作（四）改良农产合作（五）利用合作（六）水利合作（七）防除病虫害合作（八）其他合作。

关于调剂农产之生产消费者：（一）调查统计预测产销数量（二）禁止垄断投机谋利。

关于提高农产价者：（一）设仓库，丰年买入凶年卖出剩余农产（二）提高农产价（三）设堆栈抵押农产放款。

关于改善农产运输者：（一）减低运输费（二）改善水陆运输设施——冷藏——消毒。

关于提高生产效率者：（一）减低生产成本（二）改良装运方法（三）改良市场贸易（四）科学农场管理（五）改变作业——依照土壤气候等环境（六）提倡农场簿记（七）提倡副业——手工畜牧。

关于使耕者有其田者：（一）减租（二）施行土地法。

关于减少农民赋税负担者，（一）以所得税，遗产税代地丁田赋（二）取消一切苛捐杂税及预征赋税。

关于关税保障农民者：（一）保护国产（二）奖励输出有剩农产输入有益之农产农用品（三）禁止输出肉类骨类。

关于统一币制及度量衡制者：（一）禁止一切私度量衡用器。

丙　生活方面

关于保障农村安全者：（一）农民自卫（二）农民自治

关于提高农民生活程度者：（一）注意营养充足劝导食果饮牛乳

（二）注意安适居舍（三）注意公路交通街道沟渠之整理（四）注意简便舒适之服装（五）注意农村娱乐。

关于禁止恶习引导良习惯者：（一）禁赌（二）禁鸦片及毒品（三）禁早婚盲婚（四）劝导禁止迷信神权（五）劝导禁止无谓消耗（六）奖励储蓄（七）禁止缠足留发等陋习。

关于改善卫生设施者：（一）设农村医院，取缔庸医（二）施行检查预防传染病办法（三）检查屠场及饮水

丁　教育方面

关于普及农村教育者：（一）普及科学生产教育——田间学校（二）提倡农民识字运动（三）提倡体育。

关于提高农民思想者：（一）养成农村合作性（二）提高农民对政治及社会经济之思想。

关于奖励农村组织者：（一）提倡及奖励农产比赛（二）组织农村童子军（三）提倡农村教育林。

关于养成倡导农民之人才者：（一）高级农业科学人才（二）普通乡村工作人才。

乡村建设实验

第二集

乡村工作讨论会 编

序

乡村工作讨论会之组织及工作，已见于本汇编第一集中，兹不赘述。此次定县之会较邹平之会，规模更大，同志参加者更为踊跃，全会工作更觉紧张，精神更显焕发。大会之经过，本汇编另编有乡村工作讨论会第二次集会经过一文，序中不再重述。本汇编所有工作报告，计共三十篇，其中第二十七至第三十篇，系因报告者，或因本人事忙，或因时间仓促，未得出席会场报告，故将原书面报告列入。此外尚有数篇，因本人未将原稿送来，未得列入，统希原谅。此次定县聚会，承中华平民教育促进会及河北县政建设研究院诸同仁，殷勤款待，本会及编者同深纫感，统此致谢。

编者　章元善　许仕廉

目　录

第 二 集

序 ……………………………………………………………………（113）
乡村工作讨论会第二次集会经过 …………………………曾毓钊（119）
　一　弁言 ………………………………………………………（119）
　二　开会经过 …………………………………………………（121）
　三　三日间开会程序 …………………………………………（121）
　四　到会代表名单 ……………………………………………（123）
　五　会议纪要 …………………………………………………（128）

报告

篇一　中华平民教育促进会定县实验工作报告 …………晏阳初（149）
　一　引言 ………………………………………………………（149）
　二　社会调查 …………………………………………………（151）
　三　文艺教育 …………………………………………………（157）
　四　生计教育 …………………………………………………（162）
　五　公民教育 …………………………………………………（167）
　六　卫生教育 …………………………………………………（168）
　七　学校式教育 ………………………………………………（170）
　八　社会式教育 ………………………………………………（175）
　九　教育心理研究 ……………………………………………（177）
　十　本会与国内各团体之合作 ………………………………（179）
　十一　研究院与平教会的关系 ………………………………（180）

十二　本会的经费 …………………………………………（181）

篇二　涿县平民教育促进会工作报告 ……………张学铭（183）

一　引言 ……………………………………………………（183）

二　本会成立之缘起 ………………………………………（183）

三　五年工作之演进与概况 ………………………………（184）

四　过去得失之检讨 ………………………………………（185）

五　目前两件工作 …………………………………………（186）

篇三　国立中央大学农学院一年来的推广工作 ……邹树文（187）

一　引言 ……………………………………………………（187）

二　推广优良品种及改良农具 ……………………………（187）

三　与江宁县政府合作改进蚕桑事业 ……………………（189）

四　特约合作棉场与棉花运销合作 ………………………（190）

五　合作试验农场 …………………………………………（192）

六　附设短期班次 …………………………………………（192）

七　关于农业推广一年来之函件 …………………………（193）

篇四　私立金陵大学农学院概况 ……………………章之汶（196）

一　引言 ……………………………………………………（196）

二　组织 ……………………………………………………（196）

三　工作 ……………………………………………………（197）

四　计划 ……………………………………………………（200）

篇五　燕京大学农村建设工作 ………………………杨开道（201）

一　引言 ……………………………………………………（201）

二　我们的工作 ……………………………………………（203）

三　结论 ……………………………………………………（207）

篇六　北平中法大学温泉乡建设工作报告 …………尹铭槐（208）

一　引言 ……………………………………………………（208）

二　工作 ……………………………………………………（209）

篇七　齐鲁大学乡村服务社工作报告 ………………王建农（215）

一　引言 ……………………………………………………（215）

二　卫生股 …………………………………………………（215）

三　家事股 …………………………………………………（216）

| 四　教育股 ……………………………………………………（216）
| 五　农业经济股 ………………………………………………（217）
篇八　北平师范大学乡村教育实验区工作报告 …………文　模（218）
| 一　引言 ………………………………………………………（218）
| 二　一年来行政上之经过 ……………………………………（219）
| 三　学生初步训练 ……………………………………………（220）
| 四　农村访问 …………………………………………………（222）
| 五　固定事业 …………………………………………………（223）
| 六　民众集体活动纪要 ………………………………………（227）
| 七　大学部教育系同学实习工作 ……………………………（228）
| 八　室外作业"活动导生制"之实验 ………………………（228）
篇九　全国经济委员会农村建设工作 ……………………许仕廉（230）
| 一　引言 ………………………………………………………（230）
| 二　五项工作原则 ……………………………………………（230）
篇十　江苏省立教育学院民众教育实验工作报告 ………高践四（233）
| 一　农民负担 …………………………………………………（233）
| 二　农村保卫 …………………………………………………（235）
| 三　经济组织 …………………………………………………（235）
| 四　经济建设 …………………………………………………（237）
| 五　乡村教育 …………………………………………………（239）
| 六　乡村自治 …………………………………………………（240）
| 七　人才训练 …………………………………………………（240）
篇十一　山东乡村建设研究院及邹平实验县工作报告 ……梁漱溟（243）
| 一　山东乡村建设研究院之起源 ……………………………（243）
| 二　山东乡村建设研究院及邹平县之工作 …………………（243）
篇十二　镇平乡村工作报告 ………………………………王彬之（245）
| 一　引言 ………………………………………………………（245）
| 二　自治机关之组织 …………………………………………（246）
| 三　调查户口与编查保甲 ……………………………………（247）
| 四　整理田赋 …………………………………………………（250）
| 五　财政之整理 ………………………………………………（253）

六　经济 …………………………………………………（255）
七　建设 …………………………………………………（261）
八　救济 …………………………………………………（263）
九　教育 …………………………………………………（265）
十　民团 …………………………………………………（273）
十一　改良风俗 …………………………………………（275）

乡村工作讨论会第二次集会经过

曾毓钊

本篇系根据农村复兴委员会会报第二卷第七号孙晓楼罗理二君之参加乡村工作讨论会第二次集会报告及乡村建设旬刊第四卷第十第十一两期合刊李竞西君之参加乡村工作讨论会记二文编辑而成多系原文

一　弁言
二　开会经过
三　三日间开会程序
四　到会代表名单
五　会议纪要

一　弁　言

救中国先救农村！这句口号，到现在可以说是弥漫了全中国。不问在朝在野，但凡是看清了世界大势和中国现状，并且正在热心寻求着一个可以复兴中国的根本办法的人们，没有不是朝朝夕夕在那里默念着这句口号的。不错，在中国现状下，这句口号，不能不认为是绝对的真理。但是中国农村的广大，农民的众多，农村情形的复杂，农村病态的危迫，已经是举世无匹；还有那中国农村社会传统关系的特殊，尤非任何国家所可比拟。这是多么应该注意的事实！离开事实，去想办法，这种办法，又有什么效能？所以若将欧、美、日本施行有效的救济农村办法。整个的搬到中国的农村去施行，自然是格格不入，利少害多。但若是仅仅根据少数粗略而失实的农村调查报告，和空疏的理论，就去制作普遍救济全中国农村的方案，这种方案，也许当得起庞大而华丽的称誉，把它普遍的施行到农村去，也许有些地方的农村能获得不少的救济，但全面的结果，也必定和外来办法一样，失败多而成功少。这种的救济办法或方案，归根到底，于伟大中国农村的根本救济与复兴，必然的是不徒无益，而犹害之的。中国近三十年来，政府的农业政策，工团的农业改良，效果如何，便是最好的例证。

中国农村的问题太多了，太复杂了。政治、经济、教育、卫生四者，固然是显而易见的大问题。但还有无形的问题，即现今日趋颓丧的农民精神，应如何使之振起奋发？已失去信仰中心的农民思想，应如何维系，方能使之复归于一？这许多农村问题，要怎样方能解决？还是应同时求全部问题的解决？还是应先谋某一个问题的解决，以次及于全部呢？这就一地方的农村而言，已非容易，何况问题涉及全国，更不容具骤下断语了。

现在全国从事乡村工作（亦即农村复兴工作）的公私机关不下百数。它们的最后目的，当然是复兴农村，复兴中国。而它们的共同目标，则是想在一个地区，用实验的方法，努力寻求整套的或部分的适切有效的复兴农村方案，以推行于全中国各个农村。但它们的做法，则不但因机关性质的公私和机关规模的大小而各异，并且因人因地而不同。其中历史最长的在十年以上，最短的则一年以至几个月。它们的理想，方案，经验和成绩，都是对于前面提出的许多农村问题有很伟大的贡献的。但它们深自反省的结果，不仅觉着大家的工作得失，有互相比较和借鉴的必要；并且感觉遇到独力不能解决的问题，没有可以提请大家去共同研究讨论，以求出一个对策的机会。何况整个的中国农村问题太伟大，太复杂了，各机关单独的力量太有限，太薄弱了，如果老是各自埋头于一地道的实验工作，不问是如何苦干不息，要想求得整套的复兴农村方案殆不可能。故必须设法使各方提携团结，用群众的力量去寻求研讨，然后共同的目标，方有迅速达到的可能。

乡村工作讨论会每年的集会，便是适应这种需要而召开的。第一次集会，是自去年七月十四日起至十六日止，在山东邹平山东乡村建设研究院举行的，到会代表七十余人。其经过情形，已见于中华书局出版之乡村建设实验第一集，兹不赘述。

二 开会经过

本年第二次集会由值年者章元善许仕廉二先生筹备,于十月十日至十二日假定县平教会开会三日,计到代表一百五十余人（名单见后）其所代表的团体机关,共七十余处,较去年增加一倍。到会者,除学术团体、实验机关外,中央各院部会及地方政府,亦多有代表参加,足见乡村运动已渐趋于实际；而各处所派之代表,又多为有实际经验者,今得同聚一堂,互相讨论,于乡村建设运动前途,影响至深且巨。十月十日上午八时,正式开会,推定晏阳初、梁漱溟、高践四、梁仲华、陈筑山五先生为主席团。三日中每日自上午八时半至十二时,下午二时至六时,晚间八时至十时,为开会时间。会中除请各地从事乡村运动的领袖讲演外,并分组讨论实际工作；除书面报告外,更有口头报告工作的得失经验。

开会典礼于十月十日上午八时半举行,晏阳初主席,行礼如仪后,致词略谓:"今日为国庆纪念日,在此内忧外患交相煎迫的时候,本无可庆之点,所可庆者,国犹未亡,尚有土地人民可供吾人努力。本会命名为乡村工作讨论会,'工作'一语,意义至为深长,并非尚空谈而是脚踏实地的做。今日到会者如此踊跃,相信工作讨论会必能为国家造成一种新风气,负起救亡图存的重任。这就是开会于国庆日可以庆祝的一点。"

三 三日间开会程序

十月十日
上午八时半至九时　开会式
九时至十时　演讲：梁漱溟——乡村建设旨趣
十时十分至十二时
工作报告（一）晏阳初——中华平民教育促进会工作（二）张学铭——涿县平民教育促进会工作（三）邹树文——中央大学农学院工作
下午二时至三时　演讲：高阳——中国教育改造与乡村建设
三时至六时
工作报告（一）章之汶——金陵大学农学院工作（二）杨开道——

燕京大学乡村建设科工作（三）王健农——齐鲁大学农村服务社工作（四）尹铭槐——中法大学温泉乡建工作（五）文模——北平师范大学乡村教育实验区工作（六）许仕廉——全国经济委员会农建工作

晚与晏阳初及梁仲华谈训练工作

十月十一日

上午八时半至九时半　演讲：晏阳初——乡村运动成功之基本条件

九时半至十二时　工作报告（一）高践四——江苏省立教育学院工作（二）梁漱溟——山东乡村建设研究院工作（三）王彬之—镇平乡村工作报告（四）罗卓如——内乡淅川乡村工作报告（五）江问渔——中华职业教育社工作

下午二时至三时　演讲：章元善——合作经济与乡村建设

三时至六时　工作报告（一）孙晓村——行政院农村复兴委员会工作（二）徐廷瑚——实业部农业改进工作（三）董时进——江西农业院工作（四）梅思平——江宁实验县工作（五）胡次威——兰溪实验县工作（六）屈凌汉——山东民众教育馆工作（七）梅贻宝——山西铭贤学校乡建训练工作

晚八时至九时　工作报告（一）袁辉——湖南省立柿业试验场工作报告（二）周文——湖南省立农民教育馆工作（三）盛景馥——武进农村改进委员会工作

九时至十时　演讲：陈志潜——乡村卫生实验

十月十二日

上午八时半至九时半　演讲：孙廉泉——县政改革与乡村建设

九时半至十二时　工作报告（一）陈筑山——河北县政建设研究院工作（二）沈鸿烈——青岛市乡村建设工作

下午二时至三时　（一）伍廷飏——广西垦殖工作

三时半至六时

分组讨论（一）农民负担组——召集人李景汉（二）农村自治与保卫组——召集人梁仲华（三）农村卫生组——召集人陈志潜（四）农村合作组——召集人章元善（五）乡村教育组——召集人江问渔（六）经济建设组——召集人杨开道（七）人才训练组——召集人陈筑山

晚八时至十时　（一）组务报告：李景汉、章元善、江问渔、杨开道、陈筑山。(二)会务报告：许仕廉(三)闭会词晏阳初(四)散会。
明年值年为梁漱溟、江问渔。

十月十三日

上午下午及晚　与晏阳初、梁漱溟、瞿菊农、陈筑山、杨开道、张鸿钧、梁仲华、孙廉泉、章元善等讨论：(一)乡村建设目的；(二)进行步骤；(三)分工合作办法，已规定者有(1)会员应守五信条(章元善拟稿)；(2)训练中心处；(3)实验省；(4)人才训练；(5)人才物色。

四　到会代表名单

(以姓之笔画多少为序)

千家驹　中央研究院社会科学研究所
王博之　金陵大学
王健农　齐鲁大学农村服务社
王贺宸　燕京大学清河试验区
王子明　涿县教育局
王宗一　保定师范学校
王树善　北平大学农学院
王九茎　河北省县政建设研究院
王友智　铁道部直辖蚌埠职工学校
王海舟　涿县平民教育促进会
王耀庭　保定师范学校
王彬之　镇平县地方建设促进委员会
王向辰　中华平民教育促进会定县实验区
王建铎　中华平民教育促进会定县实验区
文　模　北平师范大学乡村教育实验区
尹铭槐　温泉中法大学第二农林试验场
方友直　义乌县教育局
白映星　绥远省政府
史洪耀　齐鲁大学农村服务学院

江问渔　中华职业教育社
朱启贤　教育短波社
伍廷飏　广西垦殖水利试办区
李景汉　中华平民教育促进会定县实验区　河北县政建设研究院
李足三　长沙北山学校
李炳卫　北平民社
李竞西　山东乡村建设研究院
李英斌　燕京大学清河试验区
李笠乡　南阳县立实验小学
李振声　铁道部直辖徐州职工学校
李彦林　定县公理会
李少海　河北省县政建设研究院
李训石　中华平民教育促进会定县实验区
汪德亮　中华平民教育促进会定县实验区
汪松年　天津大公报社
沈鸿烈　青岛市市政府
武寿铭　铭贤学校
巫宝三　中央研究院社会科学研究所
吕健秋　定县实验县县政府
吴文藻　燕京大学
周文山　山东乡村建设研究院
周　方　湖南省教育厅
金步墀　山东乡村建设研究院
屈凌汉　山东省立民众教育馆
林幼白　涿县平民教育促进会
胡次威　兰溪实验县县政府
段继李　山东乡村建设研究院
郝友三　国立北平研究院自治试验村
祝超然　山东乡村建设研究院
姚石庵　中华平民教育促进会定县实验区
柳哲铭　中华平民教育促进会定县实验区

韦立人　中央党部

孙晓村　行政院农村复兴委员会

孙廉泉　山东乡村建设研究院

孙伏园　中华平民教育促进会定县实验区

高践四　江苏省立教育学院

高澜波　铁道部职工教育委员会

高晶斋　南昌行营设计委员会

晏阳初　中华平民教育促进会定县实验区　河北省县政建设研究院

晏许雅　晏许丽　中华平民教育促进会定县实验区　河北省县政建设研究院

袁　辉　湖南棉业实验场

秦柳方　铁道部直辖浦镇职工学校

徐宝谦　燕京大学

徐雍舜　燕京大学

徐廷瑚　实业部

徐伯璞　山东省教育厅

殷子固　河北省县政建设研究院

耿采章　定县实验县县政府

陈筑山　中华平民教育促进会定县实验区　河北省县建设研究院

陈志潜　中华平民教育促进会定县实验区

陈治策　中华平民教育促进会定县实验区

陈行可　中华平民教育促进会定县实验区

陈元圃　镇平县地方建设促进委员会

陈礼颂　燕京大学

梁振超　定县实验县县政府

梁振熙　定县金城银行

梁仲华　河南村治学院同学会

梁漱溟　山东乡村建设研究院

梁容若　河北省教育厅

梅思平　江宁自治实验县县政府

梅贻宝　燕京大学　铭贤学校

章元善　中国华洋义赈救灾总会
章元玮　金陵大学农业专修科
章之汶　金陵大学农学院
张荣春　铁道部直辖南京职工学校
张益珊　北京大学
张庭学　四川重庆玉森农场
张建初　铁道职工教育委员会
张心一　上海中国银行
张学铭　涿县平民教育促进会
张鸿钧　燕京大学清河试验区
许仕廉　实业部　全国经济委员会农业处
许莹涟　山东乡村建设研究院
许地山　燕京大学
常得仁　中华平民教育促进会定县实验区
屠绍祯　青岛市社会局
郭松林　新河县沙里王村乡公所无限信用合作社
郭乐诚　全国经济委员会
盛景馥　武进县农村改进委员会
黄丽泉　山西农村教育改进社
黄　明　广西农村建设试办区
曹日昌　教育短波社
符邦宪　内乡建设促进委员会
邹树文　国立中央大学农学院
傅知行　山东乡村建设研究院
傅葆琛　北平大学农学院
汤茂如　中华平民教育促进会定县实验区
彭一湖　中华平民教育促进会定县实验区
杨绵仲　浙江省政府
杨开道　燕京大学农村建设科
杨效春　山东乡村建设研究院
杨俊昌　燕京大学

杨文波　大兴县农会
董时进　江西省农学院
雷洁琼　燕京大学
赵竹南　山西农村教育改进社
赵先涛　江苏省立徐州民众教育馆
赵水澄　中华平民教育促进会定县实验区
熊佛西　中华平民教育促进会定县实验区
叶德光　华北农产研究改进社
赖执中　山东省教育厅
刘容亭　山西农村教育改进社
刘伯英　山西农村教育改进社
刘滋生　涿县民众教育馆
刘竹斋　涿县自治会
刘平江　江苏省立教育学院
刘　鉴　定县实验县县政府
蒋旨昂　燕京大学清河试验区
蒋迪先　华商纱厂联合会　中华棉产统计会
郑褧裳　中华平民教育促进会定县实验区
黎季纯　中华平民教育促进会定县实验区
卢广绵　华北工业改进社
霍俪白　河北省县政建设研究院
谌厚慈　博野四存中学
缪经田　全国经济委员会
储　达　山东乡村建设研究院
萧绍原　涿县自治会
萧朗辰　涿县自治会
萧汉三　保定师范学校
萧　璠　河北省政府
濮青荪　河北省县政建设研究院
聂玉蟾　北平协和医院
魏朗斋　河南遂平县嵖岈山职业学校

瞿菊农　中华平民教育促进会定县实验区　河北省县政建设研究院
瞿冰森　北平晨报社
罗　理　行政院农村复兴委员会
罗卓如　宛西乡村师范
蓝孟葭　四川重庆玉森农场
严育樑　四川重庆玉森农场
严慎修　山东乡村建设研究院
袭兰珍　燕京大学

五　会议纪要

大会第一天

会场在平教会的礼堂，俗名考棚，大概是前清州考的地方。这次到会的，据办事处统计，共有七十六机关，一百五十人比较去年在邹平开会时增加一倍以上，而且名副其实的是全国乡村工作人员；中央也有特派代表出席；这是很可以看出乡村建设运动到现在已经到了怎样的一个趋势。

八点钟开会，由地主晏阳初先生致开会词。大致说，今天是国庆日，我们乡村工作讨论会也同时开会；然在此内外交迫的现状下，有什么值得庆的？我们只有哭！但是我们在这可哭的现状下，也还有土地人民，供我们去努力，有这一块地方来供我们开会，我们还没有亡国，我们还有努力的机会，那么也未始不是可庆的一点。本会叫做工作讨论会，工作二字，极有意义，不是说而不做，是要脚踏实地的去努力云云。

继由值年许仕廉先生报告会务。推定梁漱溟、高践四、晏阳初、梁仲华、陈筑山五先生为主席团。接着就是梁漱溟先生的演讲，题目是"乡村建设旨趣"。兹将其演说词录后：

"现在主席团指定我作一个讲演，我想讲乡村建设旨趣这一题。说到旨趣，原来是主观的东西；主观便容易与社会事实相连，容易一个人一个样；此则很不好。我们要免于此病，希望得一个合于社会事实的，而且为我们所共同的旨趣。想要作到此地步，必须避免主观演绎的说话，而从客观上考察认取乡村建设运动是怎样来的？它将往哪里去？于摆在眼前的社会问题里面寻出多数人不得不然的倾向要求。——这便发见我们共同的旨趣了。

但如此考察分析的来讲乡村建设旨趣，断非一小时可办。即从我六七年来从事这运动，经验体认所得，心里便有无限的话想说。今且以最近的一事为例，那便是去年我们乡村工作讨论会在邹平所开的头次大会。在那三天的会里，我听到各方面的报告，再印证到我自己身上，发现了我们到会同人各从不同的动机，不期而然地集于乡村运动一途，好多为始意所不料。例如这里平教会始而不过识字运动，现在却变成整个乡村建设。中华职业教育社始而不过培养职工店伙，现在却已转到各地农村改进。从教育转过来的已有这许多不同的来历，其不从教育来的，如华洋义赈会始而不过赈灾，何曾料到今日成为农村合作运动一支主力军！河南村治学院同人其动机是出于乡村自救，与义赈会以救人为事者正反映成趣！我自己是从对中国政治问题的烦闷，而想到如何养成大多数人的新政治习惯；乃银行界的朋友，又从经济问题的刺激，而亟谋流通农村金融。四面八方的来到一块，这证明今日乡村运动好像是天安排下的，非出偶然。它有深厚的根据，正在继续开展扩大而未有已。它是从两面来的：一面从中国历史延下来，一面从西洋历史延下来，二者相遇，发生近百年来的中国问题。从中国问题产生数十年来的民族自救运动；辗转变化，而到最后这一着（乡村运动这一着）。此其故亦很容易明白；用简单的两句话来说：就是中国原为乡村国家，以乡村为根基，以乡村为主体，发育蔚成高度的乡村文明；而近代西洋文明来了，逼着他往资本主义工商业路上走。假如走上去也就完了，没有我们的乡村建设了。无奈历史命运不如此，八十年来除了乡村破坏外没有都市的兴起，只见固有农业衰残而卒不见新工商业之发达。我们今日的苦痛正在此，然而未来的幸运也在此。盖从大势上反逼着我们走一条不同的路，不容我们再随日本之后以模仿西洋。所谓四面八方而来的乡村运动者，正为中国问题原即乡村问题——愈到后来愈见出是一个乡村问题；中国问题的解决还只有于乡村求之——愈到后来愈反逼到此一路；于是举国上下东西南北之人乃不得不集于此。

日本赶好模仿西洋成功，中国而今再无此机会（详见敝著乡村建设理论提纲）。日本今日虽亦有所谓乡村问题，第以其为工商业发达都市文明成功下的乡村问题，乃远非中国乡村问题之比。像中国乡村问题所引起的乡村运动，遂为中国独有的情形，而非日本能有的。日本以其政治上经济上的伟大力量，可以言救济农村，中国则不能。——中国拿什么来救呢？以我们测去，中国农村眼前只有加重崩溃。然而日本农村亦止于言救济而已，不能开出伟大的前途。要开前途，还须在他已形成的工业资本主义推翻之后。中国虽不配说救济乡村，而以工业资本之畸形未成，且从此再无成功之机会，乡村乃有无限前途可以开出；此即我们所谓乡村建设，对于西洋与日本而言，实为另外一条不同的路。

　　这一条不同的路，便是从农业引发工业，农业工业为适当的结合；以乡村为本而繁荣都市，乡村都市为自然均宜的发展。——这是在中国今后一定的路线，自然而然要走上去的。

　　昨天于永滋先生曾提出来说：中国现在银行界以商业资本来提倡农民合作，实为各国合作史上未有之特例。诚然为一特例或变例。要知此变例即从工业资本路走不通，农村深度崩溃的中国特殊情形而来。但于先生又虑到都市工商业一旦好转，银行家必将在农村的投资要收回，那农村却受不了。这是一个顾虑。我敢断定，中国工业要在农村复兴中兴起，而今之以资本主义方式经营于都市者，必无好转之望。拥挤充斥于一二大埠的资金，只有返输于农村是一条出路，我却不怕他要收回。

　　换一句话说，中国兴亡系于中国能否工业化问题；但从世界大势看去，中国的工业化，将必走一条不同的路。它是要从乡村生产力购买力辗转递增，农业工业叠为推引，逐渐以合作的路，达于为消费而生产，于生产社会化的进程中，同时完成分配的社会化。这样创造起来的文明，完全为一新文明。既不是过去中国的乡村文明，亦不是近代西洋的都市文明。其社会重心在乡村；——经济的重心政治的重心都在乡村而不在都市。重心与中心不同，经济的中心，政治的中心以及文化的中心都可以在都市；——都市便是这么一个中心点。故不可以重心寄于都市。以重心寄于都市如今日者，则危而不安，偏而不正；——此近代西洋所以为病态文明。

　　中国的工业化在此，新社会文明的创成在此，中国之得救在此。中国之得救是要以新社会文明的创成而得救的。我们只有向着创造新文明去努力才可以救中国，此殆为历史命运所决定。没认清大势的人嚷着救济乡村乡村自救，而不知其为民族自救运动之最后一着；或知其为最后的民族自救运动，而不知其恰已负担着创造新文明的使命。然而无论他自觉或不自觉，乡村运动的旨趣毕竟在是了。吾人虽不欲以是为旨趣而从事焉，又奚可得？

梁先生讲毕，掌声如雷。主席宣告休会十分钟，略事休息。继续开会，为晏阳初先生之定县平教会工作报告（见报告篇一）。次为张学铭先生之涿县平教会工作报告（见报告篇二）。邹树文先生之中央大学农学院乡村工作报告（见报告篇三）。主席遂宣告散会。

下午二时继续开会，首由高践四先生演讲，题目是"中国教育改造与乡村建设"。略谓："中国教育改造运动，各方面皆已觉到，已成一趋势，其实不自今日始，最少有七十多年的历史，并已数次改变方式，自第一次在中日战后的戊戌政变，废科举八股，兴办学堂起，经拳匪之乱，日俄之战，民国之成立，五四运动，各种课程之兴废以至大学教育风起云涌之今日，教育时时在改造中，但处处模仿外国，抄袭盲从，以致失败。不认清为什么要办教育，自然谈不到教育的改造。中国办教育的目的，第一是谋中国的自救，救国及求中国的自由平等。以前在改造中的教育，都是为了这个目的，而前此之所以失败，亦都是因为没有把中国的社会背景研究清楚。大家既要起来救国，为什么不注意大多数百分之七十的农民，而专注重城市民众呢？所以，欲谋教育的根本改造，必须建筑在乡村上。然而乡村建设待解的问题，却也与教育改造的问题一样，要从下而上，从小而大，深入乡村，唤醒他们，督促他们，自动的共同解决，就是共有的必然的倾向。"

续由金陵大学农学院副院长章之汶先生报告，说他们的工作是研究、教学、推广三事，而又是以教学为中心的（见报告篇四）。续由杨开道先生报告燕京大学农村建设科工作。（见报告篇五）尹铭槐先生报告中法大学温泉试验场工作（见报告篇六）。王健农先生报告齐鲁大学农村服务社工作（见报告篇七）。文模先生报告师范大学乡村工作实验区工作（见报告篇八）；文先生代表师大，说他们认为：（一）文化教育维系着中国民族；（二）乡村教育与乡村建设为一事；（三）三万六千万农民之教育问题不得解决时，中国民族没有生命。他们的工作是想在破碎的农村中培养刻苦人才以救助农村，想以教育的力量去推动社会而不以政治的力量去烦扰社会云。末由许仕廉先生报告全国经济委员会的农村工作（见报告篇九）：说中国谈不到统制经济，中国根本没有产业；中国唯一分配不足的问题，乃是生产不足的问题。所以今日所应努力者为计划增加生产。在外国视计划经济与统制经济为一词，在中国甚可分为二词也。继谓全经委会是做一种乡村建设的大规模工作，如水利、卫生、道路、农业等，因为经委会经济比较富裕，所以想树立一个全国乡村建设的物质基础。关于道路，现正修筑八省联合公路，日有增加；关于水利，则有水利委员会以联合各省水利机关，作整个规划；关于卫生则举办卫生实验区，已有良好成绩，事情虽不多，但做成一样就求好一样，关于农业，则有棉业统委会，蚕丝统委会，各负专责，现更注意茶业的复兴。中国过去茶叶，本为主要出口，但因人才缺乏，技术不进步，故日趋衰败，至今日已不能与外人竞争。单以制茶机械来说，锡兰、南印度，年有新的机械发明，现在向彼等购买一九三二年式的，可以用半价买得，而一九三四年的，则毫无折扣。人家年有进步，故两年以前的东西，已经不用了，拿来廉价出售；而在中国，则尚守千年老法，怎得不失败呢？！另又创办乡村建设实验区，在江西现已成立三个。实验区做四种工作：（一）农业改进；（二）合作；（三）卫生；（四）教育。末了说明经委会的工作原则，谓：（一）目的在政府与各机关工作的协调；（二）重在实地工作，不注意室内，要做在农民身上，不是做机关；（三）与私人机关合作；（四）与国际合作。他们所感到的困难是：（一）人才缺乏；（二）交通不便；（三）组织笨拙；（四）事情太多；（五）技术家与政治家不免冲突。

　　许氏报告毕，礼堂里已经黑得看不见人了。时间是六点二十分，但是大家都很有劲的听着，并无丝毫的倦怠。这种精神，似乎不是普通的会议席上所有的。散会后出来，灯火已经齐上了。

　　晚上由平教会同学会组织的东不落岗话剧社表演话剧"屠户"，以娱来宾。这剧本是熊佛西先生写的，熊先生也就是平教会主持戏剧教育的人，在他的指导下，村民们的表演艺术，获得了很大的成功。这部剧是描写乡下农民兄弟二人为放高利贷的孔屠户所挑拨离间，致到衙门相见。而孔屠户却暗中勾结赌棍，骇诈取财，把他们相争的房产弄到手中。他们兄弟二人连官都没有见一下。后来县政府准全村人的公诉，把孔屠户逮捕了。扮演这部剧的农民，口吻道白，恰如其分。大概乡民的苦况，要乡民才体认得出来。一般生在象牙塔里的普罗作家，高唤着民众艺术的口号，我愿意请他们来向乡民们学学！

大会第二天

第二天的第一个演讲是晏阳初先生，题目是"乡村运动成功的基本条件。"晏先生首说今日乡村运动的风起云涌，据实业部的调查，全国已有六百多个团体从事农村工作，有一千多处从事实验，可以说是乡村运动的极好现象。但同时不能不为此运动担忧，盖深恐热烈过度，忽略了实际，如已往一般的运动，同归消沉也。故深盼同人于此高潮中，以冷静的头脑，切实努力。继则晏先生提出成功的基本条件二点：（一）是认清目标。晏先生认为最大的目标是"造人"，必使从事农村工作的人，有热诚的信仰，有牺牲的精神，有了人才，然后才能推动农村。而人的原料仍然是在农村里，农村中的青年农民即是推动乡村工作的中心力量，我们必须抓住他们。如定县有四十万青年农民，推之全中国，至少有八千万青年农民，我们抓住了这大数量的青年，锻炼他，改造他——中国教育的目标不应是适应生活而是要改造生活的——唤起他们的自强自觉。那么什么都不成问题，再严重的国难也不足畏了。所以我常说：中国最大的富源是人。（二）是"干！"人有了，就要去干。我们就得先研究，如以何建设？谁来建设？如何建设？这些，都要研究；但我们的研究不是为研究而研究，乃是为事而研究。又可分做三点说，一是为问题而研究，二是为实施而研究，三是为训练而研究。从学术的研究上解决一切工作的方法，然后一致的去努力。因为这乡村工作的对象太大，所以不得不谋大家的联合；如研究问题时，则政府与学术机关合作，所得结果，则又与实干机关合作去做，各尽所长，然后能收实效。我们以要提出研究来说，即是因为这个运动不是抄袭外人的法子或者抄袭中国的老法子可以收效的，必得是一点一滴由实地里创造出来，用汗血去体验认识出来，然后才算是我们的东西，才是解决中国问题的东西，是要在干中找出来的。说到人才，又必具有三条件：一是要有专门学识，二是要有创造能力，三是要有应世手腕。末了晏先生又说，要我们的运动成功，还非获有国际间的同情和赞助不可云云。

接着是高践四先生报告江苏省立民众教学院的工作（见报告篇十）。首先说江南一带的民教风气甚浓，其原因大概是因为近于首都，一方面得党部提倡，一方面又有教厅的督促。江苏全省教育经费有一千六百万，十分之一是用在民众教育上的。其次，高先生说教育学院同人对于乡村民众教育的宗旨是"培养中国人团体生活习惯能力"。教育学院的责任是在（一）民众教育与推行；（二）训练人才。所以工作是在以团体组织去解决地方问题，以团体组织去解决经济问题，以地方实际需要去培养团体组织。现在做着一个新实验，即是以小学校兼做社会活动工作，以小学做社会活动的中心；现已稍有结果。这一年来，做了三种调查：（一）是江苏全省的农民负担；（二）是农民副业；（三）是民众教育联合调查。在工作上，觉到有两个问题：（一）是地方政府每为公事形式所拘，予乡村组织以不便利；（二）是由保甲长会议来解决消防、卫生、教育等问题，似较乡邻里长为好办。

　　高先生报告毕，由梁先生报告本院及邹平实验县的工作（见报告篇十一）。略谓本院形式上虽为山东省设立之机关，实则六七年前，本院同人已致力于此。

　　十分钟的休息后，由王彬之先生报告镇平工作。略谓镇平乡村工作的起因，是由时事逼成，目的在求"个个是好人，人人有饭吃"。工作：（一）自卫——组织有三种：常备兵团以对付土匪；后备兵团于有事时集合，补充前方；保卫团以维持秩序。（二）自治——自卫与自治，原是相连的；彭禹廷先生尝言："自卫为自治的手段，自治为自卫的基础。"现在镇平仍然是这样做的。（三）调查——户口已调查清楚，土地实行清丈，方法是先由乡民自行呈报，然后分区用弓尺丈量。全县现有二六五〇〇顷，山地占百分之六十，耕地占百分之四十。田赋亦已整理清楚，办法也是先行呈报，然后以土质、地价、生产量等为标准来加以考评，作为定则。（四）教育——以小学教育为中心来推动乡村工作，小学共有二百七十四处，民众学校即以小学教员为教员，都以时事为教材，而着重公民训练。（五）合作事业——并无银行去投资，现已组织农民借贷所，地方政府筹资六万元，另由公务人员的薪金内扣十分之一充为基金。有分社三十余，社员四千人，贷款今年至四万元。（六）仓库——积谷一万石。另有养老院，孤儿院等的举办。现在很注意改良农业，建设乡村。但人才方案，均不具备，亟望各方援助云。

　　继为罗卓如先生报告内乡乡村工作（见报告篇十三）。内乡与镇平原是一事，故工作大都仿佛相似，罗先生谓于工作中感到困难者三点：

（一）浪费时间，成绩不显；（二）无整个计划；（三）下级政府不能扶持地方自治。

罗先生报告后，为江问渔先生报告中华职业教育社的乡村工作（见报告篇十四）。谓乡村工作为中华职教社工作的一部分。以前从事时注意三点：（一）教育；（二）组织；（三）经济。近则注意到民族复兴问题。在工作方面大概是以小学做基础来推动农村事业。关于徐公桥的实验，现已成功，完全交给本地人去办了。江先生继谓在过去的经验中，有几点值得提出来说说：（一）在徐公桥初办时，欲与一般机关联络，最难者莫若公安局，后来实行警官区，则大为成功；（二）中心小学的组织为最经济适用；（三）医药卫生为农民最急的需要。复谓乡村工作第一须简便，其次须自然，又需预定步骤，踏实做去；并且还要有"多钱多办，少钱少办，无钱也要办"的精神。末了，江先生提出三个问题：（一）农村小学教科书的不适用问题；（二）各方联络的问题；（三）政治力量利用问题；请各方同人加以注意云云。

午后开会，第一项是章元善先生讲"合作经济与乡村建设"一个题目。兹将其演说词录下：

"合作运动的发展，在吾国可以分为五个时期：（1）合作运动之前期，民八以前，各专门学校各大学之政治经济科在经济学以及农业经济或农业政策讲义中，大概都有产业组合或 Cooperative Society 一章或一节，（当时尚无合作社之译名）但讲者模糊，听者渺茫。只民七北京大学有消费公社之组织，为我国第一个消费合作社。

（2）合作思想传播时期　民国八年五四运动以后，至民国十二年，为我国合作思想传播时期，在此时期虽不无合作组织，但大体并非需要合作者（工人农民）之组织，乃赞成合作思想者（学生）之组织。此期间内合作运动之主要工作，即在合作思想之传播。如薛仙舟先生之努力；平民学会；川湘之普益社；鄂时中社之发起，以及各种合作刊物之发行是。

（3）合作运动深入农村时期　民十二至民十七，为我国合作运动潜伏时期，在此期间，表面上合作运动，似是消沉，但实际上却深入农村，成为真正需要合作者之组织。华洋义赈会之农村合作工作，即其代表。

(4) 政府提倡合作时期　民十七国民政府奠都南京之后，即锐意提倡合作社，认为七大运动之一。江苏农民银行，四省农行，各省建设厅，各省合作指导委员会之设立，以及合作社暂行规程，合作社法各省合作社单行条例等之公布等是。

(5) 极盛时期　民国二十二年以至现在，可称为中国合作运动极盛时期。在此时期内，合作运动风起云涌，全国人士无论对合作运动识与不识，皆来提倡合作，参加合作。银行界亦来提倡合作。大量商资突然流入农村，演成一种特殊之现象。

这第五个时期的前程如何，自难断定。但是据一年来的现象，向前推测，觉得这是一个合作运动的极重要的时期，甚而言之，可以说是一个紧要关头。在运动的基础尚未普遍，尚未稳定的当口，他已引动了全国人的注意，这果然是求之不得的好现象，同时亦包含着不少的危险性。

一般人对于合作的认识，根本不一致。要保持合作的本质，想来扶持他，让他滋生繁荣的人确是甚多。但是认定他是一种可以利用，而达到与合作无关，甚至有妨目的的人，亦不是完全没有。还有些人，认合作是救济农村的良剂，希望他在农村中树立起来。既求他区域的普遍，又求他发生立竿见影的效用。基于这种逾分的期望心，他们横加鞭策，不问这匹马还在发育未全的幼稚时期。因为这个，合作的前途就发生了极其注意的问题。

经这两种人的驱策，——前一种可以说是恶意的；后一种可以说是善意的。——这一二年来，合作运动，差不多有点头脚轻重站立不稳的现象。合作运动能否保持他的本性，得到适当的营养，而不为狂风暴雨所摧残，以至夭折丧命，或是误入歧途，全视今日同情于农村运动的人们的努力与决心，为何如了。

有人对于今日商资的流入农村，根本上发生疑虑。他们说这是一种特殊的现象。农业的发展，恐怕不能专靠商资的接济。因为世界经济，一旦恢复常态，非但未流入农村的商资，不能源源而来，即已流入农村的商资，亦将倒流而去。商资囤积，一时无用，银行家把他用在农村，等到市面一好，他们就不来了。

对于这点，另有一班人以为可以无容顾虑。他们认定工商业的发展，是在农业振兴起来之后。商人们今日认识了这个途径，所以他们才来投资于农村。他们如此觉悟了，今日已开始投资于农村了，他们绝不会半途而废，变更他们的方针的。

这两种看法，前者深思远虑；后者直截了当。我个人亦以为后者的看法，有些不顾事实。这个问题，不能如此乐观。商人们的投资农村，是不是真正基于如后者所说的那种认识，依我看来，恐怕不是，照着事实及情势来观察，我觉得商资的流入农村，与吾人的提倡合作运动，观念完全不同，有同床异梦的模样。

商资的流入农村，有两种方式：一种是拿资本来接济合作社，尊重合作社的独立地位，当他一个主顾看，很坦白的降本求利。同时非但不妨碍合作运动的发展，并且使得合作运动得到他需要的资金，助长他的正常发育。一方使得资本发生效用；一方又救济了农村。这是一种理想的方式。采用这种方式的银行，不是没有，不过甚少罢了。

还有一种，根本不承认合作社有独立性的。银行为了要投资于农村，不得不找一个负责的对象。有合作社的地方，再好没有，大可利用。没有合作社的地方，只得用最简单的方法，组织起来。结果是已有相当认识的合作社，为他一时引诱，受其愚弄。向无组织的农民们，更是渴不择饮，任其为所欲为。他们所组成的合作社，草草从事，有名无实，不是农民们的组织，而是银行家的'出张所'。（对不起借用名词。）如此生吞活剥的干下去，不消几年工夫，'合作'这个名词，又要如同其他成千上万的好名词一样，被人滥用，就要玉石不分了！

这种说法，是悲观一些。但是不幸得很，事实最雄辩！吾们唯有希望，将来事实昭示吾们，使吾们可以加以肯定的否认。合作这个名词，既是三生有幸，时至今日，被人重视，是祸是福，姑且不谈。不过合作丧失了他的生命，还是小事。连带着使得农民所急切需要的组织，因之釜底抽薪，无形取消，实在有点可惜！

合作是今日农村运动之中的一个重要因素，吾人于此，当然不可知难而退，认定他真正要倒霉，前途真正是黑暗，就此放手不问，听其自然。吾们在这时期的使命，是要立在急需救济的农村与可以匀用的商资，两者之间，设法调整他们的关系，求农业与商业的共存共荣。所谓共存共荣的条件，是在合作运动方面，健全他的组织，发展他运用资本的能力，在商的方面，求适当的出路，保持他应得的利润。同时扶持合作社的地位，最低限度，不存操纵他的心理。若真不择手段的为投资而投资，使得本来患贫血症的农业，突然增加血液，使他有脑冲血的症象。结果只有两败俱伤。吾们要注意，等到两败俱伤的时候，商资的损失，是有形的，是暂时的，而在农村方面的损失，是无形的，是永久的。

事实告诉吾们，合作在吾们中国的效用，格外明显。吾们农村里本来没有组织，没有同外界接触的机会。组成了合作社之后，经济的效用当然会逐渐发生，而这组织的效用，更有发现的机会。合作社在吾们农村中的使命，特别重大。好像大家庭中的独生子，所有这一家中兴的责任，要由他来担任。假之以时日，把他培养得健全起来，不独他能完成他本身的使命，但凡村中的教育、卫生、农业改良、土地利用……等新兴事业，差不多都可由合作社来提倡组织。整个的农村运动，虽说不能希望合作社可以完全担负起来，——况且就他性质来说，合作社亦不负这个重大使命，——但是他至少可以引动改善农村生活各方面的事业，发生他的组织力量。这些'附带效用'，在东西各国，没有多大机会，可以发现，惟有在吾向无组织的农村中，合作社的确有出人意表的效用。

合作运动在整个乡运中，所占的地位，是如此重要。所以吾人注意到乡运，必先注意到合作。今日合作运动，既已到了一个紧要关头，吾人实有特别注意与研究的必要。如何引起农民感觉到需要合作？如何助其长成？如何预防他畸形发展甚或走入歧途？这一类问题，都是值得吾们仔细研究的。"

章先生讲毕，继续工作报告。首为孙晓村先生报告行政院农村复兴委员会工作（见报告篇十五），谓复兴委员会在去年五月成立，始终致力于二大工作：第一是根据自己调查研究所得，制定方案，贡献于行政院，由行政院议决实行。已做者有八事：（一）扩大中央农业实验区；（二）以二千万资本筹备农民银行，已交由实业部办理；（三）组织华北战区救灾委员会，此项工作已宣告结束；（四）整理全国农业机关；（五）调查各地积麦，依各地农商之意见征收洋米入口税；（六）调查各地苛捐杂税，财政会议即根据此点议决废除全国苛捐杂税，现已实行；（七）地方税捐整理委员会之拟议；（八）筹备组织粮食运销局。第二是内部设计调查的工作：（一）《中国农业之改进》一书，已由商务出版；（二）米麦棉丝茶的研究，关于价格、运销、产量等；（三）农业计划；（四）水利调查——如地下水问题；（五）调查全国苛捐杂税情况；（六）编制农业年鉴；（七）出版会报。末谓复兴委员会的使命，尤其重在联络各地农业机关，和各地乡村工作的机关云云。

继为实业部代表徐廷瑚先生报告（见报告篇十六）。略说实部对于农村事业之关怀，愿与各地学术机关合作，以推进乡村建设事业，且亦有实地之实验工作，如汤山模范推广区，乌江实验区，即可为例证也云。次为江西省立农业院院长董时进先生报告（见报告篇十七），略谓：该院在今年三月开始工作，内部组织分：（一）总务部；（二）动物生产部；（三）植物生产部；（四）农业推广部；（五）农业教育部。由这些部门中，可以看出农业院是怎样的一个性质和他所努力的是什么工作。在农业院指导下的机关有：（一）农业专科学校（高中程度）；（二）农林学校（初中程度）；（三）试验场——现有三个，一在庐山，一在湖口，一在景德镇；（四）茶场；（五）棉场。现在农业院尚在准备时期，所以工作只做着预备功夫：（一）是造人；（二）是预定预算——经常费有二十六万元，开办费有三十三万元，可算不少了；（三）在南昌建筑院址；（四）购买十万元的设备器物；（五）调查推广。董先生末谓他们研究训练是以实际推广为目的的。

接着是梅思平先生报告江宁实验县的工作（见报告篇十八）。梅先生是一个学者，由学者走入政治界，而又是做直接和民众发生关系的县政的。我们知道梅先生是要想切实做事的人，所以才离开了空谈理论的学者群，开了近来"做县长去！"的学术界风气。而在短的时间中，江宁的建设，的确也就很有可观；这次的报告，不过是简之又简的说话罢了。梅先生说："救济农村要从经济方面下手，而救济农村经济，则非大规模的急进不可！所以应当尽量运用行政力量，利用行政组织以改进农村，促进农村的建设。所以江宁也就是由上而下，利用行政力量以大规模的方式来改良农村，建设农村的。所做的工作，大概是发展交通和整理水利二事。至于行政本身的改革，则重在维持治安，建立廉洁政府。"我常想：在中国的今日，不必去希望多么廉洁的政府，只要他在不廉洁的情况下还能够替人民办点事就很难得了。现在我们看见江宁的地方政府，以廉洁自矢，并且还替人民来办事，我们真过于满足了。

江宁是江苏的实验县，浙江的实验县是兰溪，县长是胡次威先生。梅先生报告后，胡先生就接着报告兰溪的实验工作（见报告篇十九）。胡先生和梅先生的态度又不同，他具有一种严威刚决的军人态度，有一种"说干就干"的样子。胡先生说实验县的目的是（一）试验现行地方制度对不对；（二）研究为什么中央省府之法令到了地方行不通？又怎样才行得通？继谓兰溪县政的整理，开始是从公安入手，继则整理财政，清查土地，整理田赋，编造鱼鳞册，编造土地归户册，发给土地证，六个月间，算是都办了。又裁撤苛捐杂税十六种。至于其他，大概和江宁差不多，都是由上而下，以政治力量去建设乡村的，所以也就不多重复了。

在这两天连接的报告中，大概我们可以看出一种倾向，就是大多述说各个团体的功绩和他们是怎样的努力乡建，怎样的认识乡建，对于实际问题似乎很少很少提出。这时有位屈凌汉先生，是代表山东民众教育馆的，到了讲演台上，就大声疾呼的说，这种情形是错误，是给来赴乡村工作讨论会的人以失望！实际工作的人是不需要种种口头的宣传或者文字的宣传的！即如各机关各团体所出的印刷品，只是你出给我看，我出给你看，对于农民的本身，对于乡建的本身，丝毫无用处！我们来赴会的目的是：（一）实际工作上发生的问题求到解决；（二）乡村建设前途得到指引。但这个会是不能给与解答的！农民在水深火热中，怎样的急切待我们去拯救，而一些研究机关，实验团体，还说慢慢的研究成一套一套的，实验有了结果又推行出去，理论是好听，然而乡下的人们是等不得了！现在的问题是怎样改良农具，怎样增加生产，有一个法子，就马上公布出去，不一定要成套才行。大家来试验，大家来努力，一面学术有了实际的论证，一面要求解决的也有个法子来试着解决，如文字问题，教材问题，合作社系统组织的问题，……一切的实际问题，我们要想法，我们要讨论，不是这样空口说白话，报告一下完事。客气点的还请大家指教。试问三天一过，各自东西南北，去请教谁？有问题的谁给你解答，谁来负责解答？……（屈先生的工作报告见报告篇二十）

屈先生获得了热烈的掌声。我那时很粗略的感觉到这会应当有这么一个提醒才好，虽然屈先生的说话中，有些地方是过分了一点。然屈先生的热诚是可钦佩的，对于大会的希望是很真挚的，提出来的问题是很实际的，任何努力于乡村运动者，似乎都应该把屈先生的话考量一下！

最后是梅贻宝先生报告山西铭贤学校的乡村工作（见报告篇二十一）。散会时已六时矣。

晚餐后，继续开会。秩序表上排着三位报告，后来武进农业改良委员会的代表盛景馥先生声明不愿空作议论宣传，不出席报告（盛先生的书面报告见报告篇二十二）。故仅有袁辉先生报告湖南省立棉业试验场工作（见报告篇二十三），周方先生报告湖南农民教育馆工作（见报告篇二十四）。末由平教会的陈志潜先生报告乡村卫生实验（见附录一），解释定县所行的保健制度。大概是以平教会同学会员为保健员。受短期的训练，携保健箱，往来各乡村做卫生与简单治疗工作。保健员的后方是保健所，保健所的后方是保健院，保健院即一完备的乡村医院。并用幻灯影片指示各种成绩。散会以后，由黝黑的巷子里走回住所，一看表，已经十一点钟了。

大会第三天

今天是大会第三天，在过去的两天里，大家都感到十分的疲倦，因为就没有一刻休息的时候；但到这第三天，大概因为最末的一天了，大家的精神格外奋发，好像这最后的努力，是致力于乡村工作者所应具的精神似的。上午八时，准时开会，第一个讲演是孙廉泉先生，题目是"县政改革与乡村建设"。

孙先生首先说县政改革一事，在乡村建设的观点上，为最低限度的要求。在这两天中所听到各位先生的报告演讲，咸以为中国的出路，必需站在乡村建设立场上来想法子，县政的改革亦然，亦非由乡村建设来作改革的根据不可，非站在乡村建设的立场上，县政改革，永无出路！由乡建的立场来做县政，在实行上就感到问题甚多，如法律条文的不适用于乡村，政治制度不适用于乡村，……孙先生又说，在菏泽实验县的行政经验上，得到了一些感想：（一）县政府与中央，造成了一个"上下交相欺"的情势。如各种调查表格，雪片飞来，限期填报，县府亦不调查，——也不能调查，假造填报。一切训令指令，皆官样文章，相欺相蔽，毫不发生作用。一切政治上的施行，都由县政府填报了事，全不能到达民间；唯纳钱一项，县政府不能代出，于是老百姓只感觉到政府只是要钱，而县政府也只成了一个税收机关。（二）一般人对于县政府视为黑漆一团，此非假话！但负县政之责任者，决不是故意的要做坏，而是环境引诱强制成的。很多制度都是奖励人往坏的一途去，如征收田赋之提奖提成办法，更是法令许可保护下的剥削搜括之贪污行为。孙先生继谓吾人县政最低限度的要求，昨日梅思平先生说是要建立一个能办事而又廉洁的政府，我觉得还有一点重要的是县政府要能够引发人民的自觉和促进人民的组织。接着孙先生报告菏泽县政府的情形，说今后的改革第一步是要将经费大部分用于乡间，城里的办事组织愈简单愈好。中国普遍的情形都是骈指机关太多。人力钱力，极不经济。而且互相推诿牵扯；如南京关于复兴农村的机关，竟有五十七个，可谓太多矣。县府组织简单化为增加行政效率的最急切办法。末了说到菏泽裁去警察，已得很好的结果，故以为警察制度在乡村里似乎不大适合，很有讨论研究的必要……因为时间的不够，孙先生也就没有往下说了。

其次是陈筑山先生报告河北县政建设研究院的工作（见报告篇二十五），说研究院是一个行政学术研究机关，有平教会的人帮助。平教会过去的努力，是想从教育去改革实际生活，但是单以教育的力量是不够的，必须借政治的力量去辅助；同时一般单以行政的力量去改革民族生活，也不能够深入民众实际生活里去，所以想打破过去的政教分立的形势，联合起来去努力。研究院的使命是学术与政治合并，造就健全的政治人才；以全县为研究实验的对象，以组织民众为研究的目的，在组织方面，分调查、研究、实验、训练四部。从实际生活去调查，以调查所得从事研究，制定方案，然后实验。又根据上三项所得结果来训练人才，尤着眼于行政与技术二种。又谓在实验上感到对于社会方面，每因实际生活的研究改革，常与旧生活发生冲突；在政治方面，常为省府的功令所束缚，不能彻底的办事；自己方面则经济困难，时间不够。

继为黄丽泉先生太原农村教育改进社的工作报告。又继为伍廷飏先生报告广西垦植工作。伍先生说明现在的垦殖工作只是一种试办，因在现在的试办区中，有一个问题，即有地无人耕，有人无地耕，故来举办垦植，想建设新农村以促进旧农村，想以新环境来训练新人才。换言之，即想以新环境引起农民之自动改革也。现在有三垦殖区，共有地六万亩，有二千多人在工作，造房子，办学校。因为所需的人才太多，所以很欢迎乡村建设人才去利用这一堆上好的材料。伍先生继续说他的一点感想，谓现在一般人多主张注意青年问题，其实仅拉拢青年，不见得十分对，因为青年皆有其背景与需要；问题是在如何使政治趋向归于一途，要政治组织与国民经济如何打成一片才行。对于政治方面，则以为必由新环境以养成新政治习惯，然后才能达到民主政治云云。

伍先生报告毕，时间已逾十二时，遂休会午餐。下午二时继续开会，第一项为沈鸿烈先生之演讲。沈先生说不是演讲而是大略报告青岛市政府的乡村建设工作。首先略说市区的道路交通卫生警政等情况；继则说明乡村办事处，是由市府各科局派一人合组委员会以主持之，好像市府的缩影，切实研究改良乡村中的一切问题。现在初办，故注意于道路的修筑，农业的改良，卫生的实施等等。沈先生详细述说某一事某一事改良推进的经过，津津有味，如数家珍，听者亦乐而忘倦。我们几乎忘记了对我们说话的是一位政府的高级长官，就好像极熟习的同事，很亲切的谈我们的工作一样。我常常说，中国近年来是有很大的进步，而乡村建设的前途已是很可乐观的。我们政治上若多有这一类的贤明长官，我们民族大概不会没有复兴的日子。沈先生讲过后，主席晏阳初先生也作一个简短的谈话，大略和我感觉的差不多。沈先生因为有事回平，先退席走出，同人们都鼓掌相送，甚为热烈。

继续由萧汉三先生报告保定师范学校的情形。大略谓本生产和知识打成一片的宗旨去办，自购农田，学生们都下田工作，一年收获，即为校中经费，半日上课，半日农作，亦无寒暑假，希望读书人不致回家去脱不下长衫也云云。最末为李足三先生报告长沙北山学校的工作。报告毕，主席宣告分组讨论，共分下列七组：

农民负担组——由李景汉先生召集

乡村卫生组——由陈志潜先生召集

自治保卫组——由梁仲华先生召集

经济建设组——由杨开道先生召集

合作事业组——由章元善先生召集

农村教育组——由江问渔先生召集

人才训练组——由陈筑山先生召集

（第一、二、三组因参加人数少，临时合并为一组，由梁仲华先生召集。)

我不想描写讨论会的情形，因为总不过大家对于提出来的问题加以讨论或说明而已。不过在这一个议席上，我觉得大家有一种热诚，对于问题有一种获得解决的切望；是实际的讨论，而不是随便的如普通会议上的那种心不在焉的情况。下面记录的是下午八时末次大会的各组总报告：

（一）李景汉先生代表农民负担，自治保卫，乡村卫生三组报告：——

（甲）农民负担组

（1）取之于民者如何用之于民案　在此案讨论时，同人咸感觉到今日国税地方税分配的不均。在总理建国大纲中明白规定国税占百分之五十，地方经费占百分之五十。而现在一般情形，则地方经费与国税相差甚巨。大多国税多于省税，省税多于县税。农民负担的税收，完全不能用之于民。如以定县而论，每年约共收一百零三万九千元，国税占三十六万元，省税占十九万元，地方税仅十四万九千元，其余为不合法的军事附加、契税、摊税等等。每年每个农民平均负担二元六角三分，每家负担十五元；每亩负担七角。讨论结果认为取之于民，用之于民为不移之原则。并决定（一）由李景汉先生制定调查表格，由各实验县切实调查取于民，用于民者之情况，以为研究参考；（二）一致唤起钱要用在农民身上的舆论；（三）改革非法征收。

（2）田赋错乱应如何整理案　此案不讨论，盖亦无由讨论也。

（3）如何实现农村调查案　此案认为应由县单位的调查入手，并应由学术机关训练调查人才。又闻中央统计处已有拟议进行，则可与之合作。

（4）租税轻重标准应如何研究案

（5）中央裁除苛杂，地方经费即感困窘，应如何应付案　以上二案均未得一具体结果。

（乙）自治保卫组

（1）如何拟定地方自治工作原则及促进方法案　同人咸以为今日谈不到地方自治，必先用教育引发，培养人民新的知识能力，使乡间分子渐次团结，用政教合一的方式发生一力量，由力量过渡到组织，由组织然后才能达到自治。

（丙）乡村卫生组

（1）乡村卫生应注意地方性不能普通的应有尽有案

（2）推行乡村卫生是否应注意到工作的范围案

同人对于卫生，大多无认识，故对此提出之二问题，未能解决，似应从长由卫生专家商议。

李先生报告毕，主席梁漱溟先生附带报告邹平农民负担情况，谓每年每人平均负担二元四角，每亩平均七角四分云。

（二）章元善先生报告合作事业组讨论结果：——

（1）真正贫民无力缴纳社股应如何救济案　对此案发表意见者甚多，归纳之约得下列数办法：如像：减低股额，分期缴纳，以保证法使贫民有入社机会，合作社可由真正而诚实的贫民发起组织等。

（2）如何训练社员案　第一意见以为：一、办合作训练班；二、在短期训练后，使之参加实际工作，实习后送回本乡；三、若办长期——如一年的合作训练，恐材料经费都成问题。第二意见以为：一、以县为单位训练；二、招收实际工作的合作社员，并酌量收自愿的训练。其他以为合作技术如簿记等，并不必需要十分训练；又有以为合作组织仅为合作事业之工具，合作技术好不一定能发展合作，故只应提高社员对于合作之兴趣，增加合作社副业，如丹麦人生活合作化，此即最好之训练也。

（3）以何方式能使社员有储蓄习惯案　有以为用强迫方式行之者，有以为用竞争鼓励方式行之者。

（4）如何推进合作事业案　大概以为要有钱，要以社务的发展为宣传，用小学为推广地方，在民众教育中增加合作材料，指导机关有力量等。

（5）合作社应如何整理始能健全案　欲使合作社健全，应采取严格考核的办法。

（6）合作社如何维持信用案　此案系因银行借款，每以一年为期，不肯长期借贷而提出；然办法亦只有以信用维持信用，与银行磋商长期放贷而已。

（7）合作社与银行如何始能增进互助案　以为应由高级合作总借款，

分配于各社，不使零碎分借。政府银行应多借款；利息不应过高；放款还款时间须与农业收获期相符合。

（8）如何编定合作教育标准案　提请中国合作教育社编拟。

（9）如何编定合作社员信条案　由各社斟酌情形，自行编定。

（三）经济建设组由杨开道先生报告：——

该组讨论大概无甚决议，故仅报告提案：

（1）四川农产品甚多因运输不便贷弃不用应如何救济案

（2）某县花生无法出口应如何办理案

（3）邹平机织合作失败由于日商之倾轧此为一般普通严重问题当如何设法救济案

（四）内乡蚕业棉业合作事业均有问题请救济案

（5）西山养蜂成绩甚佳而蜜无销路应如何救济案

（4）乡村教育组江问渔先生报告：——

（1）改良乡村小学课本案　结果：一、希望推定机关负责改编；二、希望办乡村小学者注意此项问题，若有成绩明年大会时希望提出报告；三、推定邹平研究院，定县平教会，山西教育改进会搜集已编课本，编辑课程纲要，制定大纲公布。

（2）华北农闲时间应如何利用以施行平民教育案　结果：一、推定邹平定县担任试验及拟定办法；二、公布结果及办法；三、明年大会报告。

（3）如何增加乡村小学工作效率案　结果：一、使乡村小学教师工作扩大；二、提高小学教师待遇；三、供给小学教师研究书籍；四、保障职业；五、由主席团以大会名义建议教育部。

（五）人才训练组由陈筑山先生报告：——

（1）人才分类问题　一、间接人才；二、直接人才，包括行政与技术二类。

（2）训练材料问题　除普通科目外应加农村调查学，农村社会学，农民心理学等科。

（3）基本人员训练问题　一、在乡村中训练；二、在都市训练乡村师范的师范。

（4）训练学校制度问题　不以资格为重，故不在乎教育制度上的地位为如何。

（5）职业教育精神问题　要训练精神而不只训练职业。

（6）专门技术人才的训练是只学习最低专门技术问题　应同时注重普通科目。

（7）训练学生应特别注意人格陶冶问题　日本的主席教授制可仿效。

陈先生并附带报告人才训练组对于大会之意见，谓：（一）此次开会时间报告太多，时间太短，希望以后改为书面报告；（二）问题在开会时提出，每不能解答，似应组织一通讯机关，随时通讯；（三）希望由大会办一乡村工作人员讲习会；（四）希望集中全国各处出版物，以便参考；（五）本会可否向中央立案。

各组工作报告完毕后，主席梁漱溟先生继续报告，谓此次到会者共计一百五十人，代表机关七十六，地域包括十一省，可见各方乡村工作之盛矣。大家到来，非为强迫，也非利诱，而是花费精神，花费物质来的，由此可见大家都具有一种要求；所可惜者，今晚回忆过去三天的工作，因为时间限制，不能使大家的要求满足，都因为我们负责的七个人不行，这是要向大家道歉的。至大家对于大会的今后改善意见，我们总可以有可能中去做；有些意见，也是我们想到而没有做到的。如报告用书面提出，我们原有此项规定，可惜收到者到现在只有八处。又有要求延长讨论时期者，足见各同人对于大会的热忱；而讨论时间的过短，也就是因为用书面报告者少，故使口头报告占去很大的时间也希望我们下届大会能够改善，多注意讨论。至于如何讨论，如何分组，希望同人贡献意见。关于组织征询机关，下届年会时我们也许能做到云云。

末由值年许仕廉先生报告账目，报告下届值年已推定梁漱溟江问渔二先生，及其他零碎事物。最后由地主晏阳初先生致闭会词，略谓：此次开会，不但各学术机关，研究机关，实地努力机关来参加，即政府中有关于农村建设事业的机关都派有代表出席，尤其难得的是全国五实验县县长都亲自出席，可见乡建的前途是怎样的一个情形，这是使我们非常兴奋的事。继谓在各报告中，可以看见各地努力的情形，使大家互相获得极有价值极有意义的材料。又谓有会员对于大会的不满，可见得同人们的不自满，前途具有无限量的可能进步。我们应当明白乡村建设运动是国家唯一的出路，我们就应当有一种新人格——创造的能力，牺牲的精神，坚决的信仰，以谋得我们民族的出路。那么我敢担保，晨间拍的这张照片，将来在历史上有重大意义与价值云云。

这时候，大家的精神，极为兴奋，但时间已到十点多钟了，主席遂宣告大会闭幕，大家鼓掌散会。

报 告

篇一 中华平民教育促进会定县实验工作报告

晏阳初

一 引言（附组织系统）
二 社会调查
三 文艺教育 甲平民文学 乙艺术教育 丙农村戏剧
四 生计教育
五 公民教育（附家庭式教育）
六 卫生教育
七 学校式教育
八 社会式教育
九 教育心理研究
十 本会与国内各团体之合作
十一 河北省县政建设研究院与本会的关系
十二 本会经费

一 引 言

时至今日，农村应该改造，国家急待建设，民族必须复兴。有志之士不但认识其重要，且在各处已由理论的探讨，转成实际的进行。其较著者如江宁、兰溪的实验县政，江苏无锡的教育学院，邹平、菏泽的乡村建设，广西全省的农民自卫，以及其他各省正在进行的建设事业，其观点与方法容有差异，其在努力以求实现救亡复兴之宏愿，并无不同。

中华平民教育促进会为社会上少数有志之士所组织的私人学术研究团体；目前所有工作，集中于研求"农村应改什么，造什么，国家建设的内容与方法与民族复兴的基本条件又是什么"。来定人士，如欲参观马路，工厂、电灯、洋楼、公园、博物馆、图书馆等一般的所谓建设，则必失望而归。因一般的所谓建设，乃政府及全国人士应负之责任；本会对地方上的物质建设固无此力量，而本会同仁对于社会需要之根本观察及其工作要点亦并不在此。

阳初于欧战时朝夕与五千华工相处，因得深切认识"苦力之苦与苦力之力"，于是对于中国一向被人忽视之平民，发生一种新信仰，新希望；觉得中国真正最大之富源不是煤，也不是铁，而是三万万以上不知不觉的农民。要把农民智慧发展起来，培养起来，使他们有力量自动的起来改造，改造才能成功，自动的起来建设，建设才会生根；自动的起来运动复兴民族，民族才有真正复兴之一日。

启发农民的智慧，也就是"造人"。造人必需有造人的教育。中国数十年来的所谓教育制度与内容，无非东抄西袭，不合国情，不切需要，所以不曾与一般人的生活发生关系，所以不能完成"造人"的使命。本会在定县的实验工作，意在深入民间，根据一般人的生活需要，继续不断的创造新民教育的内容；根据一般人的生活习惯，继续不断的制定新民教育的方法，并根据社会的演变，民族的进展，继续不断的创制新民教育的方案。

本会最初欲祛除一般人的愚昧，而启发其智慧，所以有文艺教育以培养"知识力"。嗣后感觉人民之愚与穷有莫大之关系，且人民之愚尚能苟延残喘，穷则不保朝夕，乃又有生计教育以培养"生产力"。后又感觉人民体弱多病而死亡率高，实为民族前途之忧，乃又有卫生教育以培养"健强力"。同时感到一般人民自私心重，因之生活散漫，不能精诚团结，于是又有公民教育以培养"团结力"。所谓四大教育，实为根据实际生活之要求，逐渐演进而创出之新民教育内容之荦荦大端。其实施方式，有学校式以教育青年为主要工作，因青年是国家今日建设之主力军；同时又顾到教育儿童，因儿童系民族复兴的后备队。学校式之外有社会式及家庭式，其目的在使整个社会尽是教育的环境，以免一暴十寒之弊害。教育内容的实验，所以定教材之是否合适；教育方式的实验，所以定方法之是否合宜。而教育方案之拟定，又必根据社会调查所得之事实，以免主观之谬误。

新民教育以人民全部生活为起点，以民族改造为目标，其工作之繁琐，当非一个私人的学术团体所能胜任，所幸自河北省县政建设研究院成立，划定县为实验区以来，本会实施方面能多与之合作，以期完成实验制度之研究。关于各方面学术上之研究，亦尽量与国内各学术团体各机关合作，以期使各方面节省人才经费，而共同养成建设事业合作之习惯。

本会研究实验之成绩，愿供政府及全国人士之采择推行，自不待言；而对于供给各种程度之技术人才，亦已开始训练。训练之方法，乃就各种实际工作上，予以严格的训练，以期工作即求学，所学即所用，由此以养成干练的实际人才。

定县的全部实验工作，起始于民国十八年（十五年至十八年在翟城村只有部分的实验），五年经过，其成功究竟到了什么程度，实难断言。因为第一是人才的问题，这种改造全生活的实验，关系的方面太多，无处供给所需要的各种人才；第二是经费的问题，在这民穷财尽的时候，很难筹措这百年大计的实验费；第三是社会环境的问题，现在全国方在一个天灾人祸，内忧外患的环境中，国难如此严重，大家容易误认这种基本工作为不急之务；第四是时间的问题，这种改造民族生活的大计划，决不会一刹那间就能成功。有此四种困难，平教运动的前途，殊可栗栗危惧。不过本会同志深信贪便易，省力气，走捷径，永远不会有成功的希望。所以决心要脚踏实地，一点一滴的做这研究实验的工作。

这本小报告，不过把本会已往与现在的工作，开了一个简单的节目，以便考查。至于研究实验的详细情形，另有专籍记载，兹不赘叙。

二 社会调查

农村建设的工作必须有具体的方案。具体的方案必须以事实为根据。事实的根据，又必须靠有系统的精确调查。本会在定县的社会调查工作，在平教运动的立场上，是要以有系统的科学方法实地调查县内一切社会情况。然后将根据调查而归纳之各种结论及建议分别供给有直接关系之四大教育与三大方式的主持者，使计划实现推行各该种教育时有参考之材料，

附表一

中華平民教育促進會

組織系統

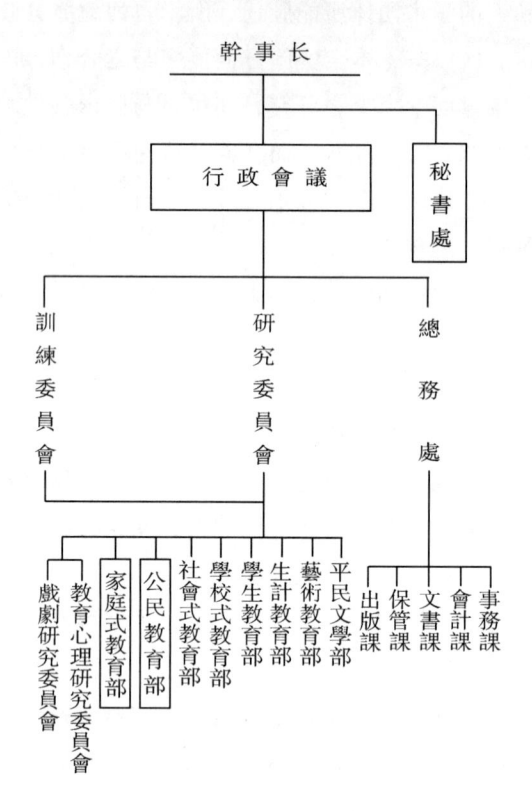

```
                    幹事長
                      │
          ┌───────────┴──┐
      行政會議          秘書處
          │
  ┌───────┼───────┐
訓練      研究     總務
委員      委員      處
會        會
          │
  ┌───┬───┬───┬───┬───┬───┐
戲劇  教育  家庭  公民  社會  學校  學生  生計  藝術  平民
研究  心理  式教  教育  式教  式教  教育  教育  教育  文學
委員  研究  育部  部    育部  育部  部    部    部    部
會    委員
      會
```

（總務處下：出版課、保管課、文書課、會計課、事務課）

及可靠之根据。

一　统计调查工作节略

民国十七年以前，本会在定县的工作范围只有城东第三区内的六十二村庄，正式职员及短期工作人员不过二十人左右。十六十七两年，又经过两次内战，各项工作很难进行。那个时期只附带作了些简单的调查，例如定县的历史，定县的地理，风俗习惯，政府组织，六十二村的交通、人口、教育、娱乐、信仰、兵灾、农业、地亩、生活等概况。

十八年秋季，本会全部由北平移到定县，以全县为实验区，因此社会调查工作亦随着以全县为范围。第一步先开始调查第一区七十一村每村的概况，包括项目有每村距城里数、位置、家数、人数、村长佐姓名、年龄、职业、村中主要领袖，各种学校教员及学生数目，村内在高小、中学、大学毕业的人数，可作平民学校之地点，村人职业，种地亩数，主要农产物，集市日期，医生及药铺数目，寺庙及信仰各种宗教人数等项。然后举行第一区七十一村详细户口调查。计调查城内一千七百零七家，三千五百六十二家，七十一村内六千二百三十家，共计八千四百九十九家。同时附带举行挨户疾病死亡调查之试验，共计调查五千家。此外补充已往不完全之调查，其中主要者有全县赋税调查，包括国税、省税、县地方捐、村捐等项。

本年度内关于统计整理材料方面之工作，有定县地理、历史、交通与运输、政治、赋税、教育、信仰、风俗习惯、娱乐、灾荒、及经济概况等项。

民国十九年度之工作分实地调查与整理材料两类。关于调查者约计六种：（一）全县各村概况调查，共计调查三百八十二村。（二）土地分配与农产调查，以村为单位，共计调查一百三十四村。（三）家庭手工业与工厂调查，以村为单位，共计调查一百三十四村，（四）乡城及乡村铺店调查。调查城内三关，东亭清风店之各种店铺数目，每铺店之资本，赚利、组织、店员待遇等项。（五）生活费调查，用每日记账方法，自民国二十年二月开始调查一百二十三个农家一周年内之各项收入与支出数目，及所需各种物品之数量，由此彻底洞悉农民真相。（六）物价调查，包括物品三十四类，五百余种。

本年度关于整理材料约分四种：（一）整理统计全县各村之概况调查；（二）整理统计城内，三关、及中一区之挨户人口调查；（三）整理编辑所搜集之定县秧歌四十八出；（四）继续整理东亭乡村社会区内六十二村之材料。

民国二十年度，关于调查方面的工作约计七种：（一）继续从事每村土地分配与农产调查，共计三百一十九村。（二）继续从事家庭手工业调查，共计调查三百十九村。（三）继续从事一百二十三个农家生活费每日记账调查。（四）继续三十四类日常用品之物价调查。（五）高头研究村之详细调查，以家为单位，共计调查一百二十家。（六）南支合，李亲顾明月店三处中心村之详细调查，共计调查住户一千三百六十五，铺户一百九十三。(七)研究区六十一村挨户人口调查,并绘制各村地图。

本年度关于编辑方面主要之工作,为将中文编辑有定县社会概况调查材料译成英文。

民国二十一年度,本会规定六年实验计划,各部处工作以设计为主。统计调查处在六年计划第一年内共有十二个设计。(一)研究区内田场经营调查设计。选研究区内有代表性质之自耕农家一百家,调查每田场周年经营详细情形。(二)研究区内主要农作物及猪鸡羊调查设计。用选样法共计调查一千零八十九家,以应畜牧研究之需要。(三)主要手工业详细调查设计。以家庭为单位,调查结果供生计教育部提倡改良手工业之根据。(四)研究区内集市与商业调查设计。所得材料,供经济合作组织之参考。(五)借贷调查设计。选择有代表性质之五个村庄,调查每家农民负债情形,供组织信用合作社之参考。(六)研究区内关于经济之各种会社调查设计。例如钱会与青苗会等组织。调查结果,可为计划新经济制度之参考。(七)家庭卫生调查设计。以家为单位,调查一千家,供卫生教育部改进农民家庭卫生之根据。(八)整理研究区内人口调查材料设计。共计调查六千四百八十四家。(九)整理一百二十三家生活费记账设计。(十)整理全县各区土地分配与农产物之概况调查材料设计。(十一)整理全县各区手工业材料设计。(十二)整理南支合、李亲顾、明月店三个实施中心村之调查材料设计。

民国二十二年七月河北省县政建设研究院成立,以定县为实验区,亦设调查部,两方既同在定县,于是分工合作,本会偏重在整理已有之材料,实地调查工作多由院方担任。关于整理者,有下列六种设计:(一)一百二十三个农家生活费周年记账材料初步整理设计。(二)定县主要家庭手工业之详细调查材料整理设计。(三)全县土地分配调查材料整理设计,现已整理完竣。(四)一百个田场经营调查整理设计。调查项目极繁,已大致完成。(五)家庭卫生选样调查材料整理设计。此项一千家卫生选样调查材料之统计系与北平之协和医学校公共卫生部合作。(六)研究区内按户人口调查材料整理设计。此项材料,统计六千四百八十四家之调查工作,系与北平协和医学校公共卫生部合作。

本年度关于调查者有两个设计:(一)物价调查设计。在城区内调查五百余种物价,随时加以整理。(二)出生死亡调查设计。每月调查城内出生及死亡人数，及与出生者死亡者各方面有关系之情况。关于整理与编辑者有五个设计：（一）编辑土地分配调查设计。除编辑汉文报告外，并将统计材料译成英文，送美编辑。（二）编辑定县借贷调查设计。亦包括译成英文工作。（三）继续整理定县农家生活费调查材料设计。（四）继续整理家庭卫生调查材料设计。（五）继续整理人口调查材料设计。

二 实地调查进行时之情况

这种调查工作若要获得可靠的材料，在进行时非常困难，有的是表面显然的困难，有的是不易看破的困难。因为人民饱受乱世之害，故时有戒心，防备受害，早学会了搪塞支应的技术。民国以来，政府几乎完全丧失人民之信用。苛税杂捐，征兵拉夫，兵匪劫掠，已成家常便饭。上捐时又按每村之户口和地亩数为标准。如此调查人口和地亩时，岂不视为大祸之将至？再者，无论如何，他们不易明白调查的意义和实际的用处。而且有时愈解释愈不明白。因为向来没有这样麻烦的询问。有时他们故意不说实话，很难辨别真伪。况且一般人模模糊糊的习惯和说话的不准确，尤其是对于数目之含糊，都是令人不易得到事实。因此调查时非常费力。例如调查人口本是简单，然而其中复杂情形，真是一言难尽。农民有种种不利于调查的怀疑，包括怕的与县政府有关系，怕与上捐派捐差有关系，怕与共产有关系，怕是传教的，怕是无论如何没有便宜的事。此外有似乎与调查有利而其实也是不利的揣测，例如疑为是慈善机关放赈，疑为华洋义赈会又要助款凿井，疑为中华平民教育促进会，白叫人读书或看病不要钱。除去设法免除这些怀疑以外，在实地调查时又要碰到许多阻碍。例如往往村长敷衍对付，藉故迟延，有时给假户口册或地亩册，有时村中分党派，不易接洽。调查富家人口尤其困难，因为避富之故，不肯告知准确人数，不承认小孩识字，房屋地亩就难询问。调查员皆为男子，与家庭中妇女谈话非常不便，易生误会。各家报告人口时，往往将家中未出嫁的姑娘与青年的妇女故意遗漏，或以偏大或偏小之年龄报告，老年人也往往遗漏，以为将死之人没大关系。壮年男子也往往不报，怕征兵派差。男小孩容易遗漏，怕人知道生日年龄，摆镇物陷害。小女孩无足轻重，亦易忽略过去。我们调查时要知生日属象，但因迷信的缘故，有人不肯说实话。家内为公公的不好意思知道儿妇的年龄生日，假意说不知道。已婚者常瞒尚未娶，如此同时遗漏其妻子和子女。出生死亡尤难得到确数。调查疾病亦不容易，因为人民不高兴这类不吉利的询问。因此调查时必须费很大的事才能胜过这些困难，得到事实。稍微疏忽一点，就是失败。处处必得小心。例如调查表上不写"户口调查表"而写"拜访家庭谈话表"，不写"调查员"而写"拜访者"，不写"报告者"而写"赐教者"，表之两旁写"若要知道用甚么好方法为农民谋幸福，必须清清楚楚的明白他们家里的状况。"如此极力避免一切不必要的误会。

现在顺便把实地调查进行的步骤略述一下。在调查以前，先将某项调查目的和范围详细向调查员解释，务必一律填写表格。然后分头向各村村长佐及其他村中领袖接洽。自然第一步也须先使他们非常明了，没有怀疑。然后讨论合作的办法。请他们在调查时请出本村的人来作向导。然后在方便的时间为农民开娱乐会，用调查讲演挂图向他们解释调查的意义和需要，并请本村领袖对村人说明过几天要在本村调查什么事情。然后按照所订的日期，调查员到村内各家填写表格，但最好有本村人领导，因为有他们担保无事，许多容易发生的困难，即可迎刃而解。然后这些填写的表格经过指导的人详细阅过后，再补充完善。然后交给统计的人计算，制表绘图。将结果供给全会或特别需要此种材料的某部。近一两年来的调查虽然较以往的复杂，但进行时容易多了，因为各村平民学校毕业的学生一天比一天的多了。

本处自民国二十一年度起，开始编写定县社会调查丛书。兹将书目列下：

定县社会概况调查　全书分地理、历史、县政府及其他地方团体、人口、教育、健康与卫生、农民生活费、乡村娱乐、乡村的风俗与习惯、信仰、赋税、县财政、农业、工商业、农村借贷、灾荒、兵灾等十四章，共计八百九十八页，统计表三百十四，附录有本会在定县实验之经过，精装一册，实价三元八角，平装二册，实价三元二角。邮费二角三分。

定县秧歌选　全书搜集秧歌四十八出，分六类，即爱情、孝节、夫妻关系、婆媳关系、谐谑、与杂类，共计一千零六十三页，为平民文学调查类，精装一册，实价二元五角，平装二册，实价二元二角。邮费一角六分。

社会调查讲演挂图　共八幅，实价一元。邮费一角一分。

实地社会调查方法　全书共计四百八十四页，详述在定县所用调查方法，实价二元二角。邮费一角六分。（上开各书定县及北平本会均有发售。）

定县土地分配调查　编辑中

定县人口调查　编辑中

定县家庭手工业调查　编辑中

定县农民借贷调查　编辑中

定县农民家庭卫生调查　整理中

定县农民生活费调查　整理中

三　文艺教育

（甲）平民文学

文艺教育里头有许多工作项目，平民文学工作就是这许多工作当中的一个项目。

一　文字研究的工作

文字研究的工作目的，在要知道中国文中何种字对于平民生活为必要，何种字为次要，何种字为不必要。这个结果得到以后，我们编辑课本，读物，以及定期刊物，便都有了凭借。

（一）制定通用字表　先搜集平民书报九十种，平民应用文件二十五种。这一百十五种材料，合计共有单字五十万零四千六百零九个。依其发现次数之多寡，排列单字的先后，除了重复的，约计得单字八千。更取其发现次数较多的三千四百二十字，作为通用字表。

（二）制定基本字表　通用字只是通用而已，还不是人人所必需知道的基本字。因为我们要编千字课，所以先把基本字假定为一千上下。第一步用客观方法，就教育部国语统一会出版之国音字典中，由二十人之同意，选得一千一百四十四字。又取会外学者陈鹤琴先生用客观方法选出之"语体文应用字汇"中排列最先之一千三百字，互相比较损益，而成一千三百二十字之基本字表。

（三）制定词表　通用字与基本字表，成于民国十五年顷。试验应用之后，渐渐觉察其缺点，故又有制定"词表"之工作。这种词表的选定分为两部：一是平民用词，一是新民用词。平民用词表中之词是平民口头所已有了的词，故编辑书报时，只得加上注音符号，则聆音可以知义，便可以无限制的使用。新民用词表中之词，是受过教育的平民口头所必须有的词，故编辑时须为有意识的介绍，以期平民日常用语逐渐提高。

选字的结果，得到一部平民字典，选词的结果，将来也有一部平民词典。

（四）简笔字的应用　字与词的选择以外还有一部分简笔字的工作，一边研究，一边在教学与编辑方面已经应用，最初先调查农村社会中已经通用的简单字，作为底稿；又以都市间商业社会中已经通用的简笔字，加以补充；更有不足，始采用文人社会中通用之简明行草。

二　平民文学研究的工作

在文字研究工作中得到平民已用的和当用的字和词。在平民文学研究工作中，得到平民已用的文法构造，描绘技术，和篇章组织，并及其内容所反映的思想和环境。此种工作的步骤，分采访、研究、删改、出版诸项。

（一）采集秧歌　这是定县民间最流行的一种戏曲。苦无印本或写本，亦无职业的唱功。本会统计调查处同志再四访求之结果，竟得一能唱多出秧歌之老者名刘洛便。我们用年余的时间，刘洛便一边背唱，统计调查处几位同志轮流替他记录。结果得到完全秧歌四十八出，都五十余万字。现已出版，名定县秧歌选。

（二）采集鼓词　定县东乡有田三义者，在农村演唱大鼓凡四十余年。男女老幼无不知之。可惜他也一字不识。我们请了这位盲诗人来，仿照采集秧歌的办法，请他一边背唱，我们一边记录。凡六月间，共采集大鼓词二百零三段，计六十一万二千余字。均为未有印本者。已经删改印成平民读物者有"小姑贤""苏梅山卖妻""打黄狼""穷富拜年""鲁达拳打郑关西"等，连同改编秧歌共有二十种。

（三）采集民间文艺　这些材料，类多短小。现在计已采到歌谣二百余则，歇后语三百则，谜语三百余则，谚语六百余则，故事笑话等百余则，共约七万字。

三　课本编辑工作

平教运动开始的时候，课本工作几乎占了工作的全部。第一部编成的课本便是"平民千字课"。本会初期，在全国各地举办识字运动，用的课本便是这一部。

（一）三种千字课　平民千字课用了几年之后，渐渐觉悟到千字课应随职业而有不同；这时本会工作，也渐由都市转移到农村；乃开始有"市民千字课"，和"农民千字课"的编辑。全国大多数平民，市民与农民之外，还有士兵；所以也给他们编了一种"士兵千字课"。三种千字课，均各为四册。

（二）三种自修用本　与千字课生字完全相同，而文字完全不同的，又有三种自修用书，曰农民千字课自修用本，市民千字课自修用本，士兵千字课自修用本，也是各为四册。

（三）两种文艺课本　以上千字课与自修用本是初级平校用的，至于为高级平民学校，我们又编了"市民高级文艺课本"两册，"农民高级文艺课本"两册。

四种千字课与两种高级文艺课本，销量虽已到一千万部，但是我们始终不敢自满，现在仍不断的实验，不断的补充。现已增加上注音符号，极便于用。

四　平民读物编辑的工作

文艺教育为学校式教育预备的材料是课本，为学校式社会式与家庭式三方面共同预备的教材是读物。

（一）平民读物　我们打算以农民需要的立场，出版平民读物一千册。书中百分之七十是常识，百分之三十是文艺。文艺包含三部分：一部分是采集得来的或经删改的民间文艺，一部分是删改的选录的流行民间的大部旧小说，又一部分是现代人的创作。这三部分是按程度的深浅排列的：先是民间文艺，次是旧小说，又次是新创作。凡是常识，因为内容的不熟悉，一定得放在文艺以后读。

平民读物现已完成三百四十册。因为本会试验注音符号教学有相当之把握，所以自三百册以后，一律词类连书，加上注音符号。预定于二十三年度编到六百册。

（二）农民周报　为了随时报告给农民一些合时的常识，即为了农民有发抒意见之园地，发展天才之机会，本会特编辑农民周报，每年合订一本，已有八册。

五　平民科学教育研究的工作

文艺教育以治愚为事，治愚则以科学为最便。平民读物中百分之七十的常识，自然科学，社会科学，应用科学各占三分之一，这已经是科学的范围了。科学常识必须附带实验，在平民读物工作之中，实验工作已然成了独立的一部分，其研究工作之内容有三：

（1）编辑　凡是教材中的科学部分，特别是需要实验的一部分，都由这一部分供给。

（2）训练　凡平校教师及小学教师，有未经实验室的训练者，都需短期的训练，这训练工作，也归这一部分担任。

（3）表演　一方树科学馆的基础，一方与社会式教育工作合作，赴各乡村游行表演。

这一部分工作开始不久，所以只有这三方面，将来拟添上平民科学仪器的制造。

（乙）艺术教育

艺术教育，是文艺教育之一部，现在已有之工作，计有图画、音乐、广播无线电、三个部分。

一　图画

（一）搜集工作　（1）搜集民间实用画（刺绣、染印、编线等各种花样），（2）搜集民间纯艺术绘画（家庭之年画，及各种装饰品条幅挂画，庙宇之壁画以及各种宗教画），以为绘制培养美感兴趣，提高图画知识与技能之教材根据。

（二）编辑工作　（1）图画方面的编辑。计已完成高级画范二册，初级画范四册，普通实用图案一册，妇女手工花样一册。（2）文字方面的编辑。计已完成画范教学法一册，艺术教育浅说一册。

（三）绘制工作　（1）印刷图画方面的。（子）绘制插图。计已完成千字课三种，初高级平校文艺实验课本二种，平民读物百余册。现在继续工作平民读物。（丑）绘制图说。计已完成历史图说二十五种，现仍继续工作。（寅）绘制挂图。计已完成农民市民士兵千字课挂图各四册。文艺挂图一辑，农业三辑，卫生二辑，公民二辑，国难教育一辑，社会调查一辑。现在继续工作中者，有合作社挂图一辑，注音符号挂图一辑。

（卯）绘制灯片。计已完成士兵，农民千字课幻灯片一百九十二片。现继续工作士民灯片。（辰）绘制夜灯识字之图画与文字。计已完成九十二种。（2）绘画图画方面的。计已完成辅助四大教育进展之布挂图百余幅，培养社会美感兴趣方面的展览会应用画一百六十幅，壁画十六幅。

（四）实施工作　（1）家庭方面。运用挂图代替年画；运用历史图说，代替通俗小说。（2）学校方面。采用十分钟教学实验；采用图画与劳作联络教学之实验，并训练教师。（3）社会方面。举行农村图画巡回展览会于二十个村庄。农民报增加图画特刊。

二　音乐

（一）制造工作　乐器制造，是我们注意的工作之一。现能自制者，计有风琴、木棒琴、笛子、留声机唱头等，价格均较市价为廉。

（二）研究工作　研究工作，注重于民间歌曲，乐器及乐谱之搜集，及实用歌谱之编选，计选定中西歌谱三十余种，编成普村同唱歌集二册，为历史图说创作歌谱五十种。

（三）教育工作　计会邀集城内公立中小学六个，作唱歌比赛一次。邀集五十处小学教员六十五人，组织音乐研究会以改良小学唱歌。现正进行之工作有五：（1）指导初高两种平民学校唱歌。（2）实验乡村小学唱歌。（3）实验普通中小学唱歌。（4）指导同学会组织音乐研究会。（5）制定歌谱及乐器使用法。

三　广播无线电

利用广播无线电为工具，以普及社会教育，效力极宏。我们的办法，是以四大教育为内容，制定节目，按时广播，就农民好奇的心理，无形中使之受到所需的教育。现正准备完成四大教育讲演材料，及选编唱片故事，并研究利用此等工具。

为了要推广这个教育利器，我们不能不致力于机件之制造，制造结果，对于小规模无线电台之全套机件，皆能自制，用费仅及舶来品之半价。电力若为二十五华特，电波可达七八县之内。收音机及电瓶等亦能自制，费用较欧美货廉三分之一，而使用效率则有过之无不及。

（丙）农村戏剧

戏剧在平民教育上至少有下面的五种力量：（一）唤发农民意识向

上；（二）抒发民间情感；（三）介绍一般的常识；（四）施行公民训练；（五）提高农民的语言。历经实验结果，证实农民确能接受话剧，并确能表演话剧。

一　过去的工作

自民国二十一年至二十三年三月止，计游行公演话剧于二十个乡村，共训练了十一个农民剧团。演员有一百八十余人。（戏委会有详细统计表）

（一）话剧公演　在本会大礼堂共举行过十三届戏剧公演，观众约三万余人。（参考戏委会展览室统计表）

（二）编制工作　共编制屠户，锄头健儿等剧本二十一种。（戏剧导演浅说，及表演术各一册。）（本会售书处出售）

二　现在的工作

在民国二十三年度中，拟完成下列三种工作：

（一）露天剧场　在这一年度，要在研究区内选定适当村庄，按照所制模型，建筑一座乡村露天剧场。

（二）训练剧团　本年度中，拟充分训练两个农民剧团，在露天剧场举行四次公演。指导一般同学会的戏剧活动。本会演员要在考棚公演三次。（本年双十节举行首次公演，即在本会二门月台上实验露天剧场演剧。）

（三）编制工作　本年度拟编制剧本六种，戏剧小册子三种。

四　生计教育

生计教育的目标，要训练农民生计上的现代知识和技术，以增加其生产；要创设农村合作经营组织；要养成国民经济意识与控制经济环境的能力。换言之，要从生计教育入手，以达到农村的经济建设。

生计教育的工作，一面充实农业科学之研究，一面实验巡回生计训练办法，以期完成推广农业科学之表证训练制度。对于农村经济组织之改进，仍致力于合作社之组织与活动之研究与训练，但本会能力有限，人才设备，两面不足，更以生计研究，需赖学术团体之合作；经济建设，需赖金融机关之协助，是以本会年来尽量与各方合作。

一 农民生计训练

此项工作分生计巡回学校，表证农家，及实施推广训练三段研究；形成生计教育整个推广制度。

（一）生计巡回训练实验学校　本设计研究领袖农民生计训练之教材，教具，与整套应用学术，及其经费制度，构成县单位推广农业，普及生计教育之办法。

生计巡回训练学校着眼之点，在使农民在农村中取得应用于农村当前实际需要的训练，以生活的秩序，为教育的秩序，顺一年时序之先后，施以适合的教育，授以切实的技术。第一期在春季三个月，为植物生产训练。第二期在夏季八、九月，为动物生产训练。第三期在冬季十一、十二、一、二、各月，为农村工艺及经济合作训练。现有一巡回学区，五分学区，训练之处，即切实分别规定农家实施表证设计，由原来训练人员，分负视导检查之责，其成绩较良之农民，足为其他农民之表证者，认为表证农家。

生计训练科目：分为植物生产，动物生产，农村经济，农村工艺四类，分述于下：

（1）植物生产类　土壤肥料，小麦选种，玉蜀黍选种，高粱选种，谷子选种，大豆选种，棉花选种，介绍作物改良种，介绍果树改良种，介绍蔬菜改良种，梨树整枝，烟草汁防除棉花蚜虫，捕蝗，防除病虫害机械药剂。

（2）动物生产类　选择鸡种，改良鸡舍，选择猪种，改良猪舍，家畜疾病的预防及疗治，新法养蜂，介绍新品种。

（3）农村经济　家庭记账，农场管理，农产市场，合作社。

（4）家庭工艺　棉花纺织。

（二）表证农家　表证农家之选择，既如上述，现已有二十三家。兹仅举其工作大要略言之：凡本部交动物植物与其表证，同时给予各种表格，教其使用方法，彼等须将表证经过情形，随时照实填写；并将经验或心得教授其他农民。

（三）实施推广训练　此种训练，乃用表证农家，将其在本部领导下所获得之知识与技能，表证经验及结果传授予一般农民，试农民对于作物，了解如何选种，如何栽培，推动全村接受各项设计的农民实际从事建设。

二　县单位合作组织制度

生计教育部，曾有县单位合作组织制度设计，以研究村区各级合作经济组织及县单位之合作经济组织为目标。

（一）自助社　在合作训练未能完成，合作社尚未组织之前，先组织自助社。自助社之性质，实为合作社之准备，社员不必缴纳股金。成立之后，可以用自助社之名义，向仓库抵押棉麦等农产品，通融资金。农民对于仓库之设立，颇感便利。现在中国金城两银行，在城区李亲顾、东亭、明月店、清风店成立仓库中心五处，分仓库十二处。全县自助社成立者二百七十六处，其中由自助社自动的请求改为合作社者二十社。

（二）合作社　合作社采取兼营方式，按农民之需要，逐渐经营信用、购买、生产、运销四方面之经济活动。合作社之组织，仍注意以农民受合作教育之训练为基础。推行合作社之工作，尤注意于业务之视导，以指导社会之进行，审核其会计，并继续授以合作教育之训练。合作社正式成立者有五十社，其中多举办信用及购买，生产及运销次之。

（三）合作社联合会　为欲构成制度起见，各村成立合作社既多，必须赖有合作社联合会以为后援，经营始能便利，故区有区联合会，区之上有县联合会。依定县经济活动区域的分配，划全县为两区，组织联合会，现已于城区内成立合作社联合会，分购买、运销、信用、生产、四部分。

三　植物生产改进

关于植物生产改进，分育种，园艺，两方面之设计，计城内农场约有八十亩地供园艺之用；高头农场有六百二十亩地，专供作物研究之用。

（一）育种工作　自民国十六年起，开始育种工作。但育成新种，率多五年至七年之久，始有可靠之结果。所需要之财力与专门人才亦最多。现分棉花、小麦、谷子、高粱、玉蜀黍五种设计进行。列表简略说明如下：

(1) 棉花 ⎰ 中棉美棉品种比较试验
　　　　　美棉五区试验
　　　　　美棉四区试验
　　　　　美棉二行试验
　　　　　美棉株行试验
　　　　　中棉五区试验
　　　　　中棉三区试验
　　　　　中棉二行试验
　　　　　中棉株行试验

棉花分中美棉花试验，中棉有品种比较试验，五区试验，三区试验，二行株形等试验。各试验皆以本场已著成绩之一一四号为标准。经分析统计结果，除有少数超越标准者外，其余大多数均多逊色，足证其为中棉中之优越者。其平均产量比普通农家者增百分之二十。

美棉与中棉大致相同，计有美棉品种比较试验，五区试验，四区试验，二行株行试验。其中除五区试验，以一一四号中棉为标准外，以南京脱字棉作标准。统计分析结果，以南京脱字棉为最有希望。其产量比较农家增百分之四十。

(2) 小麦 ⎰ 高级行试验
　　　　　十杆行试验
　　　　　五杆行试验

小麦成绩，计七十二号白皮麦产量较普通农家增百分之二十；三十八号红皮麦，增百分之十八。但因以前之选穗较狭，未得佳良品系，而所用之标准，尤多病虫害，不足以代表本地之佳良品种，而所得之结果，吾人殊不满意。今年于华北各试验场，征来四十六种，加以本场之二十品系，共六十六品系，作一高级试验，又征来七十品系加以本城之一六八品系，共作一十杆行试验，标准则选最佳之有芒白小麦，共七千余行。预计明年收获统计后，或有令吾人满意之品系。

(3) 谷子 ⎰ 高级试验
　　　　　五区试验

谷子今年始由燕大等试验场，及河北各县征来九十余品系，分高级试验，五区试验，观察试验，其中之观察试验，乃以各县征来之品种，率多混杂不堪，乃另种一区，观察其生长情形，并举行去劣自交。其生长情形良好，及无病害等情者，即选升入明年试验，余则淘汰。

其关于高粱与玉蜀黍则有（一）比较试验；（二）交配试验；（三）杂交试验，高粱实验产量增百分之二十。

（二）园艺工作　自十九年度园艺工作开始进行，现仍继续作证实实验之工作。

（1）白菜改良设计　本设计期育成佳良品种，以增加其抵抗力，改良栽培方法，以增进其生产量。过去实验结果，在农人同样管理之下，改良种比普通种，每亩增加百分之二十五。病害统计改良种占百分之一六、五株，普通种占百分之二五、三五株。本年度集中本场六十六品种，实验区域较大，家数较多，实验结果当更为准确。

（2）梨树整枝设计　本设计欲调剂果树发育作用，促进果实产量，改良果实品质，整齐树枝，俾便于管理采收，及病虫之防除。过去实验，颇为农民了解。其结果表证区"已整枝梨树"，比对照区"未整枝梨树"增加产量百分之二四、三，品质比较表证区平均一斤个数占四、五二个，对照区平均一斤个数占五、六四个。本年度更继续作证实之实验。

尚有葡萄栽培设计，本年度仍继续采集品种，供给实验。现在实验中者，共有十余种，并注重葡萄设架实验，以期得到简而易行之方式，推广于农民。

此外有肥料及土壤之研究。肥料方面关于黑豆骨肥利用，及人粪厩肥亚母尼亚保存，已有一年之试验。土壤之定县全县调查业已完成，化学分析正在进行中。其他植物栽培及病虫害防止附带实验。

四　动物生产改进

畜牧工作，分猪种改良，华北各地猪种比较试验，及鸡种繁殖等设计进行，此外并开始筹备兽医工作。

（一）猪种改良　猪种改良，自民国十七年开始研究实验，试用波支猪种，用纯系繁殖法，尽量繁殖，将波支猪与定县猪，及第一代改良猪，实行饲养比较，并实行猪种五代改良研究。现在第一代波支改良猪，在同一饲养与管理之下，比本地猪肉多百分之十八，获得农民信仰。本年度改良猪推广益众，现已于民间产生改良猪一三七四三头以资表证。

（二）华北各地猪种比较试验　将华北各地猪种，比较试验，选择优良之猪种，计已搜集者有河北行唐、大名、河南项城、河北白窦镇、山东曹州、山西太原等地所产猪，继续实验，以期得到中国良种。但是这项工作，须六七年始行完成。

（三）鸡种改良　本场有红洛岛鸡和力行鸡，以备推广之用。今春共孵鸡雏三八四个，除留百个外，悉做表证之用。计表证力行鸡，十九年有五二八只，二十年有五八一只，二十二年有一三四只。改良鸡房者，有五十四家，产孵记录者有四十三家。这种工作期以六年完成。

以上各方面形成农村建设的一个方案，即先农民生计训练而农民合作经济组织，同时各种经济建设种种设计所谓由教育而达到建设是也。欲知其详情，请阅"农民生计教育"小册，兹不赘述。

五　公民教育

公民教育之意义，在养成人民的公共心与合作精神，在根本上训练其团结力，以提高其道德生活与团结生活。一方面要在一切社会的基础上，培养民众的团结力，公共心，使他们无论在任何团体，皆能努力成为一个忠实而有效率的分子；一方要在人类普遍共有的良心上，发达国民的判断力，正义心，使他们皆有自决自信，公是公非的主张。这是必要的根本精神，亦是必要的道德训练。

（一）国族精神研究工作　以发扬国族精神，选择志士仁人之事迹，作系统的研究为目标。特选历史上志士仁人杀身成仁舍生取义之事迹，制成图说，附以歌曲，以为公民教育之材料。计完成历史图说四十套，出版国族精神论例浅释一册。

（二）农村自治研究工作　以研究村自治之内容与组织，并训练村自治基本人才为目标。曾于高头村实验训练自治人才，指导人民组织自治所应行之事务。现在高头村乡公所完全成立，由村中办公人共同讨论乡务进行事宜。如修改乡公约，清理债务，修筑道路，成立农民训练班，看管田禾，本会略进指导，并充其活动之内容。本会根据此项研究所得，足为制拟农村自治实际办法与训练材料之根据。

（三）公民教育材料研究工作　是项工作，分为两步，第一步是基本材料的研究，与编辑。计已成书者有公民道德根本义，公民道德纲目，公民知识纲目，国民生活上应改正之点，中国伦理之根据等。第二部是应用教材的研究与编辑。计已成书者有公民课本、公民图说、历史、地理、唱歌、三民主义讲稿、农村家庭设计、模范家庭调查表新设计、农村自治研究设计、公民讲演图说等。

（四）公民活动指导研究工作　此种工作，乃欲培养村民的公共心与团结力。须随时随地因势利导，如利用节会，加以指导。曾于高头等村，加以实验。

（五）家庭式教育研究工作　家庭式教育，或为中国的特殊教育方式。家庭在中国社会，尤其是农村社会里，占极重要地位。家庭式教育是联合各个家庭中地位相同的分子施以相当的训练。一方面是要使家庭社会化，一方面是见到教育必须以全民为对象，要使在家庭中的老少男女，都能得到相当的教育。不过在实施方面，多与社会式与学校式联络进行。独立之工作，只有"家庭会"。

家庭会为研究家庭式教育的方法与材料，并研究家庭实际问题及改良家庭日常生活之方法，以期达到家庭社会化之目标。其办法分组家主、主妇、少年、闺女、幼童五种集会。

六　卫生教育

卫生教育的目的，就是要根据农村医药卫生的实际状况，顾到农村的人材经济，与可能的组织。一方面实施卫生教育，使人人成为健康的国民，以培养其身心强健的力量；一方面要创建农村医药卫生的制度，以节省各个农民的医药费用，改进今日医药设备的分配状况，以促成公共卫生的环境。

（一）保健制度之组织　在中国人才经济极端困难的情形之下，创造适合民众需要之保健组织。

（1）保健员　每村设保健员一人，由平民学校毕业同学会会员受有相当训练者充任之。其规定之工作有四：（子）报告死生，（丑）水井改良，（寅）普及种痘，（卯）救急治疗。备有保健药箱，以供应用。现有保健员五十三人，大多数皆能答复人情上，技术上之要求。每村每年平均只需维持费十五元。

（2）保健所　乃联村之组织，所内有医师一人，助理一人，设立保健所区域之划分，须顾到人口距离等对准。其工作有四：（子）训练并监督各村保健员，（丑）实施卫生教育，（寅）预防注射，（卯）逐日治疗。现经证明，保健所为应用今日医学校毕业生之唯一方法。每所每年平均用费八百元。现有六所，最近尚有二所可以成立。

（3）保健院　为全县卫生教育与卫生建设之总机关，现已组织完备，工作项目繁多。每年用费约一万四千元。

以上三种组织，在年内可达到全县范围，每年总共用费，（除训练人员外）约三万五千元。以定县人口四十万计，平均每人每年担负不过大洋一角。

（二）灭除天花流行病之技术完成　以最经济最有效之组织灭除天花流行病。经过三年实验，研究区内六十一村，天花已将绝迹。今年全国天花流行，定县各地患天花者亦多。独研究区内病者极少，死者只有二人，每次种痘平均用费每人不过大洋三分，在农村内如何灭除天花之方法，业已完成。

（三）治疗砂眼与皮肤病之方法业已普及　应用保健员与小学教育，已将普通皮肤病及砂眼治疗方法，普及全研究区。无论何人皆可得治。

（四）生命统计方法，业已找出　藉保健员为农村生命统计员，既经济，且可靠，为今日国内仅有之有效方法。

（五）进行中之工作　已完成之工作，已略述如上。现在正待完成之工作，有下列四种：

（1）完成县单位保健制度之组织并充实其已有工作。

（2）试验推行节制生育之方法（与学校式教育联合进行）。

（3）试验合作社贷款，改良环境卫生之办法（与生计教育部联合进行）。

（4）地方病（黑热病）之科学研究。

（六）将来工作计划：

（一）训练医学院高级学生与医学院毕业生，使定县成为华北乡村卫生人才训练中心。

（二）编著定县保健制度三年经验报告，供作国内举办乡村卫生之基本参考书。

七　学校式教育

民十五以前，本会的实际工作多在都市；十六年冬，本会翟城村办事处，成立农民教育股，始渐次集中精力，从事乡村教育实施之研究与实验。七年以来，本会定县实验区工作之属于学校式教育者，计有下列各种：

一　初级平民学校之研究与实验

民十七以前，平民学校之办法与内容，多以都市平校为准则。民十七，农民千字课初稿完成，乃在翟城村设实验乡村初级平校两所，以实验新教材之适用与否。

十八年度，重新修正课程标准，规定修业期限及学校组织，又办实验初级平校八所，教材则用农民千字课第一次改正本，同时注重学校费用及学生担负之统计，以期完成初级平校关于行政事项之研究。

十九年度，又制定校董会组织法，关于平校之招生分班，课程标准以及教学时期与时间之规定，均根据以往经验，加以修正，同时拟定训育标准及训育实施法，再办实验初级平校六所，教材则用农民千字课第二次改正本，并将新编之初级珠算教学书列为实验事项之一。

二十年度，又将学生入学年龄重新规定，因而影响到整个课程标准，农民千字课第三次改正本及教学书亦已于此时完成，故又设实验初级平校三所。

二十一年度，搜集一般初级平校历年来所未能解决之问题，细加研究，又设实验初级平校两所，除实验农民千字课第四次改正本外，同时开始语词本位教学之实验，关于学生在校组织及综合活动秩序训练（即军事训练）等之实施研究，使全部训管问题得到一总的解决。当时所办妇女平校，因师资缺乏，乃试以男教师担任功课，结果亦无行不通之处。

二十二年度，关于初级平校之研究，以如何增高初平教育效率及如何缩短初平修业期限为目标，设甲乙两种实验初级平校各两所：甲校修业四个月，乙校修业三个月。欲缩短修业期限之原因，系根据各方报告，谓第四学月留生极难；但本会此次实验结果，乙校三个月毕业后试延长一月，学生仍不见减少，由此可知留生问题之发生，实与学校之办法及内容关系较大。

二十三年度之工作，除将初级平校之课程教材教法作最后一次之修订外，并汇集年来实验经过记载，编初级平校指南一部，以供实施乡村教育者之参考。

二　除文盲实施之研究与实验

（一）推行制度与方法　本会推行制度之完成，全赖表演平民学校办法之三次改进。十七年度，虽曾设表证平民学校二十四所，然其目的纯在示范，初未尝以次为推行平民教育之利器。十八年度，设表演平民学校十四所，各个表演平校均有向附近各村推行平民教育之责任，因之普通平校陆续成立至一百六十二所之多。十九年度，对于推行方法，作更进一步之研究，又将表演平校办法再度改善，分区设立共十五所，推行制度至此已渐完成，实验结果：分县成立普通平校共三百九十六所。二十年度，为使推行与视导工作发生密切关系起见，分全县为三个实施区，各择一村镇为实施中心村，并设表演平校二十所，分布各区，担任推行工作；结果，全县成立普通平校共四百十七所。二十一年度，因推行制度之实验已告一段落，乃将推行表演工作集中研究区内之六十村，作技术与方法之精密的研究，并设表演女平校五所，作推广妇女教育之实验；结果，研究区内成立男女普通平校共八十六所。二十二年度，因推行制度与方法之研究已有相当结果，关于全县除文盲工作，遂改由县政府担任，本会仅贡献以历年来研究实验之所得。

（二）导生传习制　妇女教育之推行，素感困难，非家长怀疑阻止入学，即本人以无整洁衣服为羞。二十年度，曾在马家庄试用家庭传习办法，由表演女平校学生十八人担任家庭教学；实验结果，能读完千字课者二十七人。二十二年度，东建阳村实验学校，以失学儿童之众多，致使文盲生生不已，且一般生计艰难或家务忙碌之青年男女，虽设有平校，亦不能按时入学；乃创导生制，由实验学校学生自设传习处二十一个，收学生一百四十一人，教读千字课。二十三年度，东建阳村及小陈村两处，仍拟同作导生传习制之研究，欲使导生本身成一坚强的干部组织；传习科目，不仅为文字工具，兼及其他职能；并使各传习处之学生，均能在导生干部组织之下互相团结，以增强改造农村之力量。

三　初级平校以上教育之研究与实验

十七年本会暂定平民教育学制为：初级男女平民学校——高级男女平民学校——平民职业学校。

十八年一月，改平民职业学校为平民育才学校，以训练农村领袖人才为目标，并设实验男女校各一。

十九年七月，又因平民育才学校程度与高级平校不相衔接，乃改为青年补习学校，设实验男女校各一所。同时设实验高级平校二所，以实验新编制之教材与课程。

二十年度，又将高级平校课程重新规定，设实验学校三所。青年补习学校之实验，仍继续进行。

二十一年度，重新修订高级平校目标，新编教材与教法，并设实验男女校各一所。至于青年补习学校，当时因恐其徒变成一高级平校之升学机关，乃决计停办，而以生计巡回训练班代之。又因女高级平校之师资甚感缺乏，乃试用男女合校办法，行之并无困难。

二十二年度，又重新制订高级平校课程，设实验高级女平校二所，以探讨其是否有培养乡村妇女教育实施人才之可能；两校均于第三学月，由学生自办初级女平校各两班，轮流担任教学，藉作学校式活动之训练；关于社会式活动之训练，如妇女组织，种痘及其他保健技能，又家事如缝纫纺织等，均列入课程。实验结果，颇满人意，遂将高级女平校教育目标重新制定，并整理修正各科教材教法，以备推行。同时又设实验高级男平校两所，以养成乡村建设关于经济合作之下层领袖与技术人才为目的；此种实验，二十三年度犹在小陈村继续进行。

二十二年度，为欲解决初平以上之教育问题，尚有天才职业教育研究。（参看民国二十二年学校式教育工作第六十八页。）

四　乡村小学之研究与实验

本会于二十年冬，开始作儿童教育的研究，以期根本消灭文盲，初在城内设实验小学一所，作城镇小学整个的实验。二十二年秋，在东建阳村设实验小学一所，依照"实验须含有创造性"之原则，作纯粹乡村小学的实验，并使能与平民教育的成人青年教育打成一片；又在高头及马家寨两处设特约实验小学各一所，意在改良乡村固有小学之办法与内容。当时为欲解决一般乡小教育之诸现实问题起见，创造"组织教学""习作教学"诸方法，使教师一人能教百数以上之学生，且以增大其学业进度，提高其课程标准，同时使一切训管之实施，均发生伟大效力。

二十二年冬，东建阳村实验小学，由组织教学之研究，趋重于习作教学之研究，后又集中于导生传习制之实验。乃又在西平朱谷村设特约实验小学一所，专作组织教学之研究，希于最短期间完成整套新制乡村小学之实验。二十三年度，又在小陈村设特约实验小学一所，专作习作教学之研究。

五　妇孺教育之研究与实验

十七年度起，本会对于乡村妇女教育之研究，即已开始进行。最初的实验，为妇女平民学校、妇女育才学校、青年补习学校等。二十年度，本会设青年妇女教育研究委员会，分妇女职业及家事教育两组；二十一年度，开始在高头村作主妇会及闺女会诸实验；又在西平朱谷村设实验初级女平校一所，将缝纫育儿诸事列入课程，以解决妇女必须在家"作活计""看孩子"因而不能入学之问题。二十二年度，东建阳村实验女校青年部，设书算、保育、缝纫、纺织、畜牧、园艺六科；乡村幼稚教育之实验，因保育科之设立，遂亦同时开始进行；且在麦收时，试办农忙托儿所一次。西平朱谷村，亦开办保姆训练班，附设幼童园一所，以供保姆实习；后因保姆训练班毕业，幼童园遂失其依附；乃改用小保姆制，使幼稚教育之实施，隶属于家事研究会之下。二十三年度，小陈村亦作乡村幼稚教育之实验，并训练女平校毕业生及小学女生为保姆。

六　师资训练之研究与实验

关于如何培养师资之研究，在实验乡村小学尚未开办以前，只决定短期训练及专科学校两种办法。十七年度，有暑期平民教育研究会；十八年度，有平校教师研究会；十九年度，有平校教师讲习会；二十年度，有平校教师训练班。此种临时的及短期的师资训练，均由视导工作人员主持之；其目的在使实施乡村教育者能振作其服务的精神，增加其干的勇气；因种种简而易行的教育方法，虽少技术训练，苟能在不敷衍之态度下行之，亦未尝不有相当效果；且受训练者自与视导人员发生关系以后，即可随时予以方法及技术的指导。至于十八年度所办之平民教育学院师范科，十九年度及二十年度所办之平民教育专科学校，又二十年度所办之妇女平校教师训练班：修业期限均为一年，目的在培养推行与视导人才及表演学校教师；故对于一切方法的运用，技术的熟练，在此比较长期的训练设施中，均不能不使之占有重要的地位。二十二年度，根据历年来训练师资之经验，制定县单位的师资训练实施法，并整理增编各种教材，以期完成整套师资训练应用学术。二十三年度，因乡村小学教育及村单位建设等研究已有相当结果，故对一般乡村师范办法内容之改进，亦拟开始研究。

七　村单位教育建设之研究与实验

十七年度，本会为工作推行便利计，特订村平民教育分会简章，并成立村分会十八个。十九年度以后，乃改订办法：关于平校之设立，有校董会之组织；村诊疗所之实验，由卫生教育部负责；一切社会教育之设施研究，成立社会教育研究委员会主持之；各村仅有自治委员会之组织。二十二年，又有村识字教育委员会之组织。二十二年度，在西平朱谷及小陈村两处作村教育建设委员会之实验，订立组织大纲及办事细则，使对于村政之处理，教育之实施，卫生之设备，以及经济合作之推行，作一个建设的整个筹划，并依照建设程序，一一促其实现。

八　学校式教育编纂工作

七年以来，关于学校式教育研究实验之记载，以人力不敷分配之故，均未能细加整理。例如初级平校之实验：课程方面——由偏重文艺教育进至兼重组织训练（包含一切学生活动及秩序训练，单元训练等），由第三四学月教习注音符号进至开学日即教习注音符号；教育方面——由千字课教学进至语词本位教学，由特重读法至兼重话法（当然包含作法）；其他学科，如注音符号——由三拼教学法进至结合韵母教学法，再进至声介合母教学法；又关于珠算笔算教学之比较，学生常用差别字之统计与探原，国语罗马字之实验等：其经过情形，无一不有发表之价值。此外推行平校之经验，以及学校式教育应用学术之研究等，均有辑成专书之必要。平校及小学之整套教材教法，尤为急需。故二十三年度学校式教育部之工作，特重编纂方面。

八　社会式教育

一　什么是社会式教育

平教会为推行四大教育，决定应用三种方式，除学校式家庭式外，便是社会式教育。学校式家庭式自为推行四大教育必不可缺之路线。然学校、家庭、范围都是固定的，欲向一般群众及有组织的农民团体施以适当的教育，则必赖社会式。社会式教育内容的取材，当然是完全根据由四大教育研究出来的方案，而利用各种工具对一般农民作普通的讲演或指导。但本会社会式教育的工作，却并非如此其简单，它除了推行四大教育外，还负有其他的更重大的使命。研究室内研究所得的结果，是否适合于农村环境，如不经过一度实验，恐怕谁也不能确定，所以社会式教育必得把实验以后的得失经验，转达于各从事研究工作者以资参考。且整个平教运动的目标与内容，能否随时随地与正处于急遽变化的漩涡中的中国社会的现阶段相适应，尤须赖与社会接触较多，对现社会的实况与动向有真切的体验与认识的社会式作其改进与充实的根据。

二　社会式教育的演进

民国二十年，社会式教育委员会方始成立，至二十二年改为社会式教育部，先是完全站在学术团体的立场上去工作，嗣以县政建设研究院成立，双方均为工作便利起见，乃约相合作。合作事项，如训练民众，组织民众等工作是。

三　民校毕业同学会（简称同学会）

（一）成立同学会的意义　平校或民校学生，毕业之后，苦无适当学校可入，如置之不理，则所学本已无多，日久必致荒废，前功尽弃，宁不可惜！本会有鉴于此，乃有同学会之组织，为接受继续教育之团体。但同学会却并非纯为使一般会员继续接受四大教育，而更要使其参加四大教育的活动，推动或介绍四大教育到乡村民众，同时，更有一个重要的意义，便是养成青年农民求知的欲望与团结的力量，为农村建设的中坚分子。

（二）同学会的组织 同学会是由平校或民校毕业生组织成的。每村同学会设委员长一人，依四大教育之内容，文艺委员、生计委员、卫生委员、公民委员各一人，处理本会一切事务，领导本会一切活动。

（三）同学会的活动 根据组织同学会的意义，同学会便有下列各种活动：关于文艺方面的如成立读书会，演说比赛会、演新剧、练习投稿……等；关于生计方面的如成立自助社、合作社、农产展览会。……关于卫生方面的如种牛痘运动，防疫注射、缉毒运动、武术团。……关于公民方面的如禁赌、修桥补路、植树、自卫……等等。

（四）同学会的设备 为满足农民迫切的需要，而又须适应农村经济状况，同学会的设备即为平民角之设备，用三个煤油箱造成一个适宜于放在墙角的木柜，我们名之曰平民角。即可存置图书、报章、钤记……等用品，又可作为办公桌，一举两得，所值无几。此外关于农民周刊等工作亦以同学会为教育中心。

（五）农民周刊 农民周刊的目的，可以说是为使农民抒发舆论，唤起农民对于国家民族的责任，养成农民读报的能力和习惯，和给予农民练习写作的机会。用本地毛头纸印刷，每期两大张，每年只收费一元。内容以农民来搞为主，占全篇幅三分之二。

（六）图书担——选定极浅易通俗适合农民需要的书籍，分装于两个木柜内，定期挑到各村，供给农民阅览。

（七）巡回文库——用木匣四只，装满书籍，依计划的时间，分送到四个毗邻的村子，烦文艺委员负管理及解答之责。十日后互相交换，阅毕，再分送至另外的四个村庄，如此轮流送阅以期普遍。

四 今后社会式教育的工作

（一）关于同学会的 （1）扩大组织的范围；（2）确定教育活动。

（二）注意社会式内容材料的研究。

九　教育心理研究

本会教育心理研究，开始于民国十六年，其意义在充分运用教育心理的原则，心理测验的方法，对于学力测验，智慧测验等问题，做一种科学的分析研究。文盲的标准如何，大多数农民的智慧如何，青年与成人的学习能力如何，天才农民的教学应如何办法……这些问题都是极重要的。其工作略述如下：

一　研究概况

（一）测验的分类　本会所用的测验，可照惯例分为成绩与智慧两大类。智慧测验只有两种，其余的都是成绩测验，换言之，都是考查平民学校各种文艺教育成绩的测验。这些教育成绩测验，都是根据一定的教材编制的，其中以属于农民千字课，与农民文艺课本的，及市民千字课与市民识字课本的为最多。此外还有注音符号与珠算测验亦是根据一定的教材编制的。

（二）测验的内容　自民十六至民二十三这七年之间，一共编制并应用了四十四种测验，每种测验有二种至六种方式，每方式有五个至一百个例题，所以每种测验中一共有二十至二百零五个例题。在每种方式中，每个例题大半算一分，不过在例题少的时候，每个例题要多算几分，因为要把总分数加多——至少二十分，至多一百三十分。

所有四十四种测验共用了二十六种方式，每种方式被用的次数不等。"听读默写"与"辨别是非"用过二十余次，"填字造句"与"默读了解"用过十余次；"听读认字""看图认字""辨别字形""改正错字"与"选择答案"用过五次以上，其余的二十七种方式，只用过一二次。

（三）测验卷册数目　总结民十六至民二十三这七年间，四十四种测验所测验过的班数有一六〇一，人数有三六六〇二。这个数目字，并不是表示定县平民教育在过去祛除了那么多文盲，也不是表示有那么多不同的人受过测验。因为入平民学校学生的总数，一定比实际受过测验的人多，所以这个数目字只代表实地受过试验的人数。

（四）成绩优良农民的选拔　从这三万六千余份平校测验卷册中，我们把那二万三千份中一切事实,如姓名、年岁、性别、住址、测验日期等,都完全的,选拔出数百个成绩最优良的农民来分别研究。

这个成绩优良的农民的选拔,是预备为将来研究农村运动领袖人才用的,选拔出来的农民可以施以特殊训练,养成农村领袖人才。我们一共选拔了四百四十二人,其中男子三百六十六人,女子八十六人。

二 研究结果

（一）挂图测验法的试验 在二十一及二十二这两年度中,我们试验了挂图测验法有相当成功。所谓挂图测验法,即是把测验卷册分为两部,一部为测验材料,一部为答案纸条;测验材料可以严密控制,只要把答案纸条分发给学生。这种办法不单应用方便,而且易于管理测验材料。无意的披露测验材料内容可以避免;而且因为所有测验材料,都是订成一套挂在班前,一页一页翻起来,所以每题目露示的时间都可以准确的控制。

这种挂图测验法在乡间应用的时候,非常引人注意。它的很明显的好处是:（1）经济方便;（2）每个题目的露示时间,可以严格控制;（3）一班学生的注意力容易集中;（4）测验材料可以严密地收藏起来;（5）回答时间短促,学生不易传递作弊。

（二）中国军队智慧测验的创举 在十七年二月,平教会曾用智慧测验甲种,测验过当时驻在河北顺德的何柱国军队约一千余人,测验卷册还保存的有八百六十三份。该测验于十九年春又在定县平民学校测验过六百五十人,这两组的成绩是完全可以比较的。

（三）各种成绩测验的改订 我们按月教授的每册千字课,起先都有一个测验。到后来采用四册混合编制法,因此各月的成绩就可以互相比较了。每测验有时三四种,都是历年陆续改订的。

（四）识字能力与年龄的关系 由四十四种测验,五十五组受过测验的农民得到识字能力与年龄之关系的结果,其最要者有二:（1）识字,注音符号与珠算,在十五与四十五岁之间,学习能力,差不多完全一样,这个事实与美国教育心理学大家桑戴克（Thorndike）氏结论,说二十五岁至四十五岁成人学习的能力与十五至二十岁的青年差不多相等,是完全一致的。（2）根据识字,注音符号,与珠算学习的总成绩来说,我们似乎觉得定县平教实验中的文艺教育,不应当只特别注意十五至二十五岁之间的青年。文艺教育同样的可以施之于平民学校中这些青年的父母与祖父母。许多实验早已证明，年长的成人虽然有些方面不如年轻的，但是我们的真诚、热心、与郑重，还足以补救他们在知识能力方面的缺陷。因为老年人对于青年人的道德影响非常之大，所以他们的文艺、生计、卫生、与公民教育，实在比青年人还要重要；青年人的思想是激进的，老年人的思想是保守的，担当农村改造与建设责任的青年，如果与保守的老年人冲突起来，什么事都办不成的，老年人至少要使他们受一种特殊教育，专门训练他们常识，并且赞助青年担当乡村改造与建设的工作。

这两种结果，是从十六至二十三这七年中所有的材料得出来的；他是定县平民教育科学化数量化的最具体，最切实的证据。

十　本会与国内各团体之合作

上面所述各项，我们能力有限，力求与国内各团体合作，而收集思广益之效。兹将本会与国内外各团体合作事业与团体名称，列表于下：

与合作有关之会内各部	合作团体名称	合作事业
平民文学	国语统一会	文字研究
生计教育	金陵大学	育种
	河南大学	肥料
	地质调查所	土壤
	华北农产改进社　南开大学	农产改良先从棉花入手
	金城银行　平教会	
	南开大学	经济研究
	中国银行	农村仓库
	金城银行	农村合作及仓库
卫生教育	内政部卫生署	农村卫生技术人材训练
	协和医院	
	湘雅医学院	
学校式教育	黎川农村服务联合会	协助
教育心理研究委员会	清华大学心理学系	研究

续表

与合作有关之会内各部	合作团体名称	合作事业
社会调查	协和医院	家庭卫生 人口调查
全会	燕大农村建设科	农村建设技术人才训练

十一　研究院与平教会的关系

　　外间往往误传定县有三个大机关：（一）平教会，（二）研究院，（三）实验县。其实定县只有一个大机关，就是河北省县政建设研究院。实验区的县政府是研究院四部中之一部，就是实验部，部主任兼任县长。（另有调查、研究、训练三部）平教会不是一个机关，乃是一个私人学术团体。平教会与研究院在法律上，经济上并没有关系；然而在实际工作上却有很密切的合作关系。

　　研究院系河北省政府根据中央的法令和选定实验区的条件而创设的，其性质完全是政治的，欲以定县作河北全省之县政改革的出发点。平教会是私人创设的教育学术团体，其工作完全是社会的，教育的。学术的性质，其目的在从人民生活里研究实验出一种民族改造的基本方案，贡献于政府及社会作参考或采用。这是工作性质显然不同的地方；惟其不同，故有合作的需要与可能。

　　研究院与平教会合作的关系可以借河北省于主席的一句话来说明。"研究院与平教会的关系就是政治与学术合作"。这个合作关系可以分析从两方面去看。先从研究院方面去看。研究院院长是平教会干事长兼任，院内一部分专门人才也有平教会的专门干事兼任的，（但均属义务性质，不受薪）这是借用学术人才的关系。研究院实验部自成立之日起即有不少的实际工作推行全县：例如县单位除文盲的推行，县单位保健制度的推行，县单位农业表证制度的推行，乃至全县合作制度之推行，都在一年之中得到很多的成绩；——这完全是利用平教会以往的工作作基础，并充分采用平教会一切设备及研究实验已经成功的方法与工具而得的结果。

　　再从平教会方面去看。平教会一切工作的研究实验都是为推行全国着想，所以就不能抛开政治而专讲学术。但政治力量之如何运用，和运用什么政治力量，都非从政治本身作一番研究实验的功夫不可，然此则非平教会所能兼顾的事。于是则不得不借助研究院的力量去作推行，和应用的实验；——这是平教会需要研究院而与之合作的地方。总结起来说，从研究院方面看是"政治与学术合作，"从平教会方面看是"学术与政治合作，"两方面共同的目标，或者可以说是想达到政治，学术化，学术，事业化的目的。

十二 本会的经费

关心本会的人士，每以经济情况见询，兹略述之如下：

平民教育促进会是一个私立的学术团体，是一些穷书生得了极少数人的同情与援助而创办起来的；因此就与一般有政府作经济后盾的机关完全不同。本会自创办以来，经费就没有可靠的来源，全凭国内同情此种工作的朋友的自由捐助。中美教育文化基金董事会对于本会工作素表同情，曾给我们多年的补助。本会出版税的收入也可以维持一部分工作。政府对于本会的工作向来也是非常同情赞助的，并且十余年来我们也曾多次与政府合作，尽本会的力量帮政府的忙。不过当此内忧外患，山穷水尽的时候，政府也碍难给我们经济上的助力。虽然如此，这种农村生活改造的基本工作，迟早要有政府的经济后盾，方能继续进展。

本会虽是为应各省平民教育工作的需要而在民国十二年成立的，但是因为经费人才的困难，到十三年方正式开始工作。当时全年的经费只有三千六百元，全是故董事长熊朱其慧夫人捐助的。经费既是异常的窘迫，而同时处于平教总会的关系，又不能不顾到全国各省分会的工作，其艰窘之状，就可不言而喻了。

民国十四年六月阳初应中国太平洋国民会议之请，和檀香山大学中国学生会之约，曾至檀香山赴会；在会中曾讲演中国平民教育运动，九国代表听了一致表示很热烈的赞同。该会主席韦尔伯博士在最后的结束一夜，特别提出中国平民教育运动的重要性，国际性，及其与太平洋沿岸各国之太平问题上的密切关系，颇引起国际上一般教育家，政治家的注意与同情。该地华侨又请阳初讲演，两星期内演讲三十余次，许多听过讲演的人，随即联络同志组织一个檀香山华侨平民教育促进会。一般华侨领袖自动的组织募捐队，参加募捐的人，男女共三百余人，三天内募集了两万美金，为该地捐款的空前成绩。此款全数赠送平教总会，表示他们对于祖国平教运动的赞助与拥护。捐款数目虽不算大，而平教事业却赖之得有发展进行的可能。

平教工作虽赖此进展，然而国内民十五、六、七年间，无日不在枪林弹雨之中，真是一波未平，一波又起，经济破产是当然的结果。从前曾捐助本会经费的人，至此皆有心无力，于是本会经费在当时几入于山穷水尽的环界。

民国十七年阳初因赴美返母校耶鲁大学领受荣誉学位，并有美国全国教育会及其他大学延请演讲，便中结识少数同志同道的朋友，组织了一个"合作委员会，"以一年的时光，精力，得到了一些友人的赞助与同情和几个学术团体的合作，乃募得五年为限而有条件的补助金。此项补助金由美国方面合作委员会收集并保管。每年根据条件考核工作成绩，然后由委员会酌量分期寄款交由本会董事部所聘请之经济委员会按议决之工作计划及预算数目按月发款。现已五年满期，而本会并无分文基金，今后工作如何继续，维持，使得向前发展，尚待本会同仁的努力与政府社会的赞助。但是我们根据以往的经验，深信工作只要有成绩，迟早总能得政府和社会各方面的赞助的。外间一般不察事实不明真相的人，认平教会为拥有百万基金的发财机关，实是完全误会。

本会工作以研究实验为主。至于表证推行于全国或于一省的工作决非私人学术团体所能办所应办的事，故本会所募来的钱都是用到研究实验上的。我们这个由穷书生的结合靠募化来维持工作的私人学术团体，完全在困窘的生活中努力撑支，整整有十余年了，怎会把钱浪费，又怎能有钱让我们来浪费呢！本会经常费最多的时候，曾未超过月费万余元的纪录，而研究实验的工作却有十余部分之多。至于河北省府在定县设立之县政建设研究院在经费上与平教会毫无关系。平教会同仁在研究院兼职者皆为义务性质，而研究院的经费每月亦仅仅五千余元，由省库支出，外间传说研究院每年经费数十万，亦系无稽之谈。

篇二 涿县平民教育促进会工作报告

张学铭

一　引言
二　本会成立之缘起
三　五年工作之演进与概况
四　过去得失之检讨
五　目前两件工作

一　引　言

以我们这"既穷且小"的工作团体，也来参加集全国学术团体之大成的乡村工作讨论会，实在自惭形秽；尤其是在平民教育总策源地的定县开会，更有"小巫见大巫"之感！但为了自己的孤陋肤浅，臆造冥行，急需就正于诸先进之前；故忘其貌小，谨将五年来的工作概况，略述如后。尚乞海内宏达，赐以严格指教是幸！

二　本会成立之缘起

民国十八年春，铭等任本县党务工作。深信总理"欲求中国之自由平等，必须唤起民众"之遗言，为救国不二途径。但"蚩蚩者氓"，如何唤醒？确是一严重问题，传单标语，讲演宣传，已成强弩之末，乃与各同志等私议；均认为：欲唤醒民众，非通过平民教育阶段不为功，亦非以"平民教育"为内容，则空洞而无物，众议佥同，爰即着手筹备平民教育促进会，于十八年十月双十节后一日正式成立，集会员一百八十六人，选董事十五人，聘视导员三十八人，众推铭为主任干事，风起云涌，盛极一时，此本会成立之缘起也！

三　五年工作之演进与概况

本会成立缘起，既如上述，则主要工作，当为设立民校准备师资而无疑，惟复鉴民众组织之缺乏，生活之困苦，亦实为改造进程中之绝大障碍，乃于第二年度（民国二十年），添购波支猪种，以改良农家副业；第四年度（民国二十二年），指导民校成立同学会，以树立农民团体。逐年进演，约略如斯。兹分述于后：

（甲）民众学校

由民国十八年起，至本年止，五年来全县民众学校，共开办七四二班，初级占百分之七九，高级占百分之二一，男占百分之九六，女占百分之四，入学人数共一一八七〇人，中间因时局影响及地方不靖，或人事障碍，停顿未考毕业者占百分之二二，考试而不及格者占百分之二四。

课程为：千字课、珠算、注音、音乐、四种，教师多由小学教员兼任，经费由各乡自筹者二〇七七六元，由县款奖励补助者三四六八元。

视导干事，由各党政机关及本会职员历年临时组合，五六人或八九人不等，每届开始时，先由县府通令各乡，再由各区召集会议，再由干事分赴各乡督促视察，此项工作约六个月始告结束。

本县民校推行，赖"严格惩奖"之力甚大，某乡顽抗者则罚其乡，学生不入学者则罚其家长，严格执行，毫不宽假。同时对于遵办各乡，亦极力奖掖。除按等与以补助金外，并予办学人以褒状奖匾，学生予以书籍文具。奖惩并行，人知奋勉，故推行较易也！

（乙）师资训练

五年来共开办民教讲习会三次。第一次在十九年，参加六十余人；第二次在二十一年，参加三百九十人；第三次在本年夏季，系妇女师资训练，期间较长，功课亦较多，毕业四十一人。

（丙）改良猪种

本会于民国二十年六月一日，自定县购波支牝猪一（重一百斤），牡猪二（各重二十斤），与本会会员合养，因所产小猪，时有乳少饿毙情事，故繁殖不旺，现共有三四百斤的波支猪六头，小猪十四头。

牡猪二，与本地牝猪交配，计共二百四十余次，产小猪二千五六百头。体格均较本地魁梧，生长迅速，每猪养三四月后，即可多卖二三元不等，颇受农民欢迎，邻县（涞水易州房山……）亦多驱猪来此交配，此往彼来，大有穷于应付之势。

（丁）成立同学会

现共有同学会十一处，会员三百四十五人。其活动事项为成立读书会、戒烟赌会、修道、植树、设立民众学校、组织合作社、看青苗、自卫、扫雪……等，兴趣甚浓。惟因初作，不免有幼稚浮躁处，故于本年暑期集会一次，以资训练。

四　过去得失之检讨

在这五年"披荆斩棘"的途程中，我们觉得有几点很"快慰"，同时也有几点很"惭悚"。使我们快慰的是：

（甲）团体工作之有兴趣——凡是在行政机关供过职的人，都觉得有些太机械，太苦恼，上班下班，等因奉此，不能有独异的计划，不能有理想的创造，终日在"作表格""搪官差"里面兜圈子，人存"五日京兆"之心，谁作深谋远虑之图，而我们团体工作则迥乎不同。我们定下一个远大的目标，详密的计划，便无拘无束不分昼夜地干起来，不怕"穷"不怕"匪"，不怕"累"，不说"合不着"，大有愚民们许愿还愿进香朝顶的虔诚精神！我们晓得是"事业"，不是"官差"，乃"自动"，而非"被动"，所以兴趣浓厚，兴奋异常！此快慰者一。

（乙）民教环境之形成——民教事业的艰巨繁复，绝非少数人所能包办，我们的会员网，已经笼罩了全县。有"颠扑不破"的几位干事，在作前卫，作冲锋；有"精诚团结"的几位党政首领，在作后盾，作指挥；

有若干热诚民教的同志们，在作扫除文盲的"生力军"，民教的环境现已形成。此快慰者二。

话虽如此，但我们还有不少的地方，使我惭愧悚惶——

第一，各工作同志，多是义务，不能不兼职；因此，常感到"精力不能集中"，"工作不专业化"，未免有粗疏肤浅之讥。

第二，因为经济人才所限，不能作民教学术方面之深一层的探讨，实验，只作些平面的推广工作；以学术团体，而俨然变成行政机关。这两点都使我们感觉不满意，惭愧，悚惶；终日"念兹在兹"地，总想努力改革。

五　目前两件工作

（甲）扫除一万文盲运动

这事现已筹备就绪，不日即将动员。

（乙）进行农村建设小实验

以各同学会村庄，为实验场所，以各同学会会员为建设先锋。第一步先作"肃清文盲"工作；第二步再作"公民训练"。农村自治之举办，团体之培养，副业之提倡，合作之组织，均将逐步实验。结果如何？容俟下届，再为奉告。

篇三　国立中央大学农学院一年来的推广工作

邹树文

一　引言
二　推广优良品种及改良农具
三　与江宁县政府合作改进蚕桑事业
四　特约合作棉场与棉花运销合作
五　合作试验农场
六　附设短期班次
七　关于农业推广一年来之函件

一　引　言

一个农学院的工作，大约可以分为研究、教课及推广三部分。对于乡村工作，有直接关系的，只有推广一部分。国立中央大学农学院，自南京高等师范东南大学农科，递嬗到今日，已经有了十八九年的历史。在过去几乎全国不为的时候，做了许多开风气的工作，现在亦不必一一赘述。只将最近一年内的推广工作，大概的列了几个表，写在下面。推广工作范围之大小，全赖外界的助力。我们这一些工作，虽然惭愧得很，范围甚是狭小，然而不是外界的助力连这一点点还不能有呢！

二　推广优良品种及改良农具

本院优良品种，在作物方面，水稻有帽子头，小麦有南京赤壳及江东门。棉则美棉有脱字棉爱字棉七号爱字棉十二号爱字棉十七号。中棉有孝感长绒棉江阴白籽棉等。均为本院多年改良及育成之品种。其产量丰富，品质优良，历年推广成效颇著。故除本院各农场就地大量推广外，各省农事机关函电订购，颇有供不应求之感。兹将本年度由本院推广组，零星分让各项优良作物种子数量及分布区域统计表如下：

省别	棉（斤）	小麦（斤）	稻（斤）
江苏	二六、一二四斤	七、〇〇七斤	七、四二五斤
安徽	一〇、〇八一	三	
湖北	五、八一二		
湖南	五、〇〇五	一〇	
浙江	一、三一六	二、〇三一	
河南	三〇〇	三、五一六	
四川	一七〇	二六	
甘肃	一四〇		
江西	九一		
河北			
陕西		八	
合计	四九、〇八九	一二、六一一	七、四二五

（附注）上表由本院各农场就地大量推广者不计在内

此外园艺方面，如果苗花卉蔬菜等优良品种，各有数十种。森林方面，有树苗七十余种。畜产方面，有纯种荷兰乳牛，纯种盘毛县猪，美利奴羊，及各种肉用鸡，卵用鸡以及意大利蜂种。均各有大量之推广，遍布于长江流域各省及河北河南陕西等省。至改良农具，计有犁耙中耕机播种器以及手用农具等二十余种，均为各地农场所欢迎。兹将本年度主要改良农具推广数目列表如下：

名称	件数
新式改良犁	九九
棉花播种机	一三〇

续表

名称	件数
五齿中耕器	八〇
小麦条播机	三〇
乘坐齿耙	二〇

三　与江宁县政府合作改进蚕桑事业

本院改进蚕桑事业，于去年三月间，从江宁县属陶吴元山两镇入手。发出改良蚕种六百张，设指导所两处，指导各该区蚕户饲育方法。结果每张蚕种平均收茧达二十五斤，颇得当地蚕户之信仰。故继续推广秋种，即增至两千张，成绩亦佳。本年江宁县政府为改进全县蚕桑事业起见，特与本院合作，成立江宁县蚕桑改良实验区办事处。一切行政，由县政府主持，技术指导，则由本院负责。春蚕时期，设指导所十三处，秋季增至十八处。统计本年由本院供给改良春蚕种九千八百七十五张，秋蚕种五千零零五张，两共一万四千七百九十张。兹将分发地点及成绩列表如下：

分发地点	春蚕种		秋蚕种		附注
	张数	平均收茧量	张数	平均收茧量	
陶吴镇及其附近	三、七七六	二八斤	八七六		秋蚕收茧量尚未统计
元山镇及其附近	一、二〇〇	二八	二〇〇		
谢村镇及其附近	一、一二〇	二八	八〇〇		
横溪镇及其附近	二、五五四	二八	五五二		
禄口镇及其附近	一、一三五	二八	一四九		

续表

分发地点	春蚕种		秋蚕种		附注
	张数	平均收茧量	张数	平均收茧量	
丹阳镇及其附近			六四		
朱门镇及其附近			三六〇		
六郎镇及其附近			一五〇		
牧龙镇及其附近			三四六		
铜井镇及其附近			五五八		
尧化镇及其附近			五二〇		
万山镇及其附近			三七〇		

四 特约合作棉场与棉花运销合作

本院为集中改良棉种，以扩充推广范围，并增加棉农利益起见，乃就棉场所在地，办理特约合作棉场，与棉花运销合作事宜。合作棉场之棉种，由主办棉场供给纯系种子，复以合作棉场所产之棉籽推广与领种棉农。兹将其概况，分别列表如次，以见一斑：

（甲）特约合作棉场概况

主办棉场	杨思棉场	郑州棉场
创办时期	十八年	二十二年
包括区域	上海杨思陆行两区	郑州中山村附近十里以内

续表

主办棉场	杨思棉场	郑州棉场
合作场数	三六区	三八区
合作棉田	一八〇亩	二〇〇〇亩
棉种供给	由杨思棉场每年供给改良江阴白籽棉二一六〇斤不收种价	由郑州棉场每年供给纯系脱字绵籽一〇〇〇〇斤每斤收种价一分五厘
指导事项	关于植棉田间技术由杨思棉场随时派员指导并开展览会以资观摩	关于植棉田间技术由郑州棉场随时派员指导并予借用新式棉用农具之便利
奖励方法	成绩优良之合作场给予应用农具以资奖励	同左

（乙）棉花运销合作概况

主办棉场	杨思棉场	江浦棉场	郑州棉场
社名	上海杨思陆行两区棉花运销合作社	江浦棉农乡棉花运销合作社	郑州棉花运销合作社
创办时期	十九年	二十一年	二十二年
包括区域	上海杨思陆行两区	江浦棉农乡	郑州中山村附近十里以内拟逐年扩充
社员人数	三六人	六六人	一七〇人
股本总数	一八〇元	一八〇元	二〇〇元
资本来源	向市政委员陈子馨先生商借免收利息	向南京农民银行及上海银行息借	向郑州上海银行息借
盈余分配	二十二年每担籽花所得纯益一元七角	二十二年盈余七百元每担蚕花分摊利益七角其余以百分之三十为公积金百分之三十为公益金百分之三十为职员酬金百分之十为准备金	二十二年盈余棉籽一〇〇担留供翌年推广之用

五　合作试验农场

本院自去年起，迭徇各地农事机关之要求，订定合作试验条约。由本院供给所育成之水稻小麦大豆玉米等优良品系，并担任技术指导，举行地方试验，以决定各优良品系，将来应行推广之区域与范围。业经订约，并经实行者，计合作稻作试验场五处，合作小麦试验场一处，合作杂谷试验场一处。兹将各合作试验农场一览表列后。

场名	所在地	合作机关	合作年限	开始时期
武岭合作稻作试验场	浙江溪口	武岭学校农业试验场	双方互商订定	二十二年二月
长沙合作稻作试验场	湖南长沙	湖南农事试验场	同	二十二年二月
修业合作改良稻作试验场	湖南长沙	湖南修业棉稻试验场	同	二十二年三月
芜湖合作稻作试验场	安徽芜湖	安徽省立稻作改良场	同	二十二年四月
商邱合作小麦试验场	河南商邱	河南省立第一区农林局商邱农场	双方互商订定	二十二年十月
无锡合作稻作试验场	江苏无锡	江苏省立教育学院	三年	二十三年四月
淮阴合作试验农场	江苏淮阴	江苏省立麦作试验场淮阴分场	三年	二十三年八月

六　附设短期班次

本院农业推广组，向有附设各种劳农班、专修班、练习班、讲习班等班次。其毕业年限一年或两年，除附设女子蚕桑讲习班继续办理外，复受江宁县府之委托，附设蚕桑练习班。及受棉业统制委员会之委托，附设植棉训练班。兹将现在附设各短期班次列表如下：

名称	开办时期	毕业年限	入学资格	学生人数	备注
女子蚕桑讲习班	二十年三月	二年	初中毕业	一六	第一届二十二年春毕业此为第二届
蚕桑练习班	二十三年四月	一年	高级小学毕业	一五	江宁县府委托办理
植棉训练班	二十三年七月	一年	农业高级中学毕业	三八	全国经济委员会棉业统制委员会委托办理

七　关于农业推广一年来之函件

本院设有农业推广组，凡有以兴办农业之设计，棉稻麦园艺畜牧蚕桑及森林等优良种苗之供给，农具之改良，病虫害之驱除，及检定家畜疾病之诊治，土壤肥料之鉴定，农林器具之购办等，垂询或接洽者，无不竭诚解答与供给。是以其来往之函件甚伙，兹将一年来该组往来函二千一百二十九件，分类统计如下：

（甲）依其性质分类表

类别	来函数	去函数
农业问题	66	58
委托设计	6	6
征求或借陈农业展览品	27	24
征求合作或拟订合作事业者	28	25
关于合作推广事业报告	49	43
索赠刊物	198	178
索赠农产品	91	78
索售品目录	105	90
购刊物	67	59

续表

类别	来函数	去函数
询购农产品	232	204
购作物种子	109	96
购林木种苗	42	37
购园艺种苗	76	67
购农产制造品	13	11
购种畜	6	6
购农具	17	15
共计	1132	997

（乙）依来往地点类别表

来函处	来函数	去函数
江苏	507	445
浙江	81	90
安徽	55	48
江西	30	26
广东	36	32
广西	31	27
湖南	37	32
湖北	57	50
山东	17	15
山西	4	4
福建	16	75
四川	55	11
陕西	12	52
河南	57	36
河北	40	11
云南	12	11

续表

来函处	来函数	去函数
贵州	3	5
甘肃	1	1
察哈尔	2	2
绥远	2	2
美国	2	2
法国	2	2
南洋	3	3
日本	4	4
墨西哥	2	2
高举丕	1	1
老越坡	1	1
共计	1132	997

篇四 私立金陵大学农学院概况

章之汶

一　引言
二　组织
三　工作
四　计划

一　引　言

本院创办于民国三年，初仅设一农科，翌年复添办林科，民五农林两科合并，民十一创办农业专修科，民十二美国对华赈委会指定美金约七十万元为本院扩充数系之经费。民十三年春，本院新院室落成，因纪念创办人，题名为裴义理学院。民国十九年春，本校遵照教育部颁布规程，改称农林科为农学院，本院过去变迁之迹，大略如是。

二　组　织

本院组织系以院长主持全院事务，下分设农业经济、农艺、植物、园艺、森林、乡村教育及蚕桑等七系，各系因事业之需要，复多有单纯之附属组织，如农业经济系之棉业合作训练班，乡村教育系之农业专修科，森林系之函授学校，蚕桑系之女子蚕桑职业班，全院重要事务分设各种委员会主持之，如教务委员会，研究委员会，学生生活指导委员会及推广委员会。推广委员会复附设出版推广两部，乌江农业推广实验区则直辖于推广部。

各系部设备除房屋用具外，仪器机械之价值，共计约十二万元。此外各系尚均有其特殊研究，故各系多有直辖之农场，计共有农艺、园艺、森林、植物病害等实验场及桑园、苗圃一千九百七十余亩。

三　工　作

本院事业分研究、教学、推广三部，以研究工作为最要，各系除教学外各有其专门研究工作，兹述于后：

农业经济系分农业经济，农场管理，乡村社会及农业历史四组，过去曾举行安徽、河北、江苏、山东等处之农村经济，农村社会，及土壤分布，度量衡制度等调查，编有报告二十六种。及受中央政府之委托，举行江淮两流域九十余县之水灾调查，与淞沪战区调查，该系前曾与太平洋国际学会合作调查中国全部之土地利用问题。最近复与豫鄂皖赣四省农民银行合作举办四省农村经济调查。本系农业历史组之主要工作除编注中国图书目录，中文地理书目，及农业论文索引外，即为现正着手编纂之先农集成，该书将关于农业之全部文献，审订除复，分类排比，汇为一编。关于推广工作，本系在中国中部组有合作社五十所，并办理农家簿记，及发行浅说等。

农艺系分农艺，农具及土壤三组，农艺组之改良种子工作，在南京总场已有小麦双恩号，九号及二十六号三种。近复选得二九零五号一种，较标准产量增高百分之五十六·八。棉花试验已得有驯化美棉之脱字棉与爱字棉二种，在华棉中复育成百万华棉一种。玉蜀黍有南京黄（Nanking Yellow）一种。大豆育成之新品种三三二号较标准产量增高百分之四十四·九。大麦育种之结果，以裸麦九九号产量为高而复富于抵抗黑穗病之能力，至各合作场育成之品种，计有安徽南宿州之小麦六十一号，开封之小麦一二四号，及大麦、粟各一种。农艺组现在之主要研究工作为小麦选种试验，小麦杂交试验，小麦遗传研究，水稻选种试验，大麦选种试验，大麦遗传研究，大豆选种试验，玉蜀黍选种试验，田间试验研究，优良品种繁殖，玉蜀黍自交及杂交试验，小米选种试验，小米自交试验，水稻杂交试验，棉花选种及杂交试验，以及各种作物栽培方法等。土壤组曾举行三要素肥效试验，大豆饼与硫酸铔氮素等量比较试验，各种油饼比较试验，稻田土壤地力测验。农具组之主要目的在设计制造合于中国农作使用之农具，现已改良成功者，计有轧花机、玉米棉花小米播种机、脱粒机、中耕器、耙、犁及大车等。该组农具制造所现正设计制造羊毛机、收获机、畜力用轮齿轧花机及改良旧式轧花机等，现有实验室四，即研究室，生铁铸造及木工室，冶铸室及农具实习室。

植物系分植物，植物病害及经济昆虫三组。植物组从事于大规模植物之采集，遍历闽浙粤皖苏赣豫鲁黔及海南岛，计得有标本三万四千余份。本系与国内外诸大植物研究院作标本之交换者，如国内之中央研究院、自然历史博物馆、国立北平研究院、广东岭南大学、福建厦门大学、协和大学、中国科学社、中国西部科学社、清华大学、中山大学、静生生物调查所，国外之菲列滨之科学院、南洋加当植物研究所、美国国立植物标本室、阿根廷农科大学、哈佛植物研究院、丹麦国立大学植物院等，该系近与美哈佛大学植物园及真菌标本室合作，订定五年标本采集计划。自一九三零年起该系赴山东东部、贵州、广西等处采集，计共得有高等植物二千余种，三万五千余份，真菌标本二千余份，种子一百余份。植物病害组工作可分为五大部，（一）调查国内东部之作物病害，（二）中国菌类之采集及定名，（三）研究新发现或未甚注意之病害，（四）研究适用于我国之病害防除方法，（五）推广试验所得之防除方法。本组历年所采集之标本，计有五千余号；研究工作，计有小麦病害防除，大麦病害防除，小米病害之研究，蚕豆病害之研究，中国真菌目录之编纂，水稻病害之研究，果实储藏病害之研究，石榴之干腐病，梨锈病之防除，瓜类之果腐与猝倒病，蔬菜软腐病之研究等，并已编有各种报告。

森林系研究工作，有全国森林概况调查，森林与水利关系之研究，中国树木及竹类之调查，中国森林性质之研究，造林试验，森林保护法之研究，木材工艺性质及木材市况之研究，测候报告等。关于推广工作，该系设有森林函授学校，推广苗圃及发行丛刊浅说等。

园艺系注重果树分类、繁殖、育种及栽培法之研究，曾先后举行江浙果树，浙江柑橘类，中国北部果树，及莱阳茌梨等项之调查。至对果树繁殖之研究，特注意于果树接本调查，果树母本选择标准，及果树修枝试验。蔬菜育种工作曾举行甘蓝纯种分离研究，及胡瓜茄子一代杂种之试验等。经济农场注重园艺作物之育苗与采种，及推广各种种子与种苗于各地，以谋园艺事业之发展。

乡村教育系除在大学部开设教育课程，造就中等农业学校，乡村师范师资及乡村建设领导人才外，特于民十一年开办一农业专修科，造就乡村建设干部人员，教材专取实用，教学注重实习。在校期间，工读并重。历届毕业生共达三百四十人。该科于民国二十二年秋曾受陕西省政府之委托，代办一陕籍学生训练班，二十三年冬复与南京市政府合作，开办毛制实验所。该系研究工作计有江宁自治实验县及和县第二区乡村教育初步调查，全国中等农业职业学校，及我国乡村师范农业教学调查等数种，悉已编制报告。

蚕桑系于民国二十年前，每年曾推广无毒蚕种约四万余张，近年来，该系专致力于蚕品种及桑品种之比较试验，现已收集中日欧纯粹蚕品种及土种百五十余种，及日美等国之桑品种五十余种。女子蚕桑职业班，开办迄今已四届，毕业生达三十九人。

推广部过去工作，分散于各省者，计九省区一百余县民国十九年，本院与中央农业推广委员会合作，创设乌江农业推广实验区。自民国十二年起至二十三年止，该部计共推广棉种一六二·六二二斤。小麦一四九·九八八斤。玉蜀黍二一·〇九二斤。蚕种一九四·一〇七张，及碳酸铜粉六〇〇〇磅。

本院因事业与社会之需要，当与国内外各公私团体办理各种合作事业。前曾与美康乃尔大学作物育种系合作，由美遣派专家，指导作物育种方法，并与美国国家博物院，哈佛大学及纽约市市立植物园作植物标本之交换。太平洋协会，米班纪念基金 Scripps 人口问题研究基金等团体曾与本院合作研究中国土地利用及人口问题。加利福尼亚大学曾遣派土壤及农业经济教授来本院讲授。美丝业公会，上海合众蚕桑改良会，无锡民丰模范丝厂与本院合作改良蚕丝。北平华洋义赈会曾委托本校办理信用合作社。上海林务委员会在本校设立森林贷款。上海华阳义赈会与本院合作研究淮河水利问题。江苏农矿厅、山东省建设厅、安徽省建设厅与本院合作改良果树品种，推广改良小麦及碳酸铜粉。中央农业推广委员会与本院合作创办乌江农业推广实验区。江苏省银行与本院乌江推广区合作办理粮食蓄押借款。国民政府曾委托本院调查民二十年水灾及淞沪战区。卫生署与本院合作调查汤山卫生实验区，定县中华平民教育促进会与本院合作改良定县农业问题。中国文化基金委员会资助本院研究作物育种及病害防除工作。山东齐鲁大学北通县潞河中学与本院合作办理农业推广。上海商业银行捐款在本校设立合作讲座及合作奖学。国防设计委员会资助本院办理西北农业改进工作。陕西省政府委托本院农业专修科代办陕籍学生训练班。棉业统制委员会与本院合作办理棉业改进工作。中央农业实验所委托本院办理乌江农家簿记及货物进出口调查。安徽和县县政府与本院合作办理和县第二区乡村建设事业。豫鄂皖赣四省农民银行与本院合作办理四省农村经济调查。江苏建设厅与本院合作创办仑山合作林场。此外与本院合作办理作物改良场者，有山东齐鲁大学，江苏省建设厅，南宿州长老会农事部，山西太谷铭贤学校，定县平民教育会，豫鄂皖赣四省农民银行；办理区域试验合作场者，有常州武进东仓桥农业推广所，武昌金口国营农场，黄墟农村改进区，黄渡省立乡村师范，及苏州省立第二农村学校，此外本院并与数处设立作物合作改良会，及种子中心区。本院复于开封，陕西泾阳，安徽和县及北平燕京大学等处设立农事试验分场。

四　计　划

本院目前计划在谋内部之充实，俾得圆满完成各项计划中及进行中之各种专门研究，鉴于土壤肥料之研究，农具之改良及植物病害之防除为当前中国农业上之特殊需要，本院因计划扩充土壤，农具及植物病害三组成系，农业原为极繁复科学，非有高深之研究不为功，农科大学毕业生常苦于国内缺乏高深农业科学研究机关，为进求深造，多远涉重洋，每一学生逐年留学之所费动辄在数千元以上，若合三数留学生之费，即可聘一专家来华，获益者当十百倍，本院为适应此种需要，拟于最近期间开办一研究所，惟所需经费，尚待筹措；何日实现，仍有赖于各方之爱护与扶持。

篇五　燕京大学农村建设工作

杨开道

- 一　引言
- 二　我们的工作
- 三　结论

一　引　言

无论任何农村建设工作，成功的要素有三，一为办法，一为人才，一为经费；而三者之中，尤以人才为最要。因为办法是人想出来的，经费是人找出来的；没有人才办法是空办法，没有人才经费是白糟蹋；然而只要有了上好的人才，不会没有办法，不愁没有经费的。不过近来农村工作同志，大家都感觉没有人才，你拉我的人，我拉你的人，结果搭上这个台，拆开那个台，谁也没有优良的成绩。燕京大学对于农村工作的贡献，不是利用现有的人才，拉走人家的人才，而是在制造无数的人才，去供给国内任何农村工作机关。

自然燕京能力有限，不能训练各级的人才，各种的人才；只能尽我们的力量，去训练某几级人才，或是某几种人才。譬如基本干部人才，全国需要何只数十万人，那是我们不能效劳的。因为燕京是一个大学，农村基本工作，不需大学学生，农村干部人才，不需大学训练。就是各地的普通技术人才，行政人才，也只能容纳高中毕业的学生。各地的高级技术人才，行政人才，既要有理论的基础，又要有实际的经验，便非大学负责不可。当然燕京对于实际工作设备还嫌不够，必得和其他实行机关合作，才能得到充分的经验，才能担任重大的使命。燕京教育并不是书本教育，关门教育，我们一方到实际社会里面去找材料，一方也到实际工作里面去求经验，总要达到理论实际并重为止。我们的目的并不是纯粹理论，更不是空中楼阁，而是科学的实践，或是实践的科学。

此外还有一种特殊人才，领袖人才，断非大学教会所能训练。他们必定有相当天才，相当机会，而又十分努力，然后才能出人头地，领袖群伦。不过假使有一个研究机关，去访求这种天才，去找寻种种机会，同时又多方勉励，多方刺激，虽然不敢说个个可成领袖人才，特殊人才，然而成功的可能要大几倍，成功的比例要高几倍。罗罗山一个人的努力，可以造成二三十个重臣名将，何况一个大学。所以燕京的研究院，将要特别努力，去访求天下英才，给他们预备求智识的机会，预备得经济的机会；也希望他们不负国人的期望，同人的努力，自己去训练自己。

当然有人要问燕京为教会学校，西方学校，皇宫学校，是不是配作这种工作。燕京为教会设立，不过设立的目的，并不是宣传基督教义，而是实行服务原理。所以燕京的校训，是"以真理得自由而服务，"我们以研究中国为起点，以服务中国社会为终点，不知其他。因为燕京的外籍教授多一点，外国关系深一点，所以燕京对于西方文化的认识，自然要真切一点，那是不消说的。不过燕京对于中国文化的研究并不后人，社会、经济政治各系，对于现代中国的研究，国文、历史、哲学各系，对于古代中国的研究，虽然不敢自夸，却也不愿示弱。哈佛燕京学社的国学研究，对于中国文化的贡献，尤其特别重要。中国乡村问题，大家认为东西文化冲突的结果，中国乡村问题的解决，当然是东西文化的调剂，然而不充分了解双方的文化，又如何能谈到东西文化的调剂。燕京虽然不敢自信，不敢担任研究整个的东西文化，不敢担任调解一切乡村问题，然而我们也得尽我们一分子的力量一分子的职责，同大家分工合作，努力前进。至于皇宫学校之讥，在我们的工作上，我们的经验里，并不发生任何阻碍。我们的教员，我们的学生，一样的下乡，一样的吃苦，而没有养尊处优的恶习。自然比起许多干部工作人员，我们的吃苦本领要差一等，然而我们不是干部工作人员，也不必那样刻苦。

二 我们的工作

我们对于农村工作，虽然没有巨大的成绩，却也颇有相当的历史。从前燕京的农村工作，多半由社会学系负责，在民国十八年的秋天，便已开始注意，作了一个清河村镇调查。调查的结果，在二十年春天设立了一个清河社会实验区，聘请张鸿钧先生为主任。二十一年得到友人的帮助，设立了一个社会与人口研究委员会，由许仕廉先生任主席，兄弟任书记，担任各种农村社会研究。二十二年张鸿钧先生得罗氏基金津贴，遍游欧亚两洲，考查各地农村工作实况，以为归校后训练大批学生之准备。同年许仕廉先生被实业部借请，去担任计划实业部和经济委员会的农村工作。此外经济学系，在戴乐仁先生指导之下，也作过几次农村经济的研究，出过几本农村经济研究的报告。不过整个的计划，彻底的办法，还是从今年农村建设科成立后开始。农村建设科已经不是一个学系的工作，而是整个大学的工作，凡社会、经济、政治、教育、家事、化学、生物等系，所有关于农村的研究，农村的工作，都集中起来，大家通力合作，以求了解整个的中国农村，以求促助整个的中国农村建设。所以表面上似乎只是一个农科建设科，事实上却是一个整个的大学。一个整个大学来参加中国农村建设运动，岂不是替中国农村运动添了一支生力军，替中国大学教育，辟了一条新道路么？

农村建设科的起点，自然从吸收西方学理，研究中国农村下手，不过同时对于经济建设的人才，政治建设的人才，教育建设的人才，社会工作的人才，家庭工作的人才，也得努力训练，以应付目前的急需。当然农业技术的人才，卫生技术的人才，我们自己度德量力，不敢多事。因为训练人才起见，我们不能不有一个小小的实验区，使学生有机会去认识中国农村，去参加实际工作。所以我们的研究工作，不是为研究而研究，乃是为训练而研究，我们的实验，也不是为实验而实验，为推广而实验，乃是为训练而实验。我们的主要工作是训练，研究和实验是我们所要的工作；正如实验机关一样，他们以实验为主，训练或研究为辅，也如研究机关一样，他们以研究为主，训练或实验为辅。

训练的工作，现在暂分两种，就是大学本科训练和研究院训练，将来或者加上一种专修科训练，亦未可知。大学本科招收高中毕业学生，四年卒业，和燕京全体一致，根本上没有多少差别。不过课程的内容，教授的方法，便要有一点特殊设施，去适合农村建设的需要。在第一年都是基本工具的养成，基本知识的传授，英文要能看高深的书籍，国文要能写优美的文章，此外科学常识，社会原理，历史变迁，世界大势，都要有很好的根基。第二年对于各种社会科学作进一步的准备，中国社会实况作深一步的认识。第三年专门注重农村基本功课，如农村社会学、农村经济学、农村教育学以及农村自治、县政建设、农学大意等等。第四年学生可在农村社会、农村经济、农村政治、农村教育、农村家事各科之中，挑出一门作为专门的研究。因为提倡学生自动研究起见，第四年有讨论班，讨论重要的农村理论以及农村问题。并有毕业论文，使学生自出题目，自找材料，自成系统，以训练其独立研究之方法，之精神。除此以外，每周还有多量的实地工作，使学生不但对于农村建设理论有深切的认识，并且对于农村建设工作，有相当的接触和经验。我们所谓为训练而实验，我们所办的清河试验区，便是为这个目的而办的。又怕学生经验不够，所以四年卒业以后，又把他们安插在国内著名农村建设机关，去参加大规模的活动，去获取多方面的经验。一直等到一个学生学理充足，经验丰富以后，我们才敢说我们的训练实行已尽，以后如何利用，如何发扬，便是学生自己的工作了。

　　研究院训练按照教育部规定，本来是修业二年，不过为造就最高明人才起见，我们对于年限可以酌量延长，使研究生能完成高深研究为止。每个学生只有极少数的教室功课，其他大部时间，都在个人自己的阅读，和个人自己的研究。目的无非欲使一个研究学生，在理论工作上，在实际工作上，能有独立的精神，自动的精神，创造的精神，不致离了学校，离了老师，便没有别的办法。中国农村问题还在研究时间，实验时间，没有陈迹可蹈，没有成规可沿，一定要自己负自己的责任，自己打自己的江山，才能排除万难，树立百年不拔的基业。训练方法太半采用中国旧日书院制度，英国牛津讲学制度，每人有每人的计划，每人有每人的导师，而不能一律办理。大约分为先后两期，前期注重书本工作，凡世界上对于研究专题有关的书籍论文，都得一一阅读，使学生对于各个学者，各种理论，各国情形，都能彻底明了，彻底了解。后期注重实地工作，预备学术研究的学生，便到实际社会里去研究；预备实际工作的学生，便到实际社会里去工作。因为我们清河试验区的园地太小，我们不能不求助于国内外农村建设实行机关，请他们给我们学生的便利，给我们学生的指导。当然这也就是他们的工作，因为他们将来需要我们的学生，我们学生也预备参加他们的工作，我们的训练工作，就是他们的训练工作。

因为农村建设工作欢迎来自田间的子弟，将来也希望他们回到田间去服务，而田间子弟又多系贫寒出身，无法接受大学教育。所以我们在大学本科，将要设立多数的奖学金，使农家贫寒子弟，有志研究农村问题，有志参加农村建设者，有一个机会去准备他们，将来可以担任重要一点的工作，烦难一点的问题。研究院学生已经大学毕业，本来应该自谋出路，不必仰给家庭，所以我们对于他们的生活问题，也得设法补助，使他们得专心研究，努力工作，没有后顾之忧。当然富家子弟，都市子弟，他们真心愿意参加农村工作，我们一样欢迎。不过我们最大的希望，还是在农家子弟，贫寒子弟，使他们易于上进，勇于上进，将来可以回到自己的乡里，去担任改造本乡本土，建设本乡本土的责任。

除了训练工作本身以外，我们还有一点实验工作，研究工作。不过我们前面已经说过，并不是为实验而实验，为研究而研究，乃是为训练而实验，为训练而研究。实验训练的场所，我们自办的有清河试验区，同我们合作训练机关，有定县平民教育促进会，北平华洋义赈会，邹平乡村建设研究院等等。我们现在只把清河实验情形略为说明：因为清河情形，去年讨论会曾有一个比较详细的报告，后来又出了一个英文报告，一个中文报告，可以参考。清河工作开始于民十九年，主持其事者为张鸿钧教授，及王贺宸先生等十余人。清河实验区范围共四十村，在各村有实验工作，而在清河有指导机关。我们以为社会是整个的，分析农村要有整个的分析，建设农村也要有整个的建设，所以地方虽小，经费虽少，而我们对于社会、经济、政治、教育、家事、农业、卫生都要顾及，我们的工作单位自然是村，我们的指导单位自然是区，以区里的专门人才，去指导村里的本地人员，使各种工作一样一样的，一村一村的慢慢地建设起来。因为人力的限制，财力的限制，以及时间的限制，不能每村都有各种工作，也不能一种工作都能普及各村。我们只有埋头苦干，一样一样的加添，一村一村的建设。

关于清河工作的详细情形，我们在二三十分钟内，无从一一报告，只能将工作种类略为陈述。清河实际工作共分四类，每类成为一组，有组长一人，职员数人负责办理，而由清河主任及副主任总其大成。第一类为社会服务工作，包含儿童工作，妇女工作，社会教育工作等等。儿童工作有儿童教育，儿童健康各种工作。妇女工作有妇女教育，妇女手工，家事改良各种工作。社会教育有壁报、旬刊、图书馆及平民学校等等。第二类为农村经济工作，包含小本借贷、农村合作、农村工业、农业推广等等。小本借贷为初步金融调解，以少数资金，低额利息，短期借款于尚未组成合作社之村民及镇民。合作社分合作农场、合作商店、信用合作、水利合作等等，现有已承认之合作社十七所，未承认之合作社四所，及各社共同组织之区联合会一所。农村工业除妇女工作方面之手工针线，手工地毯，及花生酱外，尚有规模比较宏大之毛布工厂，其有纺车十余个，织机五架，夏天织布为主，秋冬夏织毛为主。一候销路打开以后，即行普遍推广于各村。农业推广普通工作有展览会，特别工作有家畜推广，至于作物推广方面，一候燕京作物试验场（与金陵合作）品种数量增加后即行实施。第三类为农村卫生工作，有农村医院一所，病床八个，每星期门诊四次，收费极廉。此外尚有助产工作，由助产士一人，助手二人分别下乡调查、接生、看望，极得乡妇信仰。此外对于学生卫生，环境卫生，以及卫生教育，亦在步步推行。第四种为农村调查工作，有清河本镇调查、各村概况调查、各村人口调查、各村组织调查、各村冲突调查等等，在下节讨论研究的时候，自当另外提出。

关于敝校农村研究，因为经费的限制，人才的限制，在量的方面，没有法子和专门研究机关比较，不过在质的方面，我们因为是一个大学机关，一个高深理论机关，自然是比较容易见功一点。我们不但研究现在的农村，并且也研究古代的农村，不但研究中国的农村，并且也研究外国的农村，不但用调查方法去研究多数的农村，并且也用个案方法去仔细分析少数的农村，不但研究农村社会的整体，并且也在研究农村经济，农村自治，农村教育，各种特殊方面。具体的说起来，张鸿钧先生在欧洲考察现在农村工作一年，将有报告多种编出；过去欧洲农村社会情形，鄙人正在积极进行，自埃及、希腊、罗马上古农村，以至法国、德国、俄国、英国中古农村，皆在研究范围之内，尤以英国封建农村，最为研究焦点。关于中国古代农村社会组织，已编成者有中国乡村制度约十五万言，中国乡治史料约三十万言，未编成者有中国仓库制度，中国乡治史纲，中国封建制度各种，由鄙人及张鸿钧先生及少数研究生共同负责办理。关于中国现在农村社会，已成者有华北农村组织一种共二十余万言，农村冲突一种共十万言，将成者有农村个案研究共七种，每种各五六万言，十余万言不等。未成者有山东县政调查数种，现正与邹平乡村建设研究院合作办理。此外数种农村经济研究，农村教育研究，亦正在预备中，候经费与人才略为定妥后，即逐步开始工作。

三 结 论

总之敝校为供给各地实际工作同志以理论的基础，忠实的同志起见，已决定将旧有小型农村工作扩大，在农村研究方面，农村合作方面，农村自治方面，农村教育方面，农村家事方面五路俱进，使诸位前方的同志，不致有后方空虚的恐怕，不致有思想落伍的恐怕，不致有人才缺乏的恐怕。用军事名词解释起来，你们是前方，我们是后方，你们要粮，我们就得预备多量的粮，你们要草，我们就得预备多量的草，你们要人，我们就得预备多数的人，源源不绝地供给你们，补充你们。用商业名词来比喻，你们是工厂主顾，我们是工厂工人，我们所有的出品，你们可以自由挑选，你们所有的需要，最好是画样定做，我们便可依样做出。所以我们请求各地同志，告诉我们要什么样子的人才，什么样子的训练，我们必定要本着分工合作的原理，替大家训练一班有眼光，有气魄，能耐劳，能吃苦，能说能行的生力军，去共同担负复兴中国民族，重建中国文化的乡村建设运动。

篇六　北平中法大学温泉乡建工作报告

尹铭槐

一　引言
二　工作
　1. 温泉初级中学校
　2. 温泉小学校
　3. 温泉民众学校
　4. 温泉幼稚园
　5. 温泉天然疗养院
　6. 中法大学第二农试验场
　7. 温泉家庭工业改进社
　8. 中国农工银行温泉寄庄
　9. 温泉自治村公所

一　引　言

　　温泉位于北平西北，距城四十五里，三面环山，地居显龙山麓，南接碧云，北望居庸，东伏黑龙潭，西峙阳台山。前以交通闭塞，文化颓落，村民崇尚旧习。民国九年，李石曾先生来温泉，深觉非实际走到乡间，与民合作，难以改善。因此，各种建设事业，在温泉逐渐成立。现经十余年之努力，若中学校、小学校、幼稚园、图书馆、天然疗养院、民众诊疗所、农林试验场、工业改良社、银行寄庄、自治村公所、师范大学乡村教育实验区、业已先后成立。其成绩之卓著，规模之宏大，可想而知。至于交通，则于民国十五年曾修筑土马路一条，该路西通大觉寺环谷园，东达青龙桥。二十二年秋,民生建路委员会,组织成立,由王集生、王绍贤、杨梦游诸先生筹款一万余元,由五十三军工兵两连,担任工作。二十三年底,长三十余里之石子马路筑成。兹将温泉所办各种事业之沿革概况,及乡村工作等项,分述如后:

二 工 作

1. 温泉初级中学校工作

温泉初级中学,系采三三制之初级中学,民国十八年八月创办。最初,设于温泉村,嗣于民国二十三年六月,购得汤泽山环谷园新校址后,始于是年八月迁入。新校址距北平约五十八里,占地八十余亩,有房屋一百八十三间。民国二十年时,该校先后在教育部及北平市教育局立案,现有教职员十六人,工友八人。其学生已毕业者,共九班,二百八十七人,未毕业者,四班,一百八十九人。在设备方面,有图书一万八千五百三十三册,仪器标本五千五百五十余件,工艺织机杂件四百三十余件及器具四千七百余件。在农场方面,有苗圃一所,占地约五亩,校林五处,占地约四十亩及谷田十五亩,蜂场一处。其与农村之关系。有六,即:(一)调查农村生活状况;(二)协助发展农村教育;(三)灌输改良农业知识;(四)与村民切实合作实行公共卫生;(五)输入改良家庭工业常识;(六)协助农村自治。至其将来之计划,则有下列三者:

(一)添设师范班以便促进农村教育

(二)扩充工厂以便实际改良农村工业

(三)增设农村平民教育馆

2. 温泉小学校

温泉小学创办于民国九年冬。初设初级一班,后以人数增多,始建筑校舍,增加班次。二十一年春,该校以授工艺时间,教授织袜。二十二年秋,又添设造纸班,其目的即在使学生,有生产之知识技能,以增加社会之生产。该校有学生一百六十一人,分为六班。其各班之人数如下:

初级一年级男生三十六人,女生八人。

初级二年级男生三十一人,女生三人。

初级三年级男生三十六人，女生三人。

初级四年级男生十六人，女生三人。

高级一年级男生四人，女生四人。

高级二年级男生十一人。

至其年岁则在十七岁与七岁之间，其平均数为十一·五岁。学生之家长百分之五四·四为农界，百分之七·四为工界，百分之二十一为商界，百分之九为学界，百分之三为医界，其余百分之五·六，则为其他各界。然因其学生多数来自农家，故其课程偏重于农艺，珠算及与农村生活有密切关系各科。现校舍设于温泉，共有房屋七十四间。学生前后毕业者，计共八次，九十六人。其中，升学者十五人，务农者二十九人，经商者三十四人，做其他事业者十八人。

3. 温泉民众夜校

温泉民众夜校，创于民国十年，附设于温泉小学之内。其教员为温泉小学之教员及高级学生。学生分为成年及儿童二类，每类之中又分为春季始业及秋季始业二班。春季始业者，每年在一月一日入学，三月三十日毕业，秋季始业者，每年在十月一日入学，十二月一日毕业。其课程分为普通改良农业常识，公共卫生常识，公民常识等，并提倡农民合作，其学生前后毕业者，共二十四班，二百三十人。

4. 温泉幼稚园

温泉幼稚园创办于民国二十一年四月，园址设于温泉纪念园。二十二年七月，迁于温泉村第一院，有学生四十人，教员一人，其作业分为游园、游戏、唱歌、谈话、手工、茶点、静坐、识字等项。其设备有秋千、沙盘、压板、摇马、摇船、福劳贝尔恩物数种，四季鲜花，及各种幼稚书画方字等。全园共设有游戏作业室三间，清洁室二间，储存室二间。学生作业时间，定为上午九时至十一时，下午二时至四时，惟事前半小时，各学生须先净手净面，由教员指导轮流整理保育室。

其作业及游戏，均采设计法。其方法，先由教员预定目的，然后再以谈话方式引起儿童动机，使其自行选择工作。

5. 温泉天然疗养院

北平西郊温泉村（古名石窝村）有温泉，在明清两朝，为京都人士沐浴之所，后因无人经理逐渐荒废，民国九年，李石曾先生发现温泉水有医病功效，遂建浴室及养病室于此。是乃温泉天然疗养院之始。嗣后又逐渐扩充，聘请大夫，增备药品，始有今日之规模。二十三年春，该院又附设民众诊疗所，秋季又修建浴室，此温泉天然疗养院之沿革也。至其目前状况，则有甲乙丙三等养病室四十间，中西餐部各一，中西医药部各一，甲乙两等病人浴室五池，普通浴室八池，及公共浴池两池。此外，则尚有洗衣厂一所，专为农村妇女利用温泉之水洗涤衣服之用。其与农村之关系，为：（一）指导农村公共卫生；（二）施种牛痘；（三）指导农村家庭卫生；（四）输入农民卫生常识；（五）医疗农村民众病症；（六）协助农村防疫工作。

6. 中法大学第二农林试验场

中法大学第二农林试验场成立于民国十二年四月一日。民国十六年时，该场在温泉东葡萄园建筑新场址一所，民国二十年时，该场又附设葡萄酒酿造部。其面积，有水田九十亩，葡萄园三十亩，苗圃四十亩，桑园二十亩，杂果三十亩，农作物区八十亩，六共二百九十亩。场内有场舍五十八间，职员三人，及工友十八人。其工作之种类分为九种。（一）为葡萄园。葡萄园内种有一年生至八年生之玫瑰香黑汉等约计一万株。（二）为苗圃。苗圃内种有一年生至十年生之桃、李、杏、梨、苹果、李、柿、君迁子、公孙树等果树，及侧柏、马尾松、白骨松、槐、榆、柳、橡、藤萝、黄金树、合欢、枫、梓、梧桐、楮、秦皮等林木约四万株。（三）为桑园。桑园内有湖桑、实生桑等桑树共约三千株。（四）为杂果园。杂果园内有桃、苹果、杏等共约六百株。（五）为农作物。农作物有草棉三种，藕二种，稻三种，谷六十三种，玉蜀黍五种，蜀黍六种及小麦豆类等。（六）为药用作物。药用作物有除虫菊、大黄、知母等物数种。（七）为农产制造。农产制造有葡萄酒、藕粉、蜂蜜、丝棉等物。（八）为家畜。家畜有波支猪、本地猪、美利奴羊、绵羊、山羊、种驴、牝马、兔等数种。（九）为桑蚕。其蚕种共十三种。至其所用之农具，则有法国深耕犁、耧车、弹轧棉花机、喷雾器等四种，其对于农村改进所作之工作，则有下列各种：

（一）春季分送葡萄枝条指导栽种法式。

（二）改良果树指导农民接收。

（三）分送桑苗蚕种。

（四）分送美棉籽种。

（五）改良农民家畜。

（六）改良农具。

（七）造林运动。

（八）提倡凿井。

7. 温泉家庭工业改进社

温泉家庭工业改进社，为姚同宜许芝轩两先生所创办。初于民国十八年，仅租房两间，作为练习纺织之用，后于民国十九年人数增多后，始租房一所。今年二月，该社鉴于房屋不敷应用，开始向各同志募捐建筑新社所，五月落成，遂迁入。

该社新社所共有房屋三十余间。内分工业学艺二部，缝纫、刺绣、纺织、手工、造花、家政、绘画、算学、识字等九科。该社有职员三人，工友一人及学生一百七十人。学生一律不收学费。其有出品者，非但不收学费，且视其成绩之优劣，给以相当之工资。

该社工业部之科目如下：

（一）缝纫科　工作为手工缝纫及机器缝纫。

（二）刺绣科　工作为手工刺绣及机器刺绣。

（三）纺织科　工作为织毛巾、织袜、织布、纺线。

（四）手工科　工作为线编物、纸编物、抽丝、扣纳。

（五）造花科　工作为纸花、衣饰挂花、绫包花。

该社为使乡村妇女有应付家庭需要之能力起见除上述各科外，且授以家政算学识字等科。其目的尽在使农村家庭工业及家庭生活一并改良也。

8. 中国农工银行温泉寄庄

中国农工银行温泉寄庄创设于民国二十一年六月，其目的即在于直接与农工界交易。前该行虽屡办田亩放款，然因城市与乡村往来不便，亦未能达到真正目的。现寄庄专办农民田亩放款。其办法为非有田房契纸作抵，而以发展农工业生产为目的，且有正式保人者，一概不得借款。开办以来，共放出款项三万五千余元。兹将各村借款数目列下：

村名	贷款总数	村名	贷款总数	村名	贷款总数
	元		元		元
苏家坨村	八、八〇〇、〇〇	白家疃村	四、六〇〇、〇〇	温泉村	一、九二五、〇〇
周家巷村	一、四五五、〇〇	高里掌村	一、二二五、〇〇	杨家庄	一、三三〇、〇〇
太舟坞村	二八四、〇〇	北安河村	八八〇、〇〇	南安河村	一、二三〇、〇〇
西小营村	一、七〇五、〇〇	聂各庄	一三〇、〇〇	大牛坊村	一六〇、〇〇
羊坊村	一〇〇、〇〇	高家庄	一〇〇、〇〇	三星庄	一、六四〇、〇〇
屯佃村	一、九〇五、〇〇	东埠头村	一、四八〇、〇〇	西埠□□	一〇〇、〇〇
永丰屯村	一、四三〇、〇〇	前沙涧村	二、四〇〇、〇〇	前柳□村	七四〇、〇〇
后柳林村	三三〇、〇〇	白水洼村	二〇〇、〇〇	亮甲店村	一一〇、〇〇
大马坊村	四三〇、〇〇	冷泉村	三四〇、〇〇	皂家屯村	五〇、〇〇
土井村	一〇〇、〇〇	辛庄村	四一〇、〇〇	梁家园	二〇〇、〇〇

9. 温泉自治村公所

温泉自治村公所在温泉东黑龙潭，成立于民国十九年一月一日，有工作人员四人，其工作除社会调查外，尚有下述各种：

（一）设立农村市场。该所为调剂农村经济状况起见，设立农村市场一处，于每年春夏之交，举办庙会以便附近居民买卖农具什物等。

（二）设立温泉农诊所。该所为保护村民身体健康起见，除例年扩大免费种痘，及注射防疫苗外，并设温泉农村诊疗所一处，免费医治村民一切疾病。

（三）设立农村学校。该所因乡村教育重要，在黑龙潭公所内，设立农村学校一处，免费招收附近各村失学儿童，并设成人夜班一部。凡关于课程之编制，教材之采取，皆以适应农村社会之需要为原则，惟亦顾及儿童或成人之心理，与夫一切不适农村实用之各科课本，皆摒弃不用。

（四）设立民众教育馆最近该所又设立民众教育馆一处。馆内购有大众读物，模范挂图动植矿标本，及家事卫生社会建设模型等多种辟室陈列，供众阅览，以增进村民之社会知识，并改良其习惯。

篇七　齐鲁大学乡村服务社工作报告

王建农

一　引言
二　卫生股
三　家事股
四　教育股
五　农业经济股

一　引　言

在过去的一年中齐大乡村服务社的工作，依旧集中于龙山周围，和齐大的附近。龙山服务区内共有村庄一三四，人口六八七一〇人。以下的报告，系将所有的工作分为卫生、家事、教育、和农业四股编制而成。

二　卫生股

龙山设有诊疗所一处。自去年九月齐大易文士大夫于每星期一、五，到龙山施诊后，该诊疗所因易大夫服务的热诚，和技术的高明，工作异常发展。全年治疗数次，共达二七一一次，较前任何一年，增加五倍有奇。产科亦较前加增（平均每月一位）。此外本社附属小学学生，也曾蒙其检查身体，给予治疗。我们所希望者，只为将来能将这种工作推行到附近的其他小学校而已。本年四月二十三至二十九日，我们曾举行公共卫生运动周一次，因有齐大医学院，理学院，和省立民众教育馆的协助，结果非常圆满。现闻齐大生物学系，拟于今夏在龙山附近作蛔虫钩虫的调查，将来的结果，定必有益于该处的卫生工作。目下的急需，是一位常川驻在龙山的医生，和简单的医院设备。此种计划，我们已经将其提交齐大医学院，请其考虑矣。

三　家事股

本社的工作，最引国人注意者莫如家事股的工作。该股主任任清玉女士所著之家庭工作比赛规则小册，甚为各地人士所欢迎，第一版现将售罄。该股最大的努力，就是将现代的教育与科学，介绍到乡间妇女的日常生活去，甚望将来能有更大的贡献。不过此事甚费时日，决非短时所能奏大效。目下，最迫切的问题是此项专门人才的聘请。该股曾在数处开过儿童食物衣服展览会。现又从事于农村家庭工作和一百三十个学校儿童一年内所用的不同食物的研究。妇女识字班亦为其事工之一。现已成立识字班数处，成绩甚好，且已有九人于读毕千字课后，考试及格，在张家庄已经开始家庭自修了。

四　教育股

教育股共办有小学四处，一在龙山，一在于张庄，其余二处则在齐大附近的张家庄和王家庄，这些学校对于各该村都有很好的影响。目前计划是充分的发展一处，作为实验小学，而与其他三校逐渐脱离经济的关系，于张庄的学校已经立案，并已决定于五年后完全自立，张家庄已经允许担任该校明年预算一部。王家庄以前虽有合作上的困难，但最近村人也协力将学校所占用的旧庙重加修补，现已逐渐变为该村的社会中心。该校除办有夜校一所外，尚办有图书室与信用合作社各一。

乡村学校，在乡村生活改进中所占之地位之重要，可引最近定县平教会卫生报告的一段，说明之，两年实验的经验，得知乡村学校卫生与中国将来的公共卫生有极重要的关系。儿童只有在学校中，能取得学习卫生常识的机会，其家庭，对于儿童之卫生，则绝无关系。小学卫生事业，并不需要极大之经费。目下小学校长及教员，虽然是处境困难，而其乐于接受施行有效的卫生计划的诚意，则不可一概抹去。在乡村中，学校是惟一有组织的团体，这是我们所熟知的。将来这个团体，就或许成为一种推动乡村建设工作的原动力，使我们的乡村建设工作，能够顺利进行，亦未可知。

此外，其他教育工作，尚有数种，如展览会，民众识字班等，亦有需要。其中，以训练本地教会及其他团体之工作人员与训练教会所遣派乡村服务练习人员二项工作，为刻不容缓之举。我们希望不久可添设这两种训练班。

本社为来年工作便利计，尚须添聘教育股主任与社会教育指导员各一人。前者作督察小学——尤其是实验小学——的工作——后者作指导民众的工作。我们现在已经函请中央庚款委员会，拨款作为办理此事之经费。

五 农业经济股

本社农业经济股由金大农学院农业推广系主办。其最主要的工作，即为合作社的组织。已往，该股的工作，仅限于储蓄及贷款二项，今后，甚望其能将范围扩大，而将改良生产与消费合作一并包括在内。前本社为帮助无力加入信用合作社的农民，使其有利用信用经营生意的能力起见，曾创办储蓄贷款处一所，其营业状况见附表二。数年前，本社且借用华洋义赈会之农场，蕃植棉种。现在此种棉种，极为农民所欢迎。今春业已销尽之数，达四百余斤。此外，本社所产之来航鸡及芦岛红产所产之蛋，亦大半为农民换去，作为孵鸡之用。防御高粱与谷子产生黑穗之碳酸铜粉，亦仍旧畅销。至于本社之推广工作，则本社并不以龙山实验区为限，举凡山东全省之工作无不有本社参与其间。各处讨论工作或拟定计划，曾经本社协助者，有峄县、青州、周村、泰安、潍县、武安等处。今后，因华北基督教乡村事业促进会文字部之援助，本社之工作，或许更可有突飞猛进之表现。

篇八　北平师范大学乡村教育实验区工作报告

文　模

一　引言
二　一年来行政上之经过
三　学生初步训练
四　农村访问
五　团体事业
六　民众集体活动
七　大学部教育系同学实习工作
八　室外作业"活动导生制"之实验

一　引　言

"穷师大"一名词为北平教育界习闻之口语。其含义非仅限于内部设备上之单纯的评骘，乃在构成分子之出身的检讨。内部设备不充实固为穷运表象，但构成分子之出身大多数为来自田间之穷学生，此点实亦促成"穷师大"一个口语之重要因素。社会上一面感到师大学校方面之穷运，一面感到师大学生方面之贫苦，不期然即构成"穷师大"一个完整的意识形态。社会以穷名给师大，师大亦藉穷运以自勉。三十年来师大全部生命皆由此穷运所支配而延续，在穷运中苦斗，蓄积一切生长动力。此动力在教育上之表现为平民化，大众化。由上所述"穷师大"一概念，显然饶有积极的深沉的创造意义。盖一个丧乱时代之文化，恒在穷困中去建设，离开穷困所建设之文化，不能应变，不能满足社会需求。师大学生在校时，为双重的穷困的动境所刺激，出校时受清苦的教员生活之锻炼，由田间出身而入大学，由大学而入社会，甚至回到田间，每一个生活阶段似乎均有穷神主宰。故师大学生之思想，最易走入平民大众之世界，而此种平民化大众化之教育精神，即为建设一切文化之源泉，受民八文化运动之统制，而发动，而益彰。在都市方面（师大本部）设立平民学校容纳广大的寒苦子弟，实为全国平民学校之滥觞。在乡村方面（平西大觉寺附近各村庄）努力于农民教育之集体活动，为民众教育做成一个典型。本实验区乃由上述历史成因，最后转化的一个产物。从广义言，自然为继续民八以来之精神，不忘田间生活，由乡村实际工作中所发现之问题，尽量供给大学部研究。并与大学部同学以实习乡村工作之机会，俾其在都市读书时代，仍能保存爱好乡村之意念，关心乡村问题之研究，而完成各生活阶段之一贯的穷困的哲学思想，以防止都市文化对民族自救运动之反动。从狭义言，为建设乡村而训练人才，自然须就乡村简陋环境中，训练学生，将区内各村作为学生活动之场所。从事实中培植学生解决乡村问题之知能，学生从实验中认识乡村问题，教员从实验中企求训练方案。此为本实验区为训练而实验之大意也。

二　一年来行政上之经过

本大学开设之社会学系，于二十一年六月奉部令停办。翌年七月就该系原有之经常费项下，每月提出千元，呈准教育部设立乡村教育实验区。并聘请傅毅生陈湘圃两先生为正副主任，本人为师范班教务主任，常川驻区办事。九月将计划大纲提出大学部校务会议通过。旋由本大学校长李云亭先生，率同各工作人员，前往距平约四十里之温泉附近，察勘实验区域，当经租定温泉往北二里许之辛庄村孙家花园为实验区办公处。该园位于辛庄村之中间，外围极坚实六尺厚之石砌墙垣，俨然为该村一个典型的城堡。园中有硕大且高之石砌楼房一座，相传为明代权宦刘瑾残害忠良之遗址，晚清以来即据为私人产业，稍加修葺，乃成今名。十月李氏根据在温泉附近，亲身察勘之结果。并参酌其在河北省教育厅扩充教育处长任期内，所拟平西各村概况调查底本。咨请河北省政府及北平市政府，划定宛平县第三区所属之辛庄、北安河、草厂、西埠头、高里掌、周家巷、徐各庄，昌平县第三区所属之西小营、前柳林、后柳林、苏家坨、三星庄、聂各庄、西贯市，以及北平西郊所属之温泉、白家疃、南安河等十七村，为固定施教区域。同时区主任在北平召集第一次区务会议，决定各工作人员于十月八日一律移驻辛庄办公处工作，是为本区初步成立，及开始办公之经过。此外并按照计划大纲，决定开设师范班，先后训练人才入手，即由各工作人员筹划招生事宜。并呈大学部转咨河北省政府教育厅及北平市政府社会局，训令各县教育局及北平四郊区公所，保荐真正农村子弟，年在十八岁以上，能刻苦耐劳，且为完全小学毕业者，来平应考。十一月十二日新生到区，原定十六日举行本区成立典礼，因校长去京未返遂罢，仅于次日举行师范班开学仪式。十二月二十二日补行本区成立典礼，事前曾由校长柬请各贤达，及区内农友代表莅处指导，故开会时，颇极一时之盛。此为本区从划定村庄，至开设师范班之经过情形也。本年六月正副主任傅毅生陈湘圃两先生，因北平方面所任教职，不能摆脱，对于区内行政，又难兼顾，遂相继而辞去主任职务。本大学校长李云亭先生为节省经费起见，自兼主任，不另支薪，并委派本人兼任副主任，常川驻区，综理一切区务。此外并设乡村教育实验区指导委员会，从事于理论与设施之指导，使驻区工作人员有所遵循。委员人选由大学部聘请傅毅生、常导之、李湘宸、黄仲诚、陈湘圃五先生担任。此为本区行政上变更组织之概略情形也。

三　学生初步训练

本区学生由家乡初到本办公处时，骤受区内异样生活之激动，心理上即感到个人生活阶段，显然有两个世界，一为专门劳心的书生世界，一为手脑并用的新民世界；从墨守陈法的传统教育，突进而为研究实验的创造教育；此种人生方面之急剧转变，对于个人思想行动人格上当然需要特殊训练，始能达到。本区于成立之始，即制定学生训练初步大纲此种训练大纲之目的，非指普通知能训练，乃为"拖尸"式之入范仪式。学生对于每日下午规定之社教活动及劳作实习等，能否顺利接受，又接受后功能是否显著，工作力量是否集中，是否永续。此种问题全赖初步的加紧训练，方能做到。本区曾依据下列根本原则，采用集中训练方式，向学生举行训练周，每周授以一个乃至二个训练单元。

甲　思想方面

一、须认定乡村教育，为复兴民族之根本出路，且须认定办理乡村教育为唯一终身事业。

二、须以科学方法整理思想，使思想系统化合理化，而不背乎伦理的法则。

三、在实际活动时，须注意用理论的原则，分析实际问题，并由分析实际问题中抽取新的理论。

乙　行动方面

一、在行动时须处处与本区精神一致，从行动上服从本区纪律，且须处处遵照本区所给予之工作而努力。

二、生活须有秩序，行动须有计划，工作须能敏捷紧张，须以革命精神，打破一切不良习惯。

三、努力认识对于复兴民族之责任观念，如此，则对于本区一切工作，自然发生自觉与兴趣，若出于勉强即失去工作意义，即为精神上离开本区之表征。

丙　人格方面

一、个人欲望：须努力发展创造欲，而抑制支配欲。

二、须不忘：意志要坚决，头脑要冷静，心肠要热烈，眼光要远大，态度要光明，行为要正大。

三、须勇于相信团体，轻于相信自己，勇于责备自己，轻于责备同学，如此，方能养成亲爱精诚的精神。

学生方面。受到如此加紧的集体训练之后，在思想行动人格三方面，能加速改变者，实为最多。而一时不易改变者，为数至少。本区为完成初步训练计划，及集中工作力量起见，在量的方面，务求减至社会所需要的最低限度；在质的方面务求达到本区所理想的最高水准。故自去年成立以来，学生因不能受此严格训练，由三十人减至二十七人。此亦本区训练学生注重质的精选，不顾量的制造之实验也。

四　农村访问

近人研究农村社会问题者，恒以散、私、愚、弱、贫五字描述农村社会之现状，以吾人所见，就中以愚字为农村社会内一切问题之核心。乡下人最易生疑，每睹新的动静，其唯一反应，即为生疑，由生疑而规避，且不求了解。此点自然为知识不足，愚昧之表现，而乡村工作之最大困难，亦在于斯。本区为谋工作上便利及解除此种困难起见，第一步曾聘请一位熟悉本地情形，并与区内农民接见之乡绅，充任事务员，兼向区内农民作简单之宣传，使农民知本区工作人员，非为捐款压征而来，乃愿与大家合伙做事而来。区内农民经此一番宣传之后，对于本区师生始有初步之认识，于是本区第二步联络农民之工作，进而举行农村访问。此种工作为师范班学生在前二学年内，下午社教活动重要部门之一，其种类分农村社会访问，及农村家庭访问两种，前者由全体总动员，每周举行一次乃至三次；后者则偏重女生方面，计一年来被访问之家庭：本村有四十余家，西小营有五家，高里掌有二家，西埠头有二家。在第一学年内访问之事项，包括下列八项：1. 姓名籍贯；2. 天气时令；3. 地势出产；4. 远近名称；5. 日常生活；6. 风俗习惯；7. 民间传说；8. 名胜古迹。至第二学年之始，访问计划稍有变更，在地点方面，按照区内交通情形，将全区划为四个工作区域，每周由全体学生分往各工作区访问一次。在内容方面由应酬式之访问，变为调查式之访问。其包括事项如次：

甲、一般的

一、全村户数。

二、全村人口。

三、全村人口与职业分别，（农人、小商人、手工业者、无职业者、读书先生各占总人口之百分数。）

四、各村沿革。

乙、政治方面

一、主持村政者（姓名、职业、任期、产生法）。

二、自卫团体组织状况。

三、慈善团体组织状况。

四、村中时常发生诉讼事情否？大概那种事情居多。

五、村民发生龃龉或冲突时，除起诉讼外，尚用何种方法解决。

六、卫生事项办理情形。

七、公益事项办理情形。

八、村民有无自由结合之秘密会社，其名称与性情如何。

丙、经济方面

一、借贷利息与手续。

二、村中田地的分配。

三、主要出产及副产。

四、办理救济饥荒及贫民情况。

五、公共储蓄机关及借贷场所

丁、教育方面

一、私塾数量及情况。

二、学校办理情形。

三、识字农民数量。

四、社会教育办理情形。

五、娱乐或消遣事项。

六、教育经费的来源。

五　固定事业

本区目的既在训练学生而实验，则于训练学生之期间内，应举办相当之固定事业，为学生研究实习之场所。计一年来此项事业已正式成立者，分述如次：

甲、西小营小学校　去年十二月本区工作人员在辛庄办公处举行第二次区务会议时，曾经决定与辛庄附近有能力合作，且其地段并不妨碍中法大学附属温泉小学发展之村庄，商设实验小学一所。本年一月即与该村绅士商洽此事，当经双方一致认可，并定开校所有经临各费，由村中负担，本区则仅供给教员俸薪。议既成，一面由本区于三月聘请教员筹备招生，一面由核村募建新校舍。本年三月该校始正式成立，计本期学生已达八十二人，现正从事学级编制，及新教材编制两种实验。关于学级编制方面，就本地情形，分别举行单式编制、复式编制、及二部编制三种实验。关于教材编制方面，其内容系偏重乡土材料。此种材料先从植物方面入手，已由师范班学生，在温泉附近高山一带搜集植物标本二十余种，正在整理分类中。

乙、安西小学校 西埠头草厂（亦名永安村）两村，地段毗连，东南距本区办公处所在地辛庄约六里许，户口合计不过一百六十户，人口总数亦仅七百余人，学龄儿童数约为九十人，当地并无学校可以容纳。自西小营小学成立以后，西埠头草厂两村绅士，曾来本办公处接洽，自愿年筹百五十元为经常费，并请本区负担教员俸薪，在西埠头合办一校。三月二十日在本办公处举行联席会议，商决开学进行事宜。是月杪由本区聘请教员筹备开学，并定名为安西小学现有学生四十三人。课程方面分国语、算术、公民、常识、卫生、音乐、艺术、体育八科，除国语、算术、常识、暂用普通课本外，其余各科由教员按照乡土情况，随时编制。学生课外活动有农事练习、修路队、储蓄会、捕蝇队、公安队等活动，关于该校主办之社会教育事业，有问字处阅报处两种。

丙、辛庄民众学校成人班 本区办理各种社会事业，既以学生为基本动力，为使学生工作便利起见，先从本村入手。本年一月曾先召集村民举行谈话会，向村民说明开办民众学校成人班之大意，并请彼等协助一切。三月一日开始报名，报名结果，合计学生二十六人，大概以农夫木匠佣工为最多，其他苦力次之。并就师范班学生中，选定富于社会经验之教员六人，由六人中选定校长一人主其事。同时本村绅士边宝琳慷慨借助住房三间，作为校舍，即于十七日正式开学。嗣因麦秋及大秋期内，田间工作迁延至三月之久，该班课业，无形停顿，至十月二十日始行毕业。计自开学时起，至毕业时止，学生人数因受庄稼影响，由二十六人递减而为九人，毕业考试及格者，仅只五人。兹将第一班各次月考成绩及各科毕业试题答案，择要举例如次：

Ⅰ、民校成人班各次月考成绩表。

姓名 \ 学科月考次数	千字课				算数				公民				常识				书法			
	一	二	三	四	一	二	三	四	一	二	三	四	一	二	三	四	一	二	三	四
黄金玉	87	91	91	86	96	83	92	92	100	94	97	80	84	85	85		80	80	90	
高得林	76	91	64	73	65	67	80	60	75	96	91	75	68	65	65		65	71	68	61
李连有	92	51	70	63	88	76	100	90	100	100	91	70	75	80	90		78	70	70	80
冯德钰	69	58	77	69	90	86	68	95	75	100	95	62	65	80	70		65	60	60	70
黄金来	98	90	86	94	100	97	96		100	86	97	60	100	90	80		98	90	98	96

Ⅱ、公民科毕业试题及答案举例：（黄金来试卷）

1. 修道的好处　答大车好走

2. 爱国的好处　答不怕外国人

3. 忠实的好处　答不要利害

4. 毕业后做些什么事　答要做工

Ⅲ、农民千字课毕业试题举例：（黄金玉试卷）

以下各题认为对的在括弧里画一个十字不对的画一个一字

1. 我们看报会增长知识　（十）

2. 动物和植物都不是生物　（十）

3. 吸烟有很大的好处　（一）

4. 种地应当选种　（十）

5. 城市的空气比乡村好　（一）

6. 旱了求雨就会下雨　（一）

7. 早婚的害处很大　（十）

8. 我们应当把剩余的钱储蓄起来　（十）

9. 孙中山先生是中华民国的伟人　（十）

10. 养蜂是农家的副业　（十）

Ⅳ、常识科毕业试题举例：（李连有试卷）

以下各题在括号里填一个适当的字

1. 我们的身体分（三）部

2. 我们的眼睛是管（看）的

3. 我们的（口）是管说话的

4. 驴和马能（驮）东西

5. 粉笔是（白）色的

6. 三民主义是民（族）民权民生

7. 人生的三要素是衣食（住）

8. （近）视眼不能看远的东西

9. 黑暗的时候看小字书容易变成近视（眼）

10. 写字的时候要把身子坐（正）

丁、辛庄民众学校妇女班　乡村成人教育固不易办，而乡村妇女教育更较难办，所谓"妇人者伏于人者也""内言不出于阃""女子不言外"等名门格言，为二千年以来历史上，不能产生妇女运动之绝大原因。本区于去年成立之始，即由女教员领导女生，从事家庭访问，一面联络村中妇女感情，一面打通妇女与社会之路线，经两三月之努力，本区女师生结识农妇颇多。本年三月大学部教育系女同学，来区实习时，曾举行村中妇女联欢会，到会者约四十余人。四月四日儿童节，村中农妇提儿携女来本办公处参加者，竟达一百人以上，彼等经几次集体活动之后，无形中对于团体兴趣与动的意念，养成不少。本区利用此种心理变化之机会，即于十月二十日成立妇女班，从事系统训练，现有学生二十二人，教员由师范班女生充任。

戊、辛庄民众问字处　辛庄民众问字处成立于本年四月，住址暂借本办公处外普益堂药铺。本区设此问字处之目的，可分消极的与积极的两种，消极的为民众解决日常生活关于文字上之疑难，及代书信笺等；积极的使民众认识文字教育在生活上之重要，促成其即入民众学校读书之决心。惟自开办以来，民众对于问字处之目的，不甚明了，大概问字者关于生活上鲜见之字最多，而生活上常用之字，反无人问，即可证明民众之问字，系一时好奇而问，而非解决生活上实际疑难而问。

己、辛庄农民诊疗介绍所　本区于去年十二月商得中法大学温泉疗养院之同意，每月由本区津贴相当之医药费，负责为本区师生及区内贫寒之农民诊病，农民先由辛庄诊疗介绍所，取具免费证，再往温泉疗养院诊治。介绍所系由学生二人分担责任。本区试办此项诊疗所之目的，使农民破除靠神庇佑之信念，提倡用科学诊病之方法。

庚、辛庄农场　本区于辛庄办公处之东北郊，租地八亩专为男生下午农事实习之场所，女生下午除家庭工业及园艺实习外，必要时亦参加郊外农场活动。计本年大秋时农场收入如次：

一、黄豆　二百斤

二、高粱　六十斤

三、谷子　二百一十斤

四、玉米　四十斤

五、白薯　四百五十斤

六、花生　三百五十斤

七、豌豆　十斤

八、棉花　三十斤

本区开设此种简易农场之用意，非为企求学生，以全部精力与时间，从事于大量之生产，而使学生了解农业与劳动，影响及于国家元气之连锁关系，学生来区，非为农业而学农业，乃为了解农业在国民生活上有若何关系之意义，而从事农业；亦非专为练习劳动，而从事劳动。实为体得劳动在国民生活上，有若何关系之意义而练习劳动。此种教育之根本目标，在于劳动者本身上之精神训练。

辛、高里掌民众学校　高里掌为区内各村，距本区办公处所在地辛庄最近之村庄，两村相去不过半里。该村约五十余户，人口总数亦仅二百三十余人，学龄儿童约在三十以上。本年八月与该村乡长商洽开办民众学校事，当允于大秋后，进行筹备。十月二十日由该村乡长，指定村中官庙为校舍，并代办理招生事宜，十一月一日始正式开学，现有学生三十六人，系男女壮少混合一班，因设置简陋，一时难于分班教学，教员由师范班指定平日富于责任观念之学生六人充任，每晚由该生等偕往授课。

六　民众集体活动纪要

甲、灯棚会　灯棚会为北平四郊各村农民盛行之集会，每年旧历元宵节前后，由村中乡长佐于事前筹集巨款，就官庙适当地点，扎一广大之席棚。内面陈设农民最信仰之几个菩萨，并有极隆重之祭品，就中以

"蜜供"耗钱最多,此物系以小糖条砌成高可五尺许之宝塔数座,陈于菩萨之前,一面敬神,一面表演游艺,以资团聚。本区曾利用此种机会于事前征求各村同意,由学生组织游艺表演队及识字宣传队,前往参加。计曾往参加之村庄,有辛庄、高里掌、西小营、三星庄、苏家坨五村。

乙、妙峰山庙会 妙峰山为北平一带民众进香圣地,每年自旧历四月初一日至四月十五日,各处民众上山朝拜者。约五六十万人。上山进香路线,分为四道,北道为聂各庄,中北道为徐各庄,中道为北安河,南道为三家店,除三家店外,所有北、中北、中三道枢纽村庄,悉在本区以内,实为本区举行大规模社教活动之绝好机会。旧历四月初六日拂晓,本区全体男师生,步行循北道上山,从事妙峰山社会调查,傍晚循中道而归。初八日即择定北安河,就香客丛集之所,由全体学生举行游艺会及各种通俗讲演。

丙、儿童节活动 本年四月四日曾举行扩大儿童运动,当时参加之儿童,除区内各村小学外,尚有各村自由参加者,合计六百余人,在本办公处举行开会仪式,由本区代表讲演儿童节之大意,予儿童及其家长以良好之影响,次由各村儿童代表,相继说话,末后呼口号赠糖果而散会。

丁、其他关于农民赏月会双十节等集体活动 由本办公处同仁另文报告,兹不赘述。

七 大学部教育系同学实习工作

大学部教育系三年级同学,从本年三月十六日起,分组到区实习每组实习人员为十人至十二人,每组实习三日,因实习人员中经南下参观,耽搁颇久,延至五月二十一日始克蒇事。此种实习工作分行政实习与教学实习两种。行政实习分为教务、训育、劳作指导、各村行政四类,教学实习分实地教学者与批评教学者两组,实习科目限于教育学科。

八 室外作业"活动导生制"之实验

本区师范班学生下午各种室外作业,错综复杂,种类甚多,为完成工作学术化及学术工作化起见，特采用活动导生制，从事实验。其实施办法将师范班分设文化、政治、经济三部，分掌室外作业。各部设研究导生、训练导生、实验导生各一人，并设预备导生若干人助理各部工作，各部依据既定之生活单元，实行做学教合一。

篇九　全国经济委员会农村建设工作

许仕廉

一　引言
二　五项工作原则

一　引　言

全国经济委员会最重要的工作有四，就是水利、卫生、道路、与农业四项。这四项工作，不论何项，对于农村建设，都有直接或间接的帮助。现在，我不讲经济委员会在过去一年中所作的工作，因为已印有单行本的报告了，而我所欲讲的只是他的工作原则。他的工作原则归纳起来，可分为下列五项。

二　五项工作原则

第一，在可能范围之内，尽力求各中央机关农建工作的协调与推进。经我们与各中央机关长官会商的结果：凡两机关工作重复的事业，在可能范围内，可以合并者合并，不便合并者合作，不便合作者分工。自秉着这个原则进行之后，我们现在可以看出中央许多不相连接的农建机关，实际是在通力合作，互相为用的了。

第二，在全国乡村建设的计划中，求农业生产与农村组织并重。前农村复兴委员会大会的讨论，认农业生产以稻麦棉丝茶五种为最急要，在农村组织方面，以农村金融及农村副业为不可缓，一年来经委会对棉业、蚕丝、茶业及西北畜牧，均已拨巨款作改良之用。同时农业处编辑米麦统计，又与实业部中央农业实验所合作，做种种稻麦改良试验。在农村组织方面，则委托华洋义赈会继续办理湘、鄂、赣、皖的农贷及合作，拨有基金约三百万。关于农村副业方面，与中央农业实验所合作，聘戴乐仁教授，主持江西手工业之调查。

第三，在全国乡村建设的程序中，极力充实地方实际工作，避免在南京城里空讲理论。又极力扩大事业费，减轻行政费，使一切农建经费，用在实际工作，用在农民身上。例如经委会的农建计划，大部分集中在江西和西北，所拨事业经费近百五十万。此外则为前面说过的湘、鄂、赣、皖四省农贷及合作。而本会主管农建的农业处，每月行政经费只四千元，不及事业费百分之一。其技术人员，十九分散各地，担任实际工作。在南京仅有少数人主管行政调查统计事项而已。

第四，关于各项实际建设，极力注重人才训练和实地调查。例如茶叶改良，经委会决定遣派三人赴锡兰印度，专习最新茶叶制造方法。关于合作人员的训练，则拨款一万元请金陵大学办理。关于实地调查，现经委会已派人赴、湘、鄂、皖、赣、闽、粤、苏、浙实地调查茶叶产销情形。又派有专家数人去陕、甘、青、宁各省调查农村金融与畜牧实况。

第五，关于各项实际建设与研究，极力求政府机关与私立机关合作。例于湘、鄂、皖、赣四省及西北的合作，经委会委托华洋义赈会代办。实业部对于银价高涨与农产物价关系之研究，与金大农业经济系合作，关于农村组织及人口研究，与燕大社会学系合作；关于乡村工业实验，与金大社会学系及华北工业改进会合作。此外经委会、农复会、实业部等，对于农村建设，农业改良或农事调查，与各地私立机关及银行界，尚有不少合作的事业。

上述五点，大概是已经实行过或正在实行中的工作原则。一年来，我们所遭遇的困难，为（一）人才缺乏；（二）交通不便；（三）办事牵制太多；（四）政府的范围太大，作事不易敏捷；（五）要做的事太多，而人才经济时间有限，不能不择要办理，难免举一漏万。

但这些困难，并非牢不可破的。农村建设，只要实地去干，就有办法，不干就没有办法；干下去，人人都能合作，要不干，到处都是荆棘。从实际工作方面观察，我感觉到中央几个农建机关，很有协调推进的热忧。农业人才，经济人才，社会人才，真能分工合作。切实工作以后，当地人民，真能表现合作的精神。一般工作人士，真能吃苦耐劳，不畏艰危。所以"一年来的工作，是很苦很忙的……要做事处处都是困难；但经过一番困苦之后，每件事业，常给我一种精神的愉快。"

篇十 江苏省立教育学院民众教育实验工作报告

高践四

一　农民负担
二　农村保卫
三　经济组织
四　经济建设
五　乡村教育
六　乡村自治
七　人才训练

本院于十七年秋季，开始办理乡村民众教育。十八年春季创办黄巷民众教育实验区，其后高长岸社桥等处，陆续开办，自二十一年秋季起将以上各乡村实验区域合并整理并扩大施教区域为惠北民众教育实验区及乡村自治协助处（黄巷高长岸等处统归入协助处，并划无锡县第二区为北夏普及民众教育实验区）。兹将最近工作情形摘要说明如下：

一　农民负担

捐税之繁重，系促成乡村经济崩溃之重要原因。故本院对于此项问题，不得不加以注意与研究。农民负担之最重者，厥为田赋，最近一年来本院对于本省田赋情形，曾加以调查，盖本院除作民众教育之研究与实验外，对于本省民众教育之推行负有设计之责任，故调查农民负担情形，须以全省为对象也。

本节关于农民负担问题，可分无锡本地之状况及江苏各县一般情形两方面言之：

（一）无锡土地，每亩征省税四角四分三毫，县税九分四厘四毛，征收费二分六厘七毛，带征地方费八分二毛，普及教育捐八分，教育费二分三厘四毛，警察捐一角二分，筑路捐五分，农业改良捐二分，抵补预算捐二分六厘，积谷费五厘，共计九角六分六厘。内计正税五角七分一厘四毛，附加税为三角九分四厘六毛。合征每亩地价之百分之点九二五（每亩地价以八十九元为例）平均每人应负担田赋一元一角八分。（内每人负担教育经费四角四分。）其征收方法，农民大都委托图正代纳，中饱舞弊，流弊滋深。其余如牙税、契税、经忏捐、屠宰捐、营业捐、筵席捐、航船捐等，名目繁多，捐则苛重，而胥吏借端敲诈，稍不如意，动辄倍罚，农民痛苦，尤为深重。

（二）江苏田赋最重者为苏州，每亩年纳正税一元，建设费八分一厘，县教育亩捐一角七分三厘六毛，公安费三分五厘六毛，警察费二角二分一厘八毛，农业改良亩捐三分二厘，地方补助费一角六分七厘八毛，保卫团经费七分七厘，征收费四分五厘，共计洋一元七角二分三厘八毛，轻者如启东每亩正附税年征二角三分三厘，而附加税一项，年增不已，往往超过正税几倍以上。兹经统计结果，计超过不及一倍者有上海、太仓、奉贤、淞江、青浦、吴江、金山、铜山、昆山、镇江、南汇、武进、无锡、宜兴、吴县、常熟等十六县。一倍者有溧阳、嘉定、金坛、宝山、丹阳、川沙、句容、江阴、靖江、六合、江浦等十一县。二倍至五倍者有东台、杨中、溧水、泰县、高淳、江宁、启东、宿迁、江都、沭阳等十县。五倍至十倍者有仪征、萧县、南通、邳县、淮安、兴化、场山、赣榆、盐城、睢宁、泗阳、丰县、泰兴、宝应、沛县、东海等十六县。十倍至二十倍者有阜宁、高邮、淮阴、涟水、崇明、如皋等六县。二十倍至二十六倍者有灌云、海门二县。其名目繁杂分歧，多者如崇明有筑路专款、地方补助行政费、地方特税、公安经费、教育费、新案教育费、自治费、新案自治费、积谷捐、慈善费、教育实业费、教育亩捐、公安亩捐、党部亩捐、地方亩捐、市政行政亩捐、农业改良捐、慈善亩捐、积谷亩捐、警察队亩捐、公安行政亩捐、保卫团亩捐、清丈费等计二十三种之多，少者如启东、青浦等，亦有八九种。农民有以每年田内收入百分之二十以上为田地赋税者（如邳县）。平均本省民众每年每人负担田赋一元二角五分（内每人担负教育经费四角三分），近年以来，复以公路之建筑，于农间时又有派服工役之举，惟系暂时性质，为日当不多也。

二　农村保卫

本院各实验机关，于每年冬季，指导民众组织冬防团，从事乡村自卫。惟以法令及经费关系，不能置备枪械，其团体由每户抽壮丁一人组织之，每晚有五人至七人巡逻守夜，以村为单位。此村与彼村之间，亦有密切联络，遇有紧急事故，则鸣锣为号。附近各团，闻声均可聚集抵御。锡地尚称安靖，惟人冬盗窃较多。故此地此种组织，已足维持当时之治安。最近江苏省政府已令各县举办保卫队，本院各实验机关对于保卫队组织上，宣传上，均竭力从旁协助，以期进行更行顺利。

三　经济组织

本院各实验区内之经济组织，有合作社、储蓄会、贷款所、及米粮储押所四种。兹分别说明如下：

（一）合作社　惠北实验区有信用合作社六所，社员一百八十九人，资本六百五十元，历年共放出款洋一万八千七百五十九元五角六分。养鱼合作社二所，社员五十八人，资本一千零五十元。运销合作社一所，社员三十人，资本二百八十元。北夏实验区有信用合作社十二所，社员一百八十三人，资本四百六十八元。二十二年度借款者二社，计洋七百三十二元。养鱼合作社五所，社员二百零八人，资本四百三十五元。垦植合作社一所，社员三十人，资本三十元。南门实验民众教育馆附设之潮音实验乡有信用合作社一所，社员三十二人，资本二百五十元，放出款洋一千五百元。以上三地共计有合作社二十七所，社员数七百三十一人，资本额三千一百五十五元，均信用合作社，共放出款洋共一万九千六百四十一元五角六分。信用合作社为流通乡村经济之组织，向农民银行及上海银行借款以低利贷与农民，月息一分二厘，用作购买种子及田间施肥之资本。绝对不准用于消耗方面，社员彼此尚能遵守信约，从未有延期偿还事情发生。养鱼合作社系利用天然河道，略加修理，放殖鱼秧，藉增乡村生产。运销合作社设立在高长岸地方，缘该处农民，以种殖茭白为业，年来以受商人之垄断，致价格低贱，入不敷出，即于二十一年夏由该地设立之实验民众教育馆倡导农民组织运销合作社，将田间所产茭白，自行运至南京及上海销售，举办以来，成效颇著，非特商人受极大挫折，即农民收入，亦能陡增。垦植合作社系利用荒山造林，成立不过二年。总之：本院各项事业，完全视当地环境上及需要上之不同，分别提倡，固无划一之方式及办法，合作社之组织，不过其一例也。

（二）储蓄会 大都附设于信用合作社，信用合作社为巩固事业基础及增多基金起见，每月由社员向社内储蓄洋二角或四角，此项储金，将来并不分拆，每月仍分借与社员，三个月后归还，如此累月积集，至三年后可成巨款。然后将此款存入信用合作社作为基金。如此则合作社独立经营，将农民之存款借与农民，可不必再向外界借款。而农民因按月必须存款之故，社员与合作社之关系，亦可愈加密切。此种组织计有三处，储金有三百三十一元。

（三）贷款所 北夏实验区与无锡农民银行，在北夏合作举办农民贷款储金处一所，上年度指导民众组织借款联合会一百二十一处，（民众组织借款联合会后始可向贷款处借款）会员一千四百九十人，放出款洋一万一千一百零六元八角四分。惠北实验区上年度有借款联合会十六处，会员一百十二名，放出款洋二千八百元。两区共计有借款联合会一百三十七处，会员一千六百零二人，放出款项达一万三千九百零六元。

（四）米粮储押所 惠北实验区周龙岸地方，于二十一年冬季曾举办米粮储押所一所，资本系当地领袖戈子才先生所借出，由该区自治协进会主办，兹录其办法如下：

1. 本所设干事七人，干事长一人。由本会（自治协进会）推选之，任期至结束为止。另设会计、庶务各一人，协助所务进行，干事及职员均为义务职，不支薪给。

2. 本所储押范围以周龙岸各村农家为限，但不限定本会会员。

3. 储押米数分五斗、一石、一石五斗、二石四种。

4. 每白米一石储押大洋五元，月利会员一分二厘，非会员一分四厘。

5. 本所办理时期，自十二月二十五日起至六月二十五日止，为限六月。二月二十五日，四月二十五日，六月一十五日为储借户赎米还款期，期满不赎者，由所变卖后抵偿借款，有余发还，不足追补。

至于北夏实验区方面，以无锡农民银行在区内办有大规模之仓库，故未另办。

四　经济建设

本院各实验机关指导农民办理之经济建设事业，可分修路、造桥、造林、救灾、及农业改良数方面言之：

一、修路　本院附近各乡村，交通本甚阻塞，自本院举办实验事业后，即积极提倡筑路，藉利交通，计已筑成者有高社路，长三里许，黄巷路，长一里，周龙岸路，长五里，交通甚便。北夏实验区复兴公所合作领导农民建筑西仓县道，全路长十五里，业已完竣。

二、造桥　江南多河，桥筑甚多。惟乡间格于经济，每多失修，危险殊甚。本院惠北实验区曾领导农民，先后修筑桥梁三座，一为新桥，费洋二千元。一为南徐桥，费洋一千三百元，一为岸底里桥，费洋一千五百元，其款项除由民众捐助一部分外，不足之数，则向外募集。桥系钢骨水泥造成，较昔日为宽广坚固。

三、造林　每年春节。由院中向农林机关购置大批树苗，分发实验机关指导民众种植。上学年计推广桑树一万株，白杨、松树等一万零七百三十七株。除在荒隙处培植外，计造成林圃者在北夏二处，面积约三十余亩。现本院农场新购荒山八十余亩，拟积极作培植树苗之用。

四、救灾　二十年大水，酿成巨灾。本院实验机关，在黄巷及高长岸两地，当时曾指导农民筑堤防水，事后复发起修筑堤岸。计修成者共长三十二里，包含田亩二千八百余亩。本年夏，苏省大旱，北夏实验区曾指导六乡镇民众开河戽水，得救田地计六千七百余亩。

五、农事改良　本院关于农事改良工作之进行，设有农场主持其事，先作小规模之实验，将其结果推行于农民。农场自十七年设立以来，应地方之需要，注意于稻麦优良品种之培育，杂交猪之繁殖，中国鸡之选种，蔬菜改良之试验，病虫害防除方法之研究。兹将数年来本院对于农事改良方面进行之工作，扼要略说如次：

（1）育蚕指导　本院自民国十八年起每年春秋两季与无锡蚕桑改良机关合作，在实验区内设立育蚕指导所，介绍改良蚕种及指导育蚕方法，本年春，在北夏惠北两区共设十三所，成绩甚佳。

（2）防治猪瘟　民国二十二年秋，本院惠北实验区内梅泾岸底里等处发生猪瘟，农民缩手无策，即由本院兽医技术员注施防治药剂，颇著成效。其后各地纷纷请求，乃订定请求防治办法，略收费用，从事普遍推行。

（3）推行改良农具　无锡农民脱谷方法，向多徒手击落，自经本院提倡打稻机后，省工数倍，农民皆乐于应用。初由本院出租，其后农民以其价廉，相率自购，数年以来，此机已普遍于农村矣。

（4）供给优良鸡种　自民国二十年起，本院供给来克抗优良鸡种种蛋，每年廉价售出者约计三千个。又将公鸡廉售，或送给农家饲育，谋得第一代杂交种，以增加鸡蛋之产量。此项公鸡，本院每年供给自数十头至百余头不等。

（5）病虫害防治之指导　其工作可分为下列五项：（一）协助农民防治蔬菜、水稻、桑树、害虫及麦类黑穗病线虫病。（二）制备多量病虫害标本供给全省农民教育机关之用，计有重要害虫标本三十种，病害标本二十种。（三）答复全省社教机关询问作物病虫害之名称及防治法。（四）编印病虫害防治法浅说，供给全省社教机关参考。（五）与本院工场合作仿制杀虫器械，现已制成万能喷雾器十件，以供推广。

（6）除虫药剂之试验及推广　现已得有结果者有除虫菊石油液之代替"飞而生"以杀蚊蝇，（价格仅及飞而生十分之一而效力远胜）及除虫菊石油糊之杀粪蛆。（效力大于青化钠而价格较廉四分之一）

（7）稻麦优良品种之供给　本院自民国十八年起，即征集稻麦改良品种，举行试验。择其成绩优良者，繁殖推广。关于稻种方面，民国十八年在实验区内推广曲玉五石。民国二十年推广二十余石，又推广早黄稻十石，至本年春，在惠北实验区推广光头黄三十石，在北夏实验区推广三一八五石，均能得农民信仰。关于麦种方面，民国十八年起推广美国白皮，粒大质良，农民极为欢迎，惜不能耐寒耐湿，其后又改用金大二十六号麦种，本年在北夏惠北二处，合计推广十石左右。

（8）农村工艺之传习　本院于二十一年秋，添设农村工艺一科，平时指导本院学生制造实习各项农村工艺，并训练各县社教机关工作人员。各社教人员来院实习后，回县服务者计有六十余人。二十二年起复与北夏实验区合作设立传习班，招收农民，授以蒿秆藤柳品之制造方法，并在天福巷地方指导改良竹器。一年以来，直接传习男女农友五十余人。制作品交本院推销者有五百余件。本年度又在该区薛家村增设一班，并组织生产合作社，及城内发售所等从事推销。

五　乡村教育

本院附设之惠北、北夏两实验区，均系从事于乡村民众教育之实验。而民众教育工作之范围至广，举凡农村保卫事业，农村经济组织，以及各种乡村建设工作，莫不包含在内，盖教育即生活之改进，固不限于书本上知识之传授也。故现今欲单独提出乡村教育一项事业以言之，似甚困难。

原来上述各节，即系本院乡村民众教育工作之一部。惟现为适合本题题旨起见，拟缩小其涵义，单独提出乡村小学与民众学校二项言之：

一、乡村小学　北夏实验区有实验小学一所，实验以小学为中心，实施各项民众教育之方法，白天为小学校，晚上招收失学之青年及成人，授以基本智识，庶教具亦能充分利用，教育之功能亦可由儿童而及于成人。北夏实验区内文化甚低，小学甚少，后经几番提倡，乃扶助农民设立乡村小学三所，开办费由乡民募集，经常费除将学生学费抵充外，不足之数由乡村自治机关供给之。

一、民众学校　上学年北夏实验区，共设民众学校二十所，三十四班，男学生九百六十一人，女学生四百六十三人，共计一千四百二十四人。惠北实验区共设十三校，男学生二百零二人，女学生四百二十六人，共计六百二十八人。共计两区有民众学校三十三校，男女学生达二千零五十二人。每班均四个月毕业，课本均系自编。北夏实验区复有合作民众学校之办法，即鼓励私塾或小学校，自动办理民众学校，由实验区指导之，每月由实验区派员前往月考，视其成绩之优劣及毕业生之多寡，酌给教师以相当之津贴，此种办法试行以来，对于文字教育之推行，颇见成效。将来关于民众学校之推广，或须采用此法，自办之学校，将专作实验之用。

六　乡村自治

民众教育之目的，即在于实现乡村自治。而乡村自治之实现，必须使一盘散沙之农民，先有组织，俾民众在共同信约之下，得发挥其力量。此种组织，在本院称之谓乡村改进会或自治协进会，由村中热心公事之成年民众组成之，为推动地方事业之中心力量，亦即办理地方自治之协助机关也。现北夏实验区有七所，会员有三百二十三人，惠北实验区有十所，会员达六百九十二人。举凡修桥、造林、筑路、开办小学等等地方公益事业，均由该会发动主办之。

民众教育之目的既为实现地方自治，故民众教育之机关，办理达相当年时期后，应即迁移，所有事业，应改归民众自办，以期发挥其自治之能力，本院基于此种主张，凡以前所设立之实验机关，均以三年为一段落、期满后即将机关撤销，事业移交地方人士接办。现已结束者有黄巷，高长岸两处，惟恐民众程度有限，进行不无塞碍，故将该区附近一带协域，划在一起，设立乡村自治协助处，用少量之经费及人力，辅助并指导事业之进行，惟处处以民众为主体也。

七　人才训练

本院设立之主旨，在养成江苏省六十一县民众教育农事教育服务人才，并为民众教育农事教育研究设计及实验之场所。以故除从事于民众教育农事教育之实验外，对于服务人才之训练，实负有重大责任。现院内设民众教育农事教育两学系，并附设农事教育专修科，学生二百八十余人，除由另省各县教育局保送外，外省之来院就学者亦日众。历年毕业生有四百五十余人，均在民众教育机关服务，而其地点又大都在乡村。兹将历届毕业生之籍贯统计及服务地点列表如下：

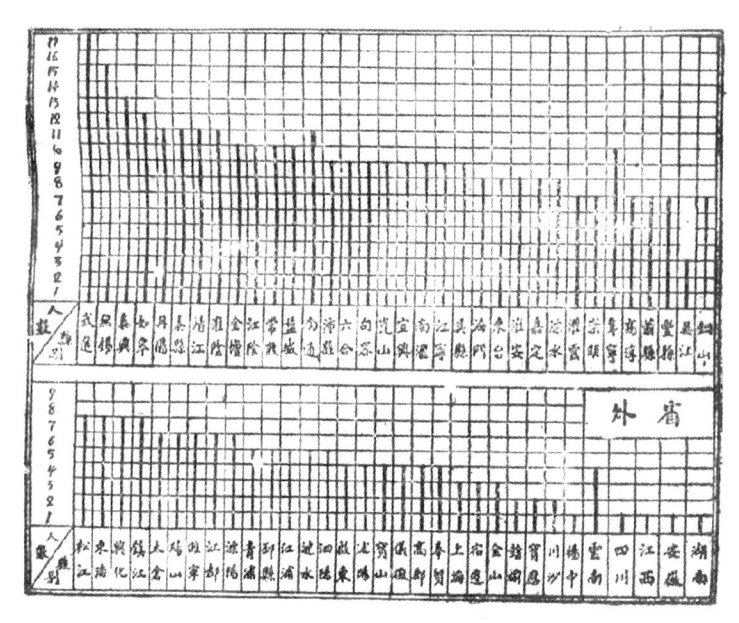

毕业生籍贯统计表　二十三年十月制

附註　1. 毕业生数 本省四百四十二人／外省八人

　　　2. 其中女生佔三十六人

　　　3. 另有特别生六人（陕西二人广东一人本省三人）

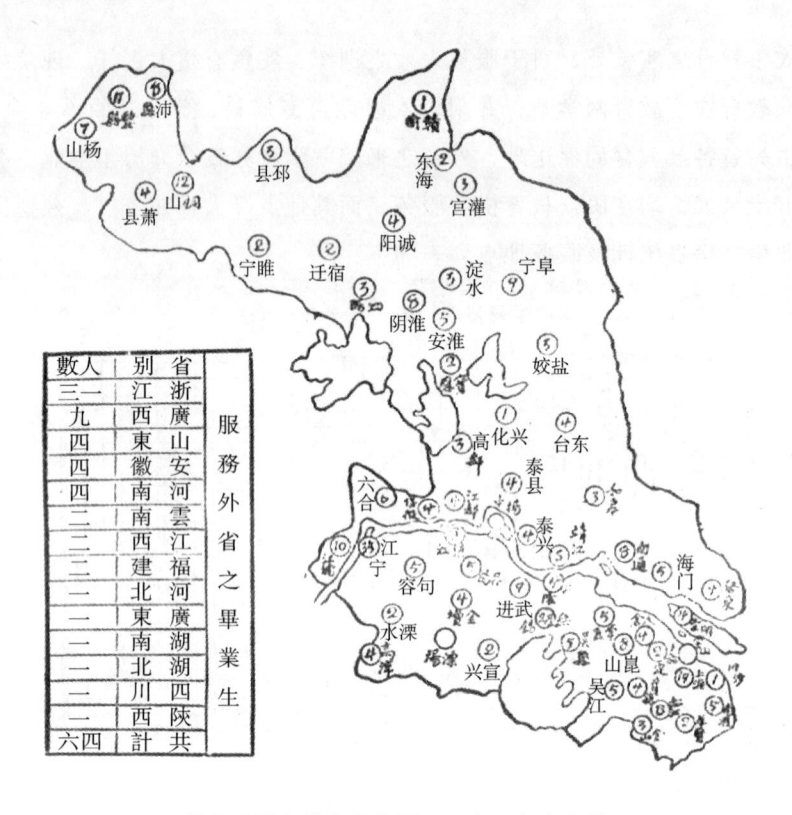

省别	人数
浙江	一三
廣東	九
山東	四
安徽	四
河南	四
雲南	三
江西	三
福建	二
河北	二
廣東	一
湖南	一
湖北	一
四川	一
陝西	一
共計	四六

服务外省之毕业生

毕业生服务地点分布图　二十三年十月制

说明之一

本院毕业生共计四五〇名已死亡十四名服务本省者计三三五名服务外省者计四十六名升学他校或回院续学者计有十三名服务情形尚待调查或因事家居者计有四十二名

说明之二

关于服务本省各地之毕业生：

1. 上海市与上海县合计

2. 南京市与江宁县合计

3. 浦口与江浦县合计

4. 无锡县与本院合计

篇十一　山东乡村建设研究院及邹平实验县工作报告

梁漱溟

一　山东乡村建设研究院之起源
二　山东乡村建设研究院及邹平县之工作

一　山东乡村建设研究院之起源

山东乡村建设研究院，系山东省政府所设立。惟同人原本都是从事社会工作和乡村运动的同志及团体。故实际均系受鲁省府委托。我们的动机有两面：（1）我们多数是乡村出身的人，身受一切痛苦，非自救没有办法，而要农民有自觉，有组织，必须知识分子下乡；（2）现当过渡时代，我们必须创造新的社会，这社会必须从乡村做起。

二　山东乡村建设研究院及邹平县之工作

本院下有两实验县，一为邹平，一为菏泽。菏泽设有分院。此外有研究部，研究乡建诸种问题，如行政合作等等。研究人员多半为大学专门毕业生。各项研究，均有专人负责指导。又有训练部，分班训练乡建工作人才。详细情形，请参阅山东乡村建设研究院概况，兹不多说。

关于邹平实验县工作分为三项：（1）地方行政改革实验工作。即旧政的改革，积弊的剔除，和新政的举办；（2）地方自治实验工作，即由下级自治至县自治的完成；（3）社会改进实验工作。三者互相关联，相辅而行。但实施步骤不能不略有先后，因第一项的完成，有待于二三两项的进展；而第二项的促进，又有赖于社会改进者甚大。故一三两项，应先举办，即我们认定县政建设工作，应从改进农村社会入手，而改进农村社会的工作，须利用行政力量去推行，故行政改革实验工作自必须同时进行。现在邹平县就是依照这个步骤在切实进行。我们的理想是"政""教""富""卫"合一，我们在邹平正在实验着行政机关教育机关化的理想，用村学代替村公所，用乡学代替区公所；县自治机关的系统，就是县政府——乡学——村学。乡学村学，一方面是乡村自治机关，一方面是乡村教育机关。关于富的方面，除从事于农产物优良品种之推广工作外，并极力提倡组织各种合作社，梁邹美棉运销合作社即其最著者。（参阅梁邹美棉运销合作社第二届概况报告。）关于自卫方面，除改组团警，成立民团干部训练所，且附设征训队外，并分期训练联庄会，以养成民众武力，使平时足以自卫，一旦国家有事，即可为国军之后盾。（参阅邹平乡村自卫实验报告。）

最后邹平实验县有一个特点，就是不仅有行政权，且有立法权，所以办事比较顺手。

篇十二　镇平乡村工作报告

王彬之

一　引言
二　自治机关之组织
三　调查户口与编查保甲
四　整理田赋
五　财政之整理
六　经济
七　建设
八　救济
九　教育
十　民团
十一　改良风俗

一　引　言

镇平民风俭朴，是一个耕织的农业社会。但因历年来土匪蜂起，全县人民终日在刀光枪影下讨生活，受土匪之蹂躏践踏，其损失不能以数计。社会之残破，经济之恐慌，更非言语所能形容。当时的官府，只知勒索派款，毫不负责，使镇平三十八万人民整个的处于水深火热之中，过非人的生活。

彭禹廷先生于民国十六年丁忧回县，目睹伤心惨目的景象，才毅然创办民团，不数月土匪肃清。十八年任河南村治学院院长，镇平土匪又起，县城失守，损失更大。彭先生于十九年秋，应全县人民之请求，又回县办理民团，并组织机关，办理地方自治。至二十二年春，彭先生被奸人谋害，地方人士仍继续彭先生之精神，照常进行。

镇平自治为人民在贫困匪乱环境中，自谋生路，才自动办理的。在进行上，遵照地方自治开始实行法，及政府法令，但有时因特殊情形及需要，在实施上，少数细节与政府法令，亦有未尽吻合处。至二十三年春，奉河南省政府令，将一切不合法令之组织，均加改组，但自治的事业，仍然继续进行。

彭先生认定地方的痛苦，一定要人民自身来解除，地方的福利，一定要人民自身来谋求，换言之，人民的需求，无一不需要自身的努力奋斗，实地工作。故其领导民众，组织民众，训练民众，提倡地方自治。其最终之目的，在"夜不闭户，路不拾遗，村村无讼，家家有余"的完美社会。

二　自治机关之组织

民国十九年秋，镇平人民为铲除匪患，自谋生路计，自动组织机关，以代替官治组织，其目的在"根据建国大纲第八条之规定以筹备自治完成一县之训政"。

自治之最高机关分为三部分：

1. 自治委员会为全县会议机关，决定全县一切事业进行计划，及兴革事宜。并选举十区自治办公处正副处长，设委员三十五人，正副委员长各一人，由全县乡民选举之，任期一年。

2. 十区自治办公处为全县之执行机关，设正副处长，下分总务、指导、调查、财务、建设五股。

3. 调解委员总会设委员五人，由自治委员会推选之，调解全县诉讼事件。调解以法律、人情、公理、及地方习惯为主。其根本目的在于息讼。

镇平全县分为十区，区设正副区长各一人。下设总务、建设、教育、指导各股。并附设调解委员会，由委员五人组织之。区之下为乡镇，全县共一百九十四乡镇，设正副乡镇长各一人，书记一人。乡镇之下为闾邻。

以上之自治组织，自十九年秋至二十三年春，经历三年之久，虽无显著之成绩，但地方人民，尚能安居乐业，一切事业之计划，尚能按步实施。惟与法令少有不合，终于二十三年春，奉河南省政府令，将一切自治组织，完全取消。自治委员会及十区自治办公处，改为地方建设促进委员会，乡镇间邻改为保甲制。

地方建设促进委员会设委员三十五人，另推举常务委员五人，一人为委员长。内部设总务、指导、设计、调查四组，对于地方事业负设计及建议之责。一切行政，全归县政府处理。但实际上地方建设促进委员会仍负推进自治事业之重责，仍为全县人民自治工作之重心。表面上，虽然改组，实质上地方人士仍本彭禹廷先生之精神，以完成地方自治之工作。

三　调查户口与编查保甲

1. 调查户口　由十区自治办公处派员，会同各乡镇长及各小学教员共同负责，历时六月，调查完毕。兹录其统计结果如下：

镇平县户口统计表二十二年份　中华民国二十二年十二月终统计

区别＼事别	第一区	第二区	第三区	第四区	第五区	第六区	第七区	第八区	第九区	第十区	总计	备考
户数	四四〇六	一一五八	六〇一二	一八六七四	一一八〇	八八〇四	四八四一	六二一八	六五一七	七二二三	八五〇三三	外国人不常在境故本表未界外国人寄居一栏
人口总数 男／女	男 一〇九一六／女 七八六八	男 三〇八〇三／女 二一二〇六	男 二二一〇六／女 一五二九〇	男 五二七九七／女 九六九一	男 三五三四三／女 三五三四	男 二八七五四／女 一九八一六	男 二四〇一〇／女 一五四〇一	男 一三六二八／女 九五二四	男 一七四〇一／女 二三八二	男 一九二一／女 一七九三三	男 一三一五三／女 二二三四七	男 二三〇八〇七／女 一五六六四〇
现住	一〇〇六五	七七八六六	二八七一六	二〇九三一	一三五七四	九五六七四	四六三五一	三三〇四九	二六〇四七	一九六四三	一五二四〇	一七四六二四	一二一八一	一七四六二八	二二一九二	一七七四八	一二九八二一	二〇六八七五	一五四四六七
他往	八五一	八二二	二〇八七	二七五	一七七七	一一七	六〇六四	四九二	五四〇	五二九	二四一〇	一七〇	一六六七	八一	一六七七	二〇一	四七一	五五	一五二二三	一七一	二三八三二	二一七三

续表

区别＼事别	第一区	第二区	第三区	第四区	第五区	第六区	第七区	第八区	第九区	第十区	总计	备考
学童	一五八一／一〇一一	五三八九／二四九九	二〇〇三／一一二三	七六八七／三九九六	四二五八／一九三六	三七六八／一七七九	二三八八／一〇九二	二七九三／一一六二	二六五一／九一四	三〇七五／一三四二	三五九〇三／一六八五四	
壮丁	四三二八	一一六九八	六五八七	二六六八四	一一七五四	九七八四	五三四五	六九九八	六七九八	七五〇八	九二四八四	
蓄辫	无	无	无	无	无	无	无	无	无	无		外国人不常在境故本表未界外国人寄居一栏
缠足	四〇一二	一一九八六	五六八九	二三一二八	一三四七八	一〇九二五	四一八九	七九六四	七八二四	七七一二	九六九一一	
国民党员	二	二			五	二			一一		一一	
职业 有	七八三二／五九四八	二〇二一四／一五〇二八	一一四六二／七八三六	三六一六一／二六二六四	一九九五一八／一五一二六	一七〇二六／一三〇二九	七六八一／五九八六	一〇二八四／七六六四	一一三〇八／七七九六	一五〇八六／一〇三九	一五七〇〇五／一一四八〇八	
职业 无	一七四	七九／四一	八	四八／一六	二二八	一〇二／一四三	一八／六一	六／五四	三／四一	一一／一六	三／一三八	九七四／二五七
宗教 佛教	八	一一／七〇	三八	五／四四	九五	二一／四八	一六／三五	一七／二一	二九／一五	一／一九	八	二三〇／二七八
宗教 道教	一	八	二	四	三	二	一	三	二	一五	八	三	三九／一四
宗教 回教	五六一	二九／六八二	五八一	二四七	一六一	四九七／六	二三四	八	九／二〇	一八	九	六	二五六七／一五六三
宗教 耶稣	六	八	五二／四三		三	五	一四	六	六	七	二	三〇／二二	一一八／九四

续表

区别\事别		第一区	第二区	第三区	第四区	第五区	第六区	第七区	第八区	第九区	第十区	总计	备考
宗教	天主	四	三	三五	二二	二		二二		二六	一八	六九 四五	外国人不常在境故本表未界外国人寄居一栏
	其他				二一		一					二 二	
废疾		八八	三三二	二八九 六九	九三 二五	三〇九 九三	二三八 七六	二一八 八九	一四一 六七	一三五 六九	一〇二 一二三	一六六 五六 一七八〇 五九九	
曾受刑事处分		一	一六	一		五	四	三	一	七		二 四〇	
素行不正		四	一 二九	四	一 三	二	四六	三	六一	一 五	四〇	一 三 一 三 二九六 一五	
行迹可疑		一	一八			七	六	一	一	六		一 四〇	
非家属亲居		八	三 七六	三〇 二一	二一 一三	二七 一二	二五	七 三八	一九	四一 八	五〇	一 六 二 四 一 七 三一四 一一四	

户口调查完毕后，即实行人事登记，分出生产登记表、死亡登记表、婚姻登记表、分居登记表、迁徙登记表、失踪登记表、继承登记表七种。

2. 编查保甲　二十三年春奉河南省政府令遵照豫鄂皖三省剿匪总司令部颁布之剿匪区内各县编查保甲户口条例，实行编查，经一月之时间，完全改编完竣，统计其结果如下：

区别	保数	甲数	备考
第一区	四三	四〇九	
第二区	九一	一〇〇〇	
第三区	三九	四八八	
第四区	一八六	一九四六	
第五区	一〇二	一一一〇	

续表

区别	保数	甲数	备考
第六区	八三	八七四	
第七区	四四	四六五	
第八区	五二	五七六	
第九区	五八	六一三	
第十区	六七	六七五	
合计	七六五	八一五六	

四　整理田赋

土地为社会组织及富力生产之必须条件，以故无论在自治行政上，物质生产上，乃至整个的自治社会之活动上，均须先将土地整理清楚，方能为一切计划之根据。本县实行自治，首先注重清理地亩，至清理办法，原定为两步工作，第一步为宣传调查清丈，第二步为勘验测量制图，在第一步工作已告结束，第二步工作已开始举办，兹将各种实地工作之步骤办法概述于后：

1. 宣传时期

宣传时其注意点集中于税率公平，减轻人民负担之一方面，此为宣传要旨。至关于花户各种利益，更为多了。最简单的也有下列各点：（1）省交粮路费；（2）可以省工夫；（3）省催粮传达费；（4）负担公平。此四点各宣传员到乡村详细说明，务使人民了解清理地亩，不是加税的，是于个人均有利益的。

2. 调查时期

（a）调查工作之分配　调查入手系先责成乡镇长，就各乡镇自行调查，并令各花户自行开一地亩段数亩数等级清单，送由乡镇公所汇报自治办公处，再由办公处组织地亩调查团，实行复查。

（b）调查团之组织　调查团由教育局、建设局、民团指挥部及办公处调查宣传两股共推十九人组成，经共同研究调查办法，及手续后。当即全体出发，分途工作，待复查完竣，凡历时二十七日。

（c）实行调查手续　先调查各机关领袖各区长及地方上巨室绅董之地亩，次调查各乡镇长公务人员，嗣按牌逐户调查，调查完竣后，责令乡镇长将各花户之地亩数段数座落等级，榜示通衢，俾便揭报，以免调查有误之弊。

（d）调查地亩总数　调查结果统计全县耕地及宅房场坟等所占地共有地八千零一百二十六顷七十九亩有奇。（每亩二百四十弓）

3. 清丈时期

（a）清丈区域之规定：（1）每一乡镇为一清丈区；（2）每一清丈区内再分为数小区；（3）清丈区之界限，采用天然者；（4）划定界限时，须邀同邻乡镇长及勘丈员同时到场，以免遗漏重复之弊。

（b）清丈时之手续　丈量地亩时，由各小区域之一隅，挨段丈起，弓尺数目亦须逐段填入地亩册内，如遇其地属外县外区外乡镇人民所有，亦须逐段丈量填册，不许隔段遗漏，俟丈量毕过入附册，并将其地粮银及完粮县份，分别注明，便于后日查考。

（c）清丈前之准备　在二十一年十月五号由自治办公处召集全县勘丈员一百四十四名训话，并讲解清丈地亩办法，及清理地亩简章，每员发给经理局法定弓尺各一个，规定自本月十六日起分组按期清丈，由各区指导员负指导之责。

（d）实行丈量　原规定在农隙时四个月将全县地亩丈完，嗣因雨雪所阻，延至六个月始竣，在第一期需时二十七日，共丈四十七乡镇。第二期分丈六十九乡镇，为时七十六日。第三期所丈之地全在县北部山内，分为七十三组清丈，因本期地形复杂，阴雨又多，竟延长两个月后始得藏事。

（e）统计　自二十二年五月地亩清丈完竣后，当即加增校对员统计员共十四人，历时十个月，校对清楚，统计所得各种数目分别于后：

（1）全县总面积四千九百二十五方里，按方每里五顷四十亩计算，应扣二万六千五百九十五顷。

（2）山占一万六千二百四十五顷有奇。

（3）水冲沙压占一千三百零一顷六十六亩正。

（4）乡镇公用学校社会救济等项地三百八十四顷八十六亩四分八厘。

（5）省县汽车路共占地二十五顷二十九亩。

（6）民有地七千八百七十顷零一十九亩二分一厘。

（7）山坡可造林地七百六十七顷八十二亩二分七厘。

以上四六两项地亩，因勘验地质定在第二步工作，现下各种等级之多寡，尚未定出，故此段报告不能详分各种地之数目，只可逐类列一总数耳。

全县各种面积及其百分比

名称	数目	百分比	备考
山之面积	顷 一六二四五·一九二三	六一	
水冲沙压	顷 一三〇一·六六	五	
山坡可造林地	顷 七六七·八二二七	三	
民有地	顷 七八九五·四八二一	三〇	
各种公用地	顷 三八四·八六四八	一	
总合	顷 二六五九五	一〇〇	

（f）清理地亩之费用　此次清理地亩自调查入手办起，至统计结果止，为时凡二年有二个月，薪工伙食连同印刷需费共约两千二百元。

4. 勘验时期

（a）定土地之等级　土地等级关系国家税收，人民负担，不可不切实勘定，以期平允。至定地等级之标准，在科学上极为复杂，有以土壤为标准者，有以收获为标准者，有以地价为标准者，种种办法虽云不同，总以力求平均为目的。本县在初步清理之时期，为避免困难，逐渐改进起见，自治委员会乃于二十一年十月一日开第九次会议，关于规定地亩等级办法议决三个原则：（1）仍以地方旧日过割成例为根据；（2）查验民国以前红契为根据，（3）以各地方土质为标准。

（b）花户陈报　镇平粮银原分为金银铜铁锡五等，金地每亩三分，（二百四十号）银地二分六厘，铜地二分，铁地一分四厘一毫，锡地七厘八毫，如此过割固尚公允，但不知何时已形错乱，地沃粮轻者有之，地瘠粮重者有之，有粮无地者有之，有地无粮者有之，为时已久，无从考稽，悬殊奇离，已成最不平均之一种负担。为平允计，应责令各花户将其地之坐落粮银开列清楚，由乡镇长汇报以便勘验。

（c）实行勘验　经自治委员会二十二年第五次会议议决，由各区公推一人为勘验委员，办公处派一人协同赴各乡镇按坡照册实地勘验，现正在进行中。

5. 测量制图时期

各种过割规定确实后，即将各乡镇实行测量，制一乡镇分图，并于各该乡镇之每种过割，分别染色，俾得一目了然，以堵飞过多过等习弊，因勘察工作未完，此步尚未进行也。

五　财政之整理

镇平屡经匪患，财政紊乱，不堪收拾，自十区自治办公处成立后，即着手整理财政，一面统收统支，铲除积弊，一面撙节开支，力避糜滥，兹分述其重要事项如下：

1. 整顿征收机关，极力剔除中饱各弊。
2. 清理积欠，各区与财务局累年积欠账项，如平粜，仓谷生息，水利等款，限期清理。
3. 取消苛捐，以前任意加派之苛捐杂税，如房捐、车捐、店捐等一律取消。
4. 禁止乡镇罚款，各乡镇除习惯公约罚规外，不得私自罚款，由各区长严格监督，如仍有私罚情事，一经查出，除惩办该乡镇长外，并予该区长以相当之处分。

5. 摊派方法　自治经费之来源，在农业社会中，除按地亩摊派外，别无办法，但因农村金融枯窘，摊派之款，以直接收麦为要则，并采用累进税率，务期于减轻人民负担之中，且使达到分配公平之目的，其办法如下：

（a）按地摊派小麦，每亩摊派八斤，不足五亩者免除，一顷以外至五顷者，每顷加收八十斤，五顷以外至十顷者，每顷加收一百六十斤，十顷以外至二十顷者，每顷加收二百四十斤，二十顷以外，至三十顷者，每顷加收三百二十斤，余类推。但不足顷之零数不叠加。

（b）本县人民地亩之在邻县，与邻县人民地亩之在本县者，均依投税所在地，为摊派之标准。

（c）各区花户有地在五十亩以上者，无论地之肥瘠，均按每亩八斤出麦，五十亩以下之户，半收之年，每亩不能见麦一斗者为害地，害地减半。

（d）各区所收之麦，由各区长负责保管。

（e）麦册按照清丈后之地亩数填造。

二十年度按照上列办法，实收之麦为七百一十九万四千八百斤。二十一年度因麦季歉收，每亩减为六斤，害地减半，其余办法与二十年度同，约收麦五百六十五万五千二百斤。二十二年度每亩又收麦八斤，办法与前二年同，其数约与二十年度所收之数相等。

6. 统一开支　各区乡镇及各机关经费，统由十区自治办公处，按月核发，各区乡镇绝对不准私派款。

7. 地方服务人员生活费之规定，因自治经费特别困难，故于开支上不得不采取极端紧缩办法，同时地方服务人员之生活费，亦不能不定为最低限度，其办法如下：

（a）全县各机关各区之职员，最高月支八十串，最低月支二十五串，兼职不兼薪。

（b）各乡镇长月支二十串，书记月支十五串，公费十串。

（c）地方服务人员及民团团丁等，每月由公家发给一定数量之麦籽，（职员每人每月五十二斤，团丁每月六十斤）每四十斤扣价五千，由生活费内扣除。

8. 商家在二十年度关于自治经费，曾负担四万五千元，以后因商业凋敝，未曾摊派。

六　经　济

镇平因地理环境，为一农业社会，经济方面，亦自然成为农业社会之经济，但农村副业——织绸工业，在社会上却占一重要地位。十余年来，土匪屡起，烧杀掳掠，人民生活，极为困难，恐非有数年之积极经营，不能恢复元气。是以经济问题，在自治进行上，极关重要。已办者为改良丝绸，设立工厂，农民借贷所，及信用合作社等，兹分述如下：

1. 改良丝绸　镇平绸商每年收入约有一百三十万元，手工业者收入，约有七十万元，数万人民均依此为生，近二年来因蚕种不知改良，山丝日以减少，商人贪图小利，丝绸货劣，上海不易销售，因之倒庄。最近更因世界经济恐慌，货物不能出口，全部停业。自治委员会为实行提高品质，推广销路起见，特设丝绸改良委员会，规定改良章则，严厉办理，期使绸业日有进步，以资救济农村经济。

2. 设立工厂——二十年设立民生工厂，先从织染着手，成品为山绸、花丝葛、市布、呢绒及各棉织物，每年出品约值二万余元，资本金九千元，因限于财力，未得扩充。

3. 设立草帽辫传习所——制造草辫，为妇女最适宜之手工业，除管理家务外，有暇时均可工作，故由十区自治办公处建设股聘请技师，教授制造草辫、草帽、燻染装成各法，并授以珠算民众课本等，传习期为三个月。学生以身家清白，体格健全，年在十四岁以上四十岁以下之妇女为合格。现已办二期，学生一百数十人，实习期间，已制成草帽六千四百余顶。

4. 设立农民借贷所　农村经济极度恐慌，现金缺乏，不能流通，乃设立农民借贷所，发行流通券，以谋农村经济之发展，金融之流通。办理放款、存款、储蓄、汇兑、各业务。资本金六万元。但放款以贷与农村所组织之信用合作社为原则，惟因信用合作社尚未普遍设立，亦贷与农民及商人，但利息较高。

5. 办理信用合作社　农民借贷所成立后，即办信用合作社，农村人民，因金融枯窘，对于信用合作社之需要，亦至为迫切，故在最短期内，成立三十余社，最近河南农村合作委员会已将镇平划为试办县份，已派员来县整理，于最短期内，将各区之信用合作社一律办齐，以为发展农村经济之基础。兹将截至二十三年六月底止之统计列表如下：

河南省镇平县合作社一览表　截至二十三年六月底止

合作社名称	成立年月	性质	经营之事业	兼营之事业	社员总数	每股金额	股本总数	已交总数	二十二年七月至二十三年六月之营业金额	收入储蓄金	借入金	放款总额	备考
五里社	二十二年三月	信用合作社			一〇八	一	一三四		五二九·三八		二六〇·二八	四〇六	
榆扒社					六六		九六		四〇九·六六	二、二	二二〇·六〇	三二六	
柳泉社	二十二年二月				五八		一〇二		六一一·八九	四、八	二六六·四九	三九七	
汤沟社	二十二年二月				五五		一六九		七八二·六一		二五四·五一	四五二	
刁庄社	二十二年三月				五五		八五		五七四·四九	七、七	三五〇·八〇	四五〇	
李锦社	二十二年三月				九四		一五三		六三九·一二	九、〇一	四三九·六〇	六二一	

续表

合作社名称	成立年月	性质	经营之事业	兼营之事业	社员总数	每股金额	股本总数	已交总数	二十二年七月至二十三年六月之营业金额	收入储蓄金	借入金	放款总额	备考
大同社	二十二年二月				六五	九一			六七五·六四	一、六	四二三·一六	五二四	
忠信社	二十二年三月				九九	一八七			八九六·二三	一、五	五七九·七二	七七〇	
安适社					四七	七二			四八一·八四		九六·三二	一八五	
老安社					一一六	二九三			一、五三二·九三	二、三	九九八·四七	一、三〇一	
和平社					九九	三二八			二、八七二·〇〇	四	一、一一七三	一、五一七	
爱国社	二十二年三月				一八	六九			五一四·七九	二、八	一五五·九五	二三四	
劳均社	二十二年三月				二〇一	三六〇			二、三四二·七四	三一、四	七九六·五九	一、二五〇	

续表

合作社名称	成立年月	性质	经营之事业	兼营之事业	社员总数	每股金额	股本总数	已交总数	二十二年七月至二十三年六月之营业金额	收入储蓄金	借入金	放款总额	备考
徐营社					一〇四		一六		一、〇一六·五二	二〇·七	三六·二一	五四八	
德望社	二十二年十一月				七八		一九八		八二七·一八		三九六·五六	六〇六	
礼法社					一〇二		二〇八		一、〇八五·九八		四三九·五一	六六一	
尹营社	二十二年一月				八七		二四〇		一、四八五·〇二	二七·九	六五五·〇九	九五一	
德让社					一〇六		一六二		九九九·四一	二五·〇	一四九·一七	三八四	
周岗社	二十二年一月				一四七		二二二		一、三七九·八八	一六·二	三〇七·五四·	五九二	

续表

合作社名称	成立年月	性质	经营之事业	兼营之事业	社员总数	每股金额	股本总数	已交总数	二十二年七月至二十三年六月之营业金额	收入储蓄金	借入金	放款总额	备考
民权社	二十二年一月				七六		九四		五七九·四一		一九三·三八	三〇九	
民德社					六〇		九四		五六三·三六		二一三·一六	三二四	
大兴社	二十二年二月				八三		二一二		九〇一·四三	一	二二六·五九	四六八	
谷营社	二十二年三月				六七		七七		一二六·三〇			八六	
杜营社					五一		七一		四四〇·六六	一、二	一四七·二四	二三七	
丁寨社					九一		一五六		六四八·四三	四、四	三一九·三八	四九五	
陈营社					二八		一〇二		四二八·七〇	一、二五	一九六·八三	三〇八	

续表

合作社名称	成立年月	性质	经营之事业	兼营之事业	社员总数	每股金额	股本总数	已交总数	二十二年七月至二十三年六月之营业金额	收入储蓄金	借入金	放款总额	备考
栗林社	二十二年二月				八九	一〇			六九七·一三	二八、五二	一九二·二三	三四八	
仁里社	二十二年三月				七六	一〇九			六四四·一〇	四、三	三三三·七四	四六六	
九曲社	二十二年二月				六六	九六			六九五·六四	一、九一	二三八·一二	三七〇	
义武社	二十二年一月				三一	同左	五一		五二·五九			五一	
合计	三〇·				二、四四三	四、五一七			二五、四四五·〇六	二一、六八八·九八	一〇、二八八	一五、六三七	

6. 禁止重利重稞，放账利息最高以三分为限，放麦稞者亦按三分利息核算，按期归利，按市价归麦。

7. 取缔经纪　农民买卖粮食耕牛，因经纪之操纵，受经纪之剥削压迫，经济上受莫大之损失，故特规定粮柴牛各行抽佣及取缔经纪办法：

（a）粮行行佣，规定每斗粮食买卖两方各出佣钱一百文，粮行抛散粮食之弊，切实查禁。

（b）柴行行佣规定三分，卖方出一分，买方出二分。

（c）牛行行佣规定二分，买卖各出一分，各牛行应设置一定营业地点，以便任客自投买卖，以前之散经纪一律取缔。

七　建　设

本县连遭天灾人祸，地方经济困难已极，建设事业自难发展，仅交通路环境电话及造林等已经办理其余水利矿产农田等均在计议中。

1. 修筑环境交通路，本县官路只能行走大车，乃于官道之外，另辟环境交通路。

A 修筑办法

a. 路身宽度定为二丈六尺

b. 修筑工人由各区分派

c. 借用民地以三丈宽为限

d. 由各区派员监修

e. 照交通路切面图修筑

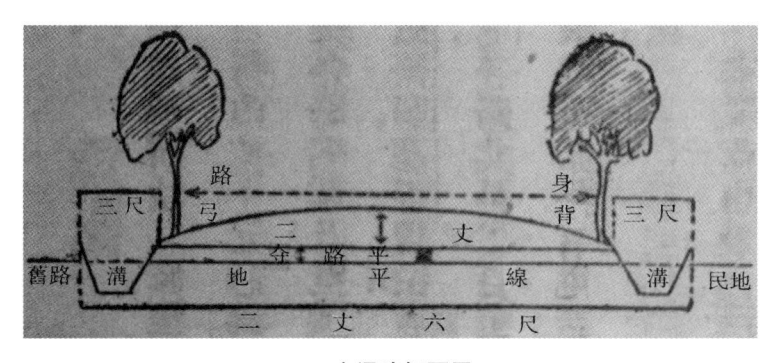

交通路切面图

说明

本图系交通路身横断之面，故名为汽车路切面图。

本交通路由县城起点，连贯新民市、卢医庙、高邱，复由卢医庙经晃陂、张楼、贾宋迤东至侯集，复自侯集北通县城，东达彭营，名为环境交通路。

本交通路系沿各区旧路之傍侧，另辟新路，宽两丈六尺，其旧路湾曲之处得另辟直径之路线。

本路线系用石灰或小灰沿路撒布灰线，挖修宽度悉以灰线为准，不得短欠。

各段修竣后，应即时用青条或石碌，将路面镇压坚实，以免损毁。

本路高宽之度如图所示，全宽两丈六尺，路身净宽两丈，沟宽三尺，地平线至路平线高八寸，弓背高七寸，挖修之度，悉依图示尺寸为准。不得参差。

各段修路民众有违犯图示规定，不服指导时，即由本局会同该管区惩处之。

本路修竣后，即由各段修路之乡间共同负责保护，所有牛马各车及人力小车一律禁止通行，倘有违抗，即由各段修筑之乡间长禀区处罚。

路线划定后，限本月二十五日起（即阴历十月十六日）各区一律动工。

中华民国二十年十一月十七日镇平县建设局制。

B 占用民地办法　修筑占用之民地，每年每亩发给麦稞二斗。但确系贫民之地，可以提前收买，其办法分为七等。价目每亩按十元起码。每等按五元迭加，即最低者，每亩十元，最高者每亩四十元。

C 修筑各路名称及里数　所修筑之交通路，专行汽车，及人行。牛车与载重大车，禁止通行。由县城起点，联络石佛寺、卢医庙、高丘，复由卢医庙经晁陂、张楼、贾宋、至侯家集，复东通彭营，北达县城。又修东西路一条，东起张湾，西至典屯。各路共长二百五十余里。

2. 设置环境电话共有电话机四部，十五门总机一部，分机三部。各区各重要市镇，及城内各机关。均通电话。电线长约四百里。

3. 造林　本县荒山最多，而且缺煤，故最易于造林。

A 成立林场　宝林寺位于县城北部，附近荒山甚多。故在该处设立林场，栽种橡树，以便饲养山蚕。已种橡子百余石。又在先主山设一林场，已栽树数万株。

B 成立苗圃　已成立之苗圃，共有三处，共育苗一百余亩。

C 造林办法：

（a）全县设立林务专员，各区各设林务员一人，专负督促指导造林责任。

(b) 私有荒山废地，限三年内完全种齐，自量不能种齐者。除划除自种区域外，可让林业公会种植，其利按三七分配。

　　(c) 各乡官荒废地，均归林业公会种植。

　　(d) 道路（交通路两旁）河流义地荒地均须种植。

　D 成立林业公会　各区均已成立，全县共成立二百余处。

　E 造林统计　自二十年至二十三年春。全县约共栽二百余万株。

八　救　济

　　镇平连年匪乱水旱，地方破败，人民流散，在消极方面，只有救济之一法。故救济事项，亦视为要政之一，而积极办理，兹分述如下。

1. 救济院

　　救济院亦为旧有机关，惟组织欠完备，乃于二十一年，重新整顿，分为孤儿、育婴、残废、养老、施医、贷款六所。各指定负责人员，积极办理。

　A 孤儿所

　　孤儿所，收养贫苦无依，六岁以上，十六岁以下之幼年男女。衣食住均由所中供给，按其年龄个性，分别施以相当课程及工艺，每日生活，为习字、读书、国术、工艺。读书以能写信记账，及能阅读浅近之书籍为准。若天资聪明者，则送至小学读书，以资深造。对于工艺，特别注意，冀其求得相当技能，以为将来谋生之准备，如织布、毛巾、绸、军带、及制造鞋袜等，各派孤儿分习之。又选择年岁较长之孤儿，组织通俗教育讲演团，演新旧剧。一则可以开化人心，一则可以收入相当之金钱。现有孤儿一百一十名，孤女三名。

　B 育婴所

　　育婴所，因婴儿消费较大，及社会人士尚无相当认识。故送入之婴儿甚少，只有五名，每名雇佣乳母一人。

　C 残废所

　　现有残废人七十六名，每名每月发钱三千，住在一处，由所内派员管理。

D 养老所

凡年在七十岁以上，孤苦伶仃，家无赡养者，不分性别，每名每月发给小麦五升（二十斤）。惟以救济院房屋过少，各老人仍住家中。每月终，由各乡镇按名发给。

E 施医所及贷款所

施医所，由县立西医院代为办理。贷款所，由农民借贷所代为办理。

2. 义仓

本县农田水利，尚未开发。以故农民多靠天吃饭。如遇水旱之灾，毫无办法。故于备荒一事，特别注意。更以设立义仓为急务。二十年六月，各乡镇均设立义仓一处，各组义仓管理委员会，管理之。全年分夏秋二季筹积仓谷。五亩以上者照出，五亩以下者免除，兹将各年积谷总数列表如下：

二十一年　各区共积三千六百三十二石五斗五升。

二十二年　各区共积四千一百六十八石七斗四升。

二十三年　已规定每亩积元豆一斤，十亩以下者免除，现正在收积中，确数尚未算出。

3. 赈济

A 赈济水灾　二十年秋，水灾甚重，十区自治办公处，特令各区调查被水冲没地亩，倒塌房屋，及溺毙人命情形，详细造报。请求各方赈济。复定救济办法如下：

1. 各乡镇人民每种红薯一亩者，出红薯干十五斤，以便赈济灾民。
2. 各乡镇长应提倡尽量储蓄红薯叶，及可食之菜根树叶。
3. 每户按口种扁豆一分，以便春天采饮。
4. 禁止烧酒磨粉，以免糜费食料。

B 赈济匪灾　二十一年春，王泰等股匪窜扰县境，虽经民团将该匪击溃，而全县损失甚巨。事后调查，被烧房屋，共四万七千余间，被拉男女人口四千余人，被灾难民十一万余人，共损失约六百四十余万元。匪窜后一面向各方乞赈，一面就本地物质尽力救济，并成立匪灾救济会，统筹一切。当时规定之急赈办法如下：

1. 先调查无住无食之难民，暂以各乡镇之义仓元豆平均散放，以能度用二十日为限，若不敷用时，另请救济会补放。

2. 难民全无住所者，由各乡镇长负责，令各户挪借均住。

3. 受灾乡镇之赈粮由公家发放。

4. 未受灾乡镇之赈粮，由该乡镇之义仓发放。

5. 受灾乡镇分甲乙两等，甲等先放十五石，乙等放十石。

急赈后难民均有住所及食用，但仍须救济。后又连放四次赈粮，第一次为郑川水灾救济会之美麦，共放出六百七十五石，第二次所放为义仓之元豆，共放出四百七十九石，第三次所放为匪灾救济会所筹之赈款共放一千一百五十三石，第四次为以工代赈修筑道路，共放出麦子六十石。匪灾后全县共放出麦子元豆共两千四百六十七石。

C 赈济旱灾　二十一年秋旱魃为虐，以五六七八等区为尤重，秋季未收，人民嗷嗷待哺，十区自治办公处决筹积粮食，救济灾民，其办法如下：

1. 组织临时赈灾委员会及赈灾劝募委员会，以资筹办赈济。

2. 未被灾各区之仓谷，以半数留归本区之用，半数借与灾区，但于二年内须全数归还。

3. 全县服务人员按月薪抽捐十分之二作为赈灾之用，以三个月为限。

赈灾委员会劝募委员会成立后，即分头调查灾民，与劝募捐赈款。调查后共有灾民一万五千七百五十二口，共募赈款洋一万一千九百二十六元一角，钱八万八千八百二十九仟七百文，全数散放，又放义仓元豆六百五十余石，谷子四百余石。

九　教　育

本县例行自治，而教育为促进自治之重要方法，故竭力增加教款，普及教育，以适应自治之需要，养成手脑双全之良好国民。全县公私立师范中学小学班数共计四百三十七班，学生数共计一五四〇〇人但全县人民不识字者，尚有二八二七三八人，现在扩充民众学校，务使人人识字，尽除文盲。

1. 教育行政

教育局分设总务，学校教育，社会教育三课外，另设职业指导员，指导各校关于职业之课程及生产教育之实施方法，设编辑员编辑民众课本及适应地方需要之教材，设教育款产经理处，经理全县教育经费，设教育行政委员会，审议全县教育行政及兴革事宜。全县分为十学区，区设教育委员，秉承教育局长办理各该区教育行政事宜，乡镇设校董会，共计一百九十四处，秉承教育委员办理各该乡镇之教育行政事宜。

2. 学校教育

A 县立学校与区立学校，县立学校有中学一所，女子师范及女子小学各一所，完全小学十三所，私立完全小学二所，初级小学一所，区立学校以乡镇为单位，共计二百六十二校，兹将公私立学校及各区立初级小学统计表列后：

镇平县公私立中小学校概况统计表　二十三年度前期制

校别	校址	班数	学生人数												合计			教员数	全年经费数	校长姓名	成立年月
			一年级		二年级		三年级		四年级		五年级		六年级								
			男	女	男	女	男	女	男	女	男	女	男	女	男	女	计				
县立第一小学校	城内察院	八			三九		七六	三	七六	二	九二		六六	六	三四九	一四	三六三	一三	三〇四〇	李士任	光绪三十年元月
县立第二小学校	新民市第十区	八	五五	五	五八	六	五六	三	四三	一	九二		六二		三六六	一五	三八一	一三	三〇四〇	张凤阁	十二年八月
县立第三小学校	贾宋镇第五区	六	三一		三八		四八		三三		六〇		二七		二三七		二三七	一〇	二四一二	罗纪芬	十七年八月

续表

校别	校址	班数	学生人数													教员数	全年经费数	校长姓名	成立年月
			一年级		二年级		三年级		四年级		五年级		六年级		合计						
			男	女	男	女	男	女	男	女	男	女	男	女	男	女	计				
县立第四小学校	侯集镇第四区	七	五三		三五		三		四二		五二	一	五七		七〇		三〇九	四	三一三	一二	二四五一	张抟之	十八年八月
县立第五小学校	公义寨第六区	三	二六		二六		二六		一八		三五				一三一		一三一	五	八七六	郭子堂	十九年八月
县立第六小学校	人和乡第六区	五	二六	六	七	一	二三	一	一八	一	四〇	一	三〇		一四三	一〇	一五二	一一	一三〇〇	张兆清	十九年八月
县立第七小学校	官李乡第六区	三	二八		二		一六		一八		七		二八		九七	二	九九	五	八八六	郭允中	十九年八月
县立第八小学校	菩提寺第二区	四	七		一〇		二三		一五		二九				一八四		一八四	七	一九三	陈夫剑	十九年八月
县立第九小学校	杨营街第六区	四	二二		二七		三八		一		四〇		二三		一六〇	四	一六四	九	一〇五〇	秦品三	十九年八月

续表

校别	校址	班数	学生人数												合计			教员数	全年经费数	校长姓名	成立年月
			一年级		二年级		三年级		四年级		五年级		六年级								
			男	女	男	女	男	女	男	女	男	女	男	女	男	女	计				
县立第十小学校	晁陂镇第七区	五	二五	一	二三		五		三〇	四	二六		三七		三七		一七八	一〇	一八八	七	一九〇〇	曹德钦	十九年八月
县立第十一小学校	彭营镇第三区	四	二二		三〇		二六		四〇				一七		一三五		一三五	六	一二八〇	刘化棠	十九年八月
县立第十二小学校	马庄乡第五区	四	三三	四	二二	一	二〇	三	二四		三六	一	二二		一五七	九	一六六	七	一七〇二	田树松	二十年一月
县立第十三小学校	高丘镇第九区	四							五一		二六		二三		一五六		一五六	八	一五二〇	时海清	二十年八月
润生小学校	卢医庙第八区	五	一七		二〇		四五		四二		四〇		三八		二〇二		二〇二	九	二一七三	郭建都	十八年二月
镇学小学校	袁营第四区	四	二〇	九	九		九		二〇	一	二二	六	三四	六	二七	一三二	三一	一六三	七	一四一六	刘国瑞	宣统二年二月

续表

校别	校址	班数	一年级		二年级		三年级		四年级		五年级		六年级		合计			教员数	全年经费数	校长姓名	成立年月
			男	女	男	女	男	女	男	女	男	女	男	女	男	女	计				
县立第一初级小学校	城内三皇庙	四	四六		五〇		六	二七	二二		二				一四四	一四	一五八	六	一〇四〇	李向明	十七年八月
县立女师暨附设女子小学校	城内仓房	一／四	／二	三八／四一		二六		四二		二二		四八		二		二一七	二一九	九	二二二／	王作实	四年八月
宛西中学校	新民市	六	一二三		六四		五七								二四四		二四四	一七	一〇〇〇	郭庆云	十九年八月
总计		一一	一六九	四	一一四		一三〇	二七	六四		五〇		四八		六〇五	二三三	六二一	三二	三二六二		
备考							斜线上系师范之数线下系小学部														

镇平县各区初级小学校概况统计表

区别／数别／坝别	第一学区	第二学区	第三学区	第四学区	第五学区	第六学区	第七学区	第八学区	第九学区	第十学区	总计
学村数	七	二六	一二	四五	二九	二三	一三	一三	一五	一六	一九九
校数	九	四五	一五	五九	三一	二五	一五	二五	一五	二三	二六二

续表

坝别 \ 数别 \ 区别			第一学区	第二学区	第三学区	第四学区	第五学区	第六学区	第七学区	第八学区	第九学区	第十学区	总计
班数			一七	四九	一七	八〇	五一	三七	二二	三〇	一六	二九	三四八
级数			三一	一四九	五三	一九六	一〇八	八二	五二	七八	四九	七五	八七三
学生数	一年级	男	二〇七	七一四	二八四	八五五	七五四	四六九	三一一	四六五	一九二	三五四	四六〇五
		女	二三	五三	六	六五	六四	三六	一七	二三	八	七六	三七一
		共	二五〇	七六七	二九〇	九二〇	八一八	五〇五	三二八	四八八	二〇〇	四三〇	四九七六
	二年级	男	一八九	五三二	二〇〇	八六五	四六五	三六二	一七七	二六四	一三一	四〇一	三五八六
		女	三	八五	七	三四	一九	八	一二	九	八	一七	一四二
		共	一九八	五五七	二〇七	八九九	四八四	三七〇	一八九	二七三	一三九	四一八	五一二八
	三年级	男	九九	二四五	一一六	四三五	三〇六	二二〇	一四七	一三九	六五	一七七	一九四九
		女	二	四		一五	五	三	五	三	一	二	四〇
		共	一〇一	二四九	一一六	四五〇	三一一	二二三	一五二	一四二	六六	一七九	一九八九
	四年级	男	三八	一七三	八九	三〇四	一一一	六九	六九	五九	二七	八四	一〇二三
		女	二	五		一一	一		五		二	二	二八
		共	四〇	一七八	八九	三一五	一一二	六九	七四	五九	二九	八六	一〇五一

续表

区别\数别\坝别		第一学区	第二学区	第三学区	第四学区	第五学区	第六学区	第七学区	第八学区	第九学区	第十学区	总计
学生数	男总数	五三三	一六六四	六八九	二四五九	一六三六	一一二〇	七〇四	九二七	四一五	一〇一六	一一、一六三
	女总数	三〇	八七	一三	一二五	八八	四八	三九	三五	一九	九七	五八一
	合计	五六三	一七五一	七〇二	二五八四	一七二四	一一六八	七四三	九六二	四三四	一一一三	一一、七四四
职教员数	男	一七	五〇	二二	一〇二	五一	三五	二五	三〇	一六	二八	三七六
	女										一	一
	合计	一七	五〇	二二	一〇二	五一	三五	二五	三〇	一六	二九	三七七
全年经费	教育局拨发	六二〇、〇〇〇	一〇八〇、〇〇〇	九六〇、〇〇〇	三六〇〇、〇〇〇	二三二〇、〇〇〇	一八四〇、〇〇〇	一〇四〇、〇〇〇	一一六〇、〇〇〇	一二〇〇、〇〇〇	一四〇〇、〇〇〇	一五八六〇、〇〇〇
	地方补派	一一二〇、〇四〇	四二六九、七五〇	一一六〇、〇七	七一四一、九一三	三六七九、二一〇	一八二六〇、四五〇	一七五〇、二五七	一七二三、八三六	八八五、五三六	一九四三、三三四	二五九〇八、七二九

续表

区别＼数别＼坝别	第一学区	第二学区	第三学区	第四学区	第五学区	第六学区	第七学区	第八学区	第九学区	第十学区	总计
每校平均经费	一九三、三七〇	一四一、一〇五	一四一、一三四	一八二、二〇	一九三、六五二〇	一四六、六五七	一四六、〇一三	一五〇、五五〇	一三六、三七〇	一三六、六七〇	一五六、七八〇
备考	全年经费系按照二十一年度决算										

B 学校教育注意点：

1. 学校训育方针，以改正学生虚荣务远思想，打破轻农重士之传统观念，以尊重农工，养成劳作习惯，增加农业生产为目标。并注重孝悌忠信礼义廉耻八德训育。

2. 各完全小学均设农场，注意劳作，各初级小学均有地一亩作为农场，春季均栽桑养蚕，计学生植桑共一一五九七株，学校共四〇一三株，各校养蚕共得茧一五四九六斤。

3. 各级学校均注意军事及国术训练，以健全学生之体格。

3. 社会教育

社会教育经费每年约九千余元，约占教育经费十分之一，办理社会教育机关三百六十九处，兹分述如下：

A 民众教育馆　　收集各级学校艺术标本仪器等成绩而成，主办公民生计社交等休闲教育。

B 民众图书馆　　全县民众图书馆十一处，县立一处，区立十处，县立图书馆全年经费八百元，临时购书另行筹款，有书万余册。区立图书馆每处经费一百元，现共有书三千余册。

C 巡回文库　　全县十处由区教育委员负责办理，现共有书二千余册，各小学教员轮流借阅。

D 民众学校　　全县计三百二十二处，均系各乡镇办理，学生均系十八岁以上之失学成年人，共有学生二万二千二百五十二名，教员由小学教员及热心社会事业之知识分子充任。

E 禹廷公园　因纪念彭禹廷先生特在玄帝庙旧址改设公园，有地十余亩，内分植各种花木及收集各种奇异动物。

F 体育场　各区均设体育场一处，为各区学校军事及壮丁队训练之场，设置各种器具，由各区派员管理。

G 通俗教育讲演团　选救济院孤儿之年长及知识较高者三十余人组织之，练习新旧剧，特制各种盔甲衣物器具，每演一剧，必继之以讲演，就剧情解释，并引伸其义，取高台劝化之义，以孝悌忠信礼义廉耻为依归

4. 教育经费

教育经费分为县款及区款二种：

A. 县款　县款之来源为学田秾租，丁地附加，契税附加，丝绸捐及房租等，每年约收入三万余元。

B. 区款　区款来源为契税登记费、酒席捐、社款、官池养鱼等，约有三万元之谱。

教育经费之支出，由县款支出者为中学，女子师范及女子小学，第一第二两完全小学，第一初级小学及其他社教机关。乡村小学由教育局每年每乡镇发给大洋八十元，其他学校均由区款开支，全年全县共支教育经费约七万余元。

十　民　团

民团为自治之保障，故欲进行自治，必以办民团为前提，镇平民团组织为彭禹廷先生一手所造成，惨淡经营，煞费苦心，镇平自治之有今日，完全是以民团为原动力而促成。

1. 民国之意义

民国之意义，彭禹廷先生解释最为透彻，其要点：（一）民团为自救救人的；（二）民团为生产的；（三）民团为天然能团结的；（四）真正民团之领袖为无自私自利有救人救世之心的公正士绅；（五）真正团丁为有职业有训练之良家子弟；（六）常备民团要化兵为工。后备民团要寓兵

于农。

2. 民团之办法

民团办法系采取瑞士义务民兵制之原则，而加以变通，人民在十八岁以上四十五岁以下，均须受四个月之军事训练，在训练时使壮丁互相认识，互相亲爱，感情浓厚，团体坚固，期满后遣散归家，仍务原业，每月点名一次发饷三千，现役者为常备，遣散者为后备。训练至第四期时，第一期退伍，至第五期时则第二期退伍，依次迭为推进，不数年全县壮丁均可受到训练，即人人做到服兵役之义务。兹将常备后备民团分述如下：

A. 常备民团　常备民团为训练未满期之壮丁，及自愿长期入伍者，其编制为团营连，其官长为有军事学识者，担任训练与指挥责任。

B. 后备民团　经过四个月训练，期满遣散后，都是后备。在乡各按职业，依照区域，另行组织，以队为单位，由队长管理，每月由队长集合点名擦枪发饷，如有匪警则按原受训练之队号集合，即为常备民团矣。

C. 壮丁之抽调办法　壮丁之抽调办法，因环境需要，三期各不相同，第一期将各区原来之后备队集合，从新整顿，各区后备长官则编为教导队，受短期训练，以期划一。第二期以乡镇为单位，每乡镇抽调五名，就殷实富户中先令出人出枪。第三期仍以乡镇为单位，由各乡镇全体合格壮丁用拈阄法抽调七名，绝对不准雇人顶替。

3. 民团之训练及给养

民团训练之根本宗旨，则使团丁尽成为有知识能生产的好人，与军队之训练好兵不同，所以随时随地均避免养成特殊阶级之习气。其训练方法，官长则学术科并重，并加政治训练，团丁除学术科外，更注重补习教育，各连均设有成人补习学校，务使团丁人人读书，个个识字，并令参加修路植树等工作，以为化兵为工之准备。

民团给养除后备团丁每人每月发钱三千外，常备团丁每月发钱十六千，官长二十三十四十千不等，统由十区自治办公处开支。

4. 保卫团与壮丁队

民团集合训练后，各乡镇即普遍办理保卫团，训练壮丁，凡十八岁以上四十五岁以下之男子，除残废疯癫现任公务及在校肄业者外，均有入保卫团受训练之义务，其编制为伍组甲区，所使用之武器为刀矛土炮，其责任则为维持地方秩序及任巡逻与盘查之责。今春保甲编查后，保卫团即依法改为壮丁队，其编制为一保成立一小队，一联保成立一联队，一区成为一区队，现已编制完成，共编壮丁约三万余人。

5. 民团与地方治安

地方治安之维持，非民团之单独责任，但一切布置仍然以民团为中心，平时由各乡镇负责检查游民，一遇匪警，民团接到报告，立即负责拿办，人民得以安居乐业，行旅亦无戒心。民有枪支不加取缔，往往为祸乱之源，故特规定烙印严禁变卖及造号注册，以便管理。

民团成立后无日不在剿匪之中，不仅本县，时常出剿邻县，最著者如十八年二月剿于宛邓镇之交，六月解方城县之围，二十年春堵剿崔二旦，击毁二万之众，二十一年春又剿王太魏国柱等匪数万之众，地方得以安定矣。

十一　改良风俗

社会人心，偷薄玩疲，达于极点，故改良风俗非有严厉之办法，不足以资警诫，更在积重难返，已成为社会重大病态，非劝说告诫所能矫正，一面发展教育，为养成新风俗之准备，一面运用自治行政之权力，加以严格之干涉，务期于最短期内根株净尽。

1. 严禁鸦片

鸦片之害无人不知，二十年五月特定严厉办法以资禁绝。

a. 烟馆一律取缔。

b. 吸户每月征收罚款洋二元，按月加倍，以戒除为止。

c. 吸户若系赤贫者，由各区拘留戒瘾，以戒除之日为止。

d. 市面所卖烟具一律焚毁，不准再卖，违者重罚。

自此种办法实行后，至今除年在六十岁以上，因病不能戒除者外，其余大多数吸户均已戒绝，惟仍恐有顽疲偷吸者，特设戒烟所，查出有吸食者，立即送所戒瘾。

2. 禁吸纸烟

二十年六月自治委员会规定不准吸食纸烟，违者重罚，并由商会通知各商号不准贩卖，至今已完全断绝矣。

3. 剪发放足

本县北部多山，年老农民尚有未剪发者，故今各乡镇将拖带发辫之男子一律剪除，违者重罚，女子缠足为害甚大，规定三十岁以下之妇女，一律放足，违者每月罚钱一千，以放大之日为止。

4. 禁溺女

本县重男轻女，相沿成习，影响人口甚大，据户口统计结果，女子比男子少四分之一强，此为一大社会问题，故规定禁止溺女，若有贫穷不能养育者，可送救济院收养，若故违者严重处罚。

5. 提倡土货与禁奢侈品

外来洋货在可能范围内禁止贩卖，公务人员一律着土布，并加以提倡，以期土货尽量应用。一切奢侈品如花露水香水等，绝对不准买卖。